W0052515

Rolf Giesen LACH-BOMBEN

DIE GROSSEN FILMKOMIKER

Vom Stummfilm bis zu den 40er Jahren

Originalausgabe

WILHELM HEYNE VERLAG
MÜNCHEN

HEYNE FILM- UND FERNSEHBIBLIOTHEK
32/161

Herausgeber: Bernhard Matt
Redaktion: Cornelia Zumkeller

Copyright © 1991 by Wilhelm Heyne Verlag GmbH & Co. KG, München
Umschlagfoto: Archiv Dr. Karkosch, Gilching; Stiftung Deutsche Kinemathek, Berlin
Rückseitenfoto: Archiv des Autors, Berlin
Innenfotos: Stiftung Deutsche Kinemathek, Berlin; Archiv Dr. Karkosch, Gilching;
Bildarchiv Engelmeier, München; Deutsches Institut für Filmkunde, Frankfurt
Printed in Germany 1991
Umschlaggestaltung: Atelier Ingrid Schütz, München
Herstellung: Dieter Lidl
Satz: Fotosatz Völkl, Puchheim
Druck und Verarbeitung: Ebner Ulm

ISBN 3-453-04937-3

Inhalt

»Ich will nicht, daß mich heute jemand in diesem
Zustand sieht.
Ich will, daß die Leute sich so an mich erinnern,
wie ich war, besonders die Kinder ...«

STAN LAUREL,
WENIGE JAHRE VOR SEINEM TOD

VORBEMERKUNG

Das vorliegende Buch stellt eine Materialsammlung dar, eine
Einführung in Leben und Werk der großen Clowns des Films.
Des Umfangs wegen erwies es sich als notwendig, das Thema in
zwei Bänden zu behandeln. Der erste Band stellt jene Komiker
vor, die überwiegend schon zu Stummfilmzeiten aktiv waren und
deren Stern bis 1945 erloschen war – auch wenn sich einige von
ihnen ein wenig länger zu halten vermochten, war ihre große
Zeit dennoch vorbei. Der zweite Band, der in Kürze folgen soll,
wird ausführlich auf die Epigonen eingehen: auf Bob Hope,
Danny Kaye, Jerry Lewis, Jacques Tati, Louis de Funès, Peter
Sellers, Mel Brooks, Woody Allen, Monty Python, Steve Martin, die Blues Brothers und wie sie alle heißen, einschließlich
eines Epilogs zum Thema Filmkomik in Deutschland, von Karl
Valentin über Heinz Erhardt bis Otto und Loriot.

R. G.

Vorwort

Ein Volksfest.
Das Datum: 14. April 1962.
Der Ort: Hauptbahnhof München.

Das Geschehen:
Eine Lokomotive Marke »Adler«, Baujahr 1864, fährt langsam auf Gleis elf in die Bahnhofshalle ein. Die Halle ist schwarz von Menschen, einige tausend, eine Trachtenkapelle spielt, auf einem Podest der Oberbürgermeister der Stadt ...
Die Lokomotive bremst unter gewaltigem Zischen, mit weißen Dampfwolken, gemischt mit schwarzem Rauch.
Aus dem Führerstand der Lok tritt ein alter Mann, mit gelbem rundem Hut und steinernem Gesicht:

Buster Keaton.

Der Bürgermeister geht auf ihn zu, begrüßt ihn, geleitet ihn zum Podest, die Halle dröhnt vom Klatschen und Bravorufen und dem Tusch der Kapelle. Kleine Begrüßungsansprache, dann Abmarsch zum Kino. Dort ist Neu-Premiere, nach fast 40 Jahren, von

DER GENERAL.

Mit diesem Ereignis begann ein Siegeszug Buster Keatons durch Deutschland. In mindestens 20 Städten wiederholten sich Szenen wie in München; immer stieg Buster Keaton einige Kilometer vor dem jeweiligen Bahnhof zu und fuhr unter donnerndem Applaus begeisterter Bahn- und Filmfreunde in die Bahnhofshalle ein.
Diese Reise war der Höhepunkt der Wiederentdeckung des komischen Stummfilms amerikanischer Produktion, die 1962 mit der Wiederaufführung von Chaplins

GOLDRAUSCH

begann und in den 70er Jahren mit der von den jungen französischen Regisseuren »erzwungenen« Freigabe der klassischen Spielfilme des großen Charlie Chaplin fortgesetzt wurde.
Nicht wegzudenken aus dieser Entwicklung in Deutschland ist ein Mann, der mit einem Paket von Harry Langdon/Snub Pol-

lard/Mack Sennett-Filmen durch die Kinos reiste, die Filme am Klavier begleiten ließ und sie als »Herr Direktor persönlich« mit Melone und Zeigestock erklärte:

Werner Schwier.

Er war es, der zusammen mit den Leuten von *atlas-Film* zwei der Größten des komischen Genres ihren richtigen Namen zurückgab:

Aus *Dick und Doof* wurden wieder *Laurel und Hardy.*

Juwelen des Unterhaltungskinos, gleichzeitig Perlen der Filmkunst, waren diese Filme, deren Wiederentdeckung auch von der deutschen Presse fast einhellig gefeiert wurde.

Dieses Buch erzählt von diesen Filmen und vielen anderen, von ihren Triumphzügen rund um die Welt in den 20er Jahren und von ihrer Wiederentdeckung.

Meisterwerke der Filmkunst sind es und zugleich Quellen der Inspiration für zahllose Filmemacher – bis heute.

Sie werden es bleiben, über viele Generationen.

Von Bob Hope, Danny Kaye über Jacques Tati bis zu den Blues Brothers: sie alle haben diese Filme studiert und die Einfälle weiterentwickelt. Sie stehen auf den Schultern der Großen aus der Frühzeit des Kinos.

Duisburg, im Juli 1991   *Hanns Eckelkamp*

Als Chef der *atlas-Film* hat Hanns Eckelkamp wesentlich zu dieser Wiederentdeckung beigetragen und dazu, daß wir uns an den Meisterwerken der Filmgroteske heute immer noch erfreuen können. Dafür gebührt ihm der Dank aller deutschen Filmfans.

Prolog

Frankreichs Nummer eins: Max Linder

Wenn es eine Wiege des komischen Films gab, so stand sie in
Frankreich. 1896, in ihrem Premierenprogramm, führten die
Brüder Lumière auch schon eine Farce mit dem Titel L'ARRO-
SEUR ARROSÉ auf: Während ein Gärtner wässert, blockiert ein
vorwitziger Bengel unbemerkt den Wasserstrahl, indem er sich
auf den Schlauch stellt; dann springt er runter – und der Strahl
schießt dem genasführten Gärtner mitten ins Gesicht!
Schadenfreude. Die Essenz des komischen Films.
Am Anfang sei im stummen Kino eine Szene nur im ganzen ge-
schaut worden, ohne isolierte Einzelaufnahmen, also ganz wie
im Theater, bemerkte Béla Balázs in seinem Grundlagenwerk
DER FILM:»Deshalb war es notwendig, Pantomimen mit über-
trieben großen, grotesken, stummen Gesten zu spielen, die auf
den heutigen Zuschauer eine unwiderstehlich komische Wirkung ausüben. So verwandelte der Komiker der Bewegung
einen Mangel des Films – die Stummheit – in ein stilbildendes
Motiv der übertriebenen Bewegung. Eine neue Dramaturgie
rein pantomimisch aufgefaßter Situationskomik bildete sich heraus, eine Situationskomik, die weder erklärender Worte noch
persönlich gefärbter Mimik bedarf.« Sodann zitierte der große
Filmtheoretiker einen Streifen des französischen Meisters der
Situationskomik:»Max Linder, einer der ersten Stars der Filmgroteske, geht eine Badewanne kaufen. Nachdem er sie erworben hat, will er sie selbst nach Hause tragen. Aber die Wanne ist
groß, und es ist allein schon zum Lachen, wie er sie auf verschiedene Weise anzupacken und zu schleppen versucht. Nach zahl-
reichen grotesken akrobatischen Bemühungen stülpt er sich die
Badewanne schließlich über den Kopf wie einen Riesenhut. Die
Wanne ist schwer, sie drückt ihn allmählich zu Boden. Zuletzt
kriecht Max Linder, völlig unter der Wanne verschwindend, auf
allen vieren dahin. So geht nun die Wanne scheinbar allein auf
dem bevölkerten Gehsteig spazieren und erschreckt die Men-

L'HOMME AU CHAPEAU DE SOIE

MAX LINDER

schen. Ganze Scharen von Hunden umbellen sie wild. Aber die
Wanne kommt richtig bei Linders Haus an, kriecht allein die
Treppe hinan und will endlich in Linders Wohnung hinein – aber
sie ist breiter als die Türe. Jetzt kriecht Linder unter der Wanne
hervor und – stellt diese, da er sie nicht in seine Wohnung bringen kann, vor der Türe im Treppenflur auf; da er nun baden will,

füllt er sie mit Wasser, das er Eimer für Eimer aus seiner Wohnung bringt. Dann entkleidet sich Max in aller Seelenruhe auf der Treppe und setzt sich in die Wanne. Zwei Damen kommen gerade treppauf. Der schamhafte Linder taucht in der Badewanne unter. Aber die Damen erblicken ihn trotzdem und holen empört den Hausmeister. Der versucht Linder mit Gewalt zu entfernen. Jedoch unser Held wehrt sich. Er tut es mit der wirksamsten Methode: mit Wasser. Und hier findet sich jenes Körnchen psychologischer Realität, die in jeder Groteske, inmitten von Absurditäten, die allerkomischeste Wirkung ausübt. Denn ein reales und überzeugendes Motiv verleiht auch dem übrigen eine gewisse Scheinrealität. Der mächtige, vierschrötige Hausmeister hat nämlich vor dem Wasser mehr Angst, als wenn man ihn mit einem Stock bedroht hätte. Jedermann glaubt das. Er holt die Polizei zu Hilfe. Linder bespritzt weiterhin wild und heldenhaft alles mit Wasser, was auch die Polizei nicht erträgt. (Jetzt ist auch das schon überzeugend.) Schließlich wird die Feuerwehr geholt, die gegen Linders Wasserwaffe ihren Löschwagen auffahren läßt. Dieser Scherz ist nicht nur darum sehr filmwirksam, weil vieles dabei gezeigt werden kann, was auf der Bühne zu zeigen unmöglich ist, sondern auch deshalb, weil diese neuen Motive solche *groteske psychologische Reaktionen* erzielen, die bisher nicht erreicht werden konnten.«

Zwei weitere Beispiele für Linders Komik zitierte Heinrich Fraenkel, ein anderer Historiograph des Films, aus der zeitgenössischen deutschen Fachpresse:

»HOCHHUMORISTISCHER SCHLAGER
AMERIKANISCHE HOCHZEIT
Gespielt von Max Linder vom Varieté-Theater.

Einem jungen und hübschen Mann wird vom Heiratsbureau die Nachricht zuteil, daß dort eine reiche junge Dame auf ihn warte, welche ihn zu sehen wünsche.
Der Heiratskandidat wird durch diese Mitteilung so aufgeregt, daß er in der Eile gar nicht weiß, was er macht. Er wirft in seiner Wohnung alles durcheinander, rennt auf der Straße alle Leute an und langt endlich mit zerlumpter Kleidung auf dem Bureau an. Aber groß ist die Enttäuschung des jungen Mädchens, als sie statt eines Kavaliers einen einem Vagabun-

den ähnlichen Mann sieht. Erst als er sich mit der Kleidung des Heiratsvermittlers versehen hat, ist der Friede wiederhergestellt, und der junge Mann hat die Hand des Mädchens gewonnen. Inzwischen sind aber die Verfolger, welche unterwegs angerempelt und in Mitleidenschaft gezogen wurden, angelangt und verprügeln den armen Direktor des Bureaus, welcher die Kleidung des Heiratskandidaten anhatte.

– Länge 185 m –«

»RACHE DES SCHUHHÄNDLERS
Komische Szene von Max Linder

Max will heute Verlobung feiern und zu dieser Feier natürlich recht elegant aussehen. Er wendet daher die größte Sorgfalt auf seine Toilette an; da seine Stiefel nicht recht passend sind, geht er auf dem Wege zu seiner Braut noch zu einem Schuhmacher.

Dort macht er die Entdeckung, daß die Frau des Schuhmachers recht nett ist, und als letzterer verschiedene Kästen mit Stiefeln heranschleppt, findet er seine Frau in zärtlichster Unterhaltung mit seinem Kunden.

Der Kaufmann hält seinen Zorn würdevoll zurück, doch er schwört, sich zu rächen. Zu diesem Zweck befestigt er an den Sohlen seines Kunden Rollen und läßt ihn so seiner Wege gehen.

Der junge Mann gerät natürlich ins Wanken und versucht vergeblich, sich im Gleichgewicht zu halten. Er ruft eine Droschke herbei und langt mit Hilfe dieser endlich bei seinen zukünftigen Schwiegereltern in einem bedauernswerten Zustande an. Die Braut hält ihn für betrunken, und ihr strenger Vater jagt den unwürdigen Bewerber aus dem Hause. Er gesteht nun sein Unglück ein und wird wieder in Gnaden aufgenommen.

– Länge 181 m –«

Und in der GESCHICHTE DES FILMS von Gregor/Patalas lesen wir:

»Linders Filme lassen alle damals bekannten Elemente der Filmkomödie – Trick- und Situationskomik, Verfolgungen, Stürze – zu einem feinabgestimmten Arrangement verschmelzen, das meist von maliziöser Ironie gewürzt ist. So beleidigt

Max Linder imitiert seinen Komiker-Kollegen Charlie Chaplin

der betrunkene Max Linder in MAX ET LE QUINQUINA (MAX UND DER QUINQUINA, 1911) nacheinander einen Polizeikommissar, einen Botschafter und einen General, die ihm alle ihre Karten überreichen.

Diese Karten zieht Max hervor, als Polizisten ihn später wegen eines Taschendiebstahls verhaften wollen. Die Gendarmen erstarren vor Ehrfurcht, bringen ihn erst zum Kommissar, dann zum Botschafter und schließlich zur Generalsgattin, bis Max, aus dem Fenster geworfen, wieder bei den drei Gendarmen landet, die vor ihm salutieren. Niemals jedoch erscheint eine Grausamkeit oder soziale Härte in Linders Filmen; ihr Stil ist charmant und freundlich, ihr Lebenshorizont der der ›guten Familien‹.«

Linder mimte mit Vorliebe den spaßigen Dandy: Schnurrbärtchen, Top Hat oder Trilby, maßgeschneiderter Anzug und weiße Handschuhe. Immerhin kam er, im Gegensatz zu vielen anderen Filmkomikern, aus gutem Elternhaus: Gabriel Leuvielle, wie er bürgerlich hieß, kam am 16. Dezember 1883 als Sohn eines wohlhabenden Weinbauern in Saint-Loubès (Gironde) zur Welt. Charles Pathé von den *Pathé Frères* war es, der ihn für den Film entdeckte – nachdem sich der junge Mann bereits einen Namen auf Pariser Varietébühnen gemacht hatte. Ein anderer populärer *Pathé*-Komiker jener Zeit war André Deed (1884–1938), der unter der Regie von André Heuzé die akrobatische Figur Boireau schuf. Als Deed dann 1908 nach Italien ging, wo er unter dem Namen Cretinetti bekannt wurde, hatte Linder das Terrain für sich allein. 1909 war er bereits eine internationale Sensation. Er filmte unter *Pathés* Spitzenregisseuren Louis J. Gasnier, Albert Capellani und Ferdinand Zecca und führte auch selbst Regie. Er bezog die für damalige Begriffe unerhörte Jahresgage von 150.000 Francs.

Allein der Erste Weltkrieg war schuld daran, daß Linder, und mit ihm der europäische Film überhaupt, den Anschluß verlor. Gleich 1914 ging Max an die Front und wurde schon bald Opfer von Giftgas. Sofort holte man ihn aus der vordersten Linie und schickte ihn auf eine diplomatische Mission nach Italien – wo Linder zusammenbrach. Langsam erholte er sich in der Schweiz, aber die nervlichen Schäden blieben. Unterdessen war in den USA Charles Chaplin, der viel von Linder gelernt hatte, zum absoluten Superstar avanciert. Und *Essanay,* eine amerikanische Filmgesellschaft, die den kleinen Engländer gerade an eine andere verloren hatte, kam auf die Idee, Linder als seinen Nachfolger unter Vertrag zu nehmen. Wegen seines gesundheitlichen Zustands konnte Linder freilich nur wenige Comedies drehen: MAX AND HIS TAXI, MAX COMES ACROSS, MAX WANTS A DIVORCE – und die wurden von *Essanay* auch noch lieblos vertrieben. Später, zwischen 1920 und 1922, drehte er in Amerika drei bessere Spielfilme in eigener Produktion: BE MY WIFE, SEVEN YEARS' BAD LUCK und eine brillante Parodie auf Douglas Fairbanks' *Drei Musketiere:* THE THREE MUST-GET-THERES.

Seine Stimmung wechselte zwischen Depression und Euphorie. Er kehrte nach Frankreich zurück, drehte mit dem späteren NAPOLEON-Regisseur Abel Gance AU SECOURS! und im Jahr darauf,

Max Linder in ›Seven Years' bad luck‹

›The Three must-get-theres‹: Max Linder parodiert Douglas Fairbanks

1924, im Wiener *Vita*-Atelier am Rosenhügel den Film CLOWN AUS LIEBE (DER ZIRKUSKÖNIG resp. CLOWN DER LIEBE). Über die Dreharbeiten berichtete die NEUE FREIE PRESSE: »Der charmante Causeur des Laufbildes stand immer unter dem Alpdruck böser Stimmungen, war oft unberechenbar in seiner pedantischen Art, die ihn an die anderen ebenso große Anforderungen stellen ließ wie an sich selbst. Die Funktionäre der *Vita* wußten davon ein Lied zu singen, wenn die Eigenheiten des verwöhnten Meisters Programme umwarfen, Dispositionen über den Haufen rannten. Max Linder filmt. Oder richtig gesagt: Max Linder soll filmen. Ein Heer von technischen Mitarbeitern ist am Werke, Dekorationen harren der gleißenden Ausleuchtung, unzählige Komparsen warten in Kostüm und Maske. Max Linder erscheint im Pelz, mit einem Schal umhüllt – er war ungemein ängstlich und pflegte die schützenden Hüllen immer erst im letzten Augenblick abzulegen –, Max Linder geht schnurgerade auf den Thermometer zu, stellt fest, daß er bloß 17 anstatt 18 Grad zeigt und – weigert sich zu filmen und geht und läßt Dekorationen und Assistenten, Operateure und Statisterie im Stich, und der Aufnahmetag ist verloren und damit Hunderte Millionen Kronen ...«

Es war Max Linders letzte Filmarbeit. Am 30. Oktober 1925 wurden er und seine Frau tot in einem luxuriösen Pariser Hotel aufgefunden: Selbstmord. Das Ehepaar ließ ein Baby zurück: Die kleine Maud Max Linder wuchs auf, ohne zu erfahren, wer ihr Vater war – bis sie ihn eines Tages in Versailles zum erstenmal auf der Leinwand sah. Seitdem hat sie sich unermüdlich für die filmhistorische Aufarbeitung seines Werks eingesetzt und war treibende Kraft der Filmkompilation EN COMPAGNIE DE MAX LINDER.

Lustige Vagabunden: Pat und Patachon

In ihrer Heimat Dänemark, in Kopenhagen, taufte sie der Volksmund *Fyrtaarnet og Bivognen* – Leuchtturm und Beiwagen –, später kurz *Fy og Bi*. In Schweden waren sie *Fyrtornet och Släpvagnen*. In Norwegen *Telegrafenstange und Anhänger*. In Holland *Watt und Halbwatt*. In England *Long and Short*. Dem kleinen Kreis von Amerikanern, der sie zu Gesicht bekam, wurden sie als *Ole and Aksel* vorgestellt (doch weiter bekannt wurden sie in den USA nicht, sie waren zu europäisch). Für das deutschsprachige Publikum aber waren sie stets – *Pat und Patachon*.

Pat – Carl Schenstrøm, geboren am 13. November 1881. In seinem Buch Fyrtaarnet fortaeller berichtete der dürre Schauspieler, wie er während seiner Wanderjahre – es war im südlichen Jütland – just jenen Typ traf, den er später zum Vorbild seiner berühmten Filmfigur nahm:

»Mein Ziel, wo in aller Welt war es eigentlich? dachte ich – und dabei lag es vor meiner Nase, oder, richtiger gesagt, es ging im gleichen Schritt an meiner Seite, der linken, der Herzseite. Dort spazierte nämlich ein Schornsteinfeger, ein echter ›Sottje‹, und erzählte Geschichten. Ich hörte zu, denn in seiner Stimme lag etwas. Er war eine Persönlichkeit, mit einem langen, melancholischen Lippenbart und strähnigem Haar, das wie schlecht aufgehängte Gardinen über die Stirn fiel, ein Paar melancholische Augen unter den struppigen Augenbrauen. Das war der Typ, den ich später im Film lebendig machen sollte – der Leuchtturm. Obwohl ich sonst nicht abergläubisch bin, wird man es mir wohl nicht verdenken, daß ich jedesmal den Tag für ›gerettet‹ halte, wenn ich des Morgens einem Schornsteinfeger begegnet bin.

Und was war es, was mich an diesem Mann fesselte? Es war seine so selbstverständliche Einstellung der Natur gegenüber. Er war eins mit ihr. Ihm gehörte alles, jedenfalls alles das, was er benötigte – der Wald mit seinen Farnen, die ihm kühlen Schatten spendeten – die Grabenkanten mit ihren weichen Kissen aus hohem Gras – das Moor mit seinen Libellenlarven ... Ja, der Kerl erlebte ein Märchen. Und auch ein bißchen Don Quichotte war in ihm, so zum Beispiel, wenn er Schicksal spielen wollte und wie der Gott der Vorsehung in das Geschick einer Fliege eingriff und sie vor dem Tode im Grab der Libelle errettete ... sie und ihre Nachkommen, ohne daran zu denken, daß ihre Nachkommen womöglich die Pest über seine Nachkommen bringen könnten.«

Stichwort *Don Quichotte* ...

»Ich zweifle nicht daran, daß mein Vater diese Figuren (Pat und Patachon) nach dem Buch seiner Jugendjahre schuf, Cervantes' DON QUICHOTTE UND SANCHO PANSA, dem Ritter von der traurigen Gestalt und seinem kleinen dicken Gefährten, dem Idealisten mit den durch die zeitgenössischen Ritterromane verschrobenen Ideen und dem kleinen lebens- und eßfreudigen Bauern, der zu seinem untrennbaren Gefolgsmann wurde –«

Soweit der Sohn des dänischen Filmregisseurs Lau Lauritzen. Das mag etwas hochgestapelt sein, aber immerhin erfüllte sich Lau 1926 einen Wunschtraum, indem er das Buch von Miguel Cervantes vor Ort, d. h. Außenaufnahmen in Spanien, verfilmte: mit Pat als Don Quichotte und Patachon als Sancho Pansa.
Doch erwies sich dieses Unternehmen als zu ambitioniert und wurde ein Fehlschlag. Lauritzen jun.:

»Es gelang meinem Vater, einen sehr schönen Film zu schaffen, der Cervantes' Meisterwerk getreu folgte, aber es gelang ihm nicht, das große Publikum davon zu überzeugen, daß dies nicht nur ein gewöhnlicher – wenn auch nicht so lustiger – Pat- und-Patachon-Film war. Nur in Spanien selbst stand er in der Gunst des Publikums – zeitweise war er Gegenstand des Literaturunterrichts in den Schulen, und Vaters Leistungen wurden mit einem hohen spanischen Orden belohnt –, trotz allem aber war es für ihn eine Enttäuschung, daß es im ganzen nicht gelungen war, das Publikum von Cervantes' unsterblichem Meisterwerk zu überzeugen und es der Freude teilhaftig werden zu lassen, die er selbst gespürt hatte, als er sich in den überreichen Vorrat des Romans an Menschenkenntnis, Humor und Satire vertiefte.«

Lauritzen sen. (1878–1938) hatte von 1914 bis 1920 für die wohletablierte, 1905 von Ole Olsen gegründete *Nordisk Films Co.* in Kopenhagen über 200 kurze Lustspiele und Farcen gestaltet, Ein- und Zweiakter, und der schlaksige Schenstrøm, mit dem er häufig arbeitete, bot eine nicht zu übersehende, geradezu ideale Voraussetzung für die »Paarung« mit einem Partner von entgegengesetzter Statur. Es gab einen frühen, aber gescheiterten Versuch, ihn mit Lauritz Olsen zu koppeln. Später, 1919, nahm Lauritzen einen zweiten Anlauf mit Schenstrøm und dem kleinen Aage Bendixen, aus denen auf der Leinwand schließlich zwei Landstreicherfiguren wurden. Aber irgendwie war Bendixen nicht ganz der Richtige. Das war die Zeit, als sich Lauritzen dem Produzenten Svend Nielsen angeschlossen hatte, der damals noch Inspektor bei dem Kopenhagener Ableger der schwedischen *Palladium Filmgesellschaft* war, aber davor stand, die Filiale in eine rein dänische Aktiengesellschaft umzuwandeln.

An einem Abend des Jahres 1920, im Zirkus Schumann, sahen Nielsen und Lauritzen dann die Drei Miehes, das berühmte Clown-Trio Christian Rehder, August Miehe jun., Harald Madsen. Wie der Zufall es wollte, war letzterer nicht nur klein, sondern auch rund und wirkte damit fröhlicher als der magere Bendixen. Madsen, 1890 im ostjütländischen Silkeborg geboren, hatte sich als 14jähriger dem kleinen Wanderzirkus des alten Miehe angeschlossen und war Äquilibrist und Schlangenmensch gewesen. Er hatte sogar schon mal vor der Kamera gestanden: 1917, in einem Lustspiel mit dem Titel ALEXANDER DER GROSSE. »Als die Nummer vorüber war, stand Direktor Svend Nielsen parat, um ihn Lauritzen vorzustellen. Die drei gingen zum Buffet und wurden sich schnell einig: daß Madsen für die *Palladium* Filme machen sollte und wieviel er dafür bekam. Auf einem Stück Papier, das ihnen ein Kellner brachte und das eigentlich Rechnung für die Gäste sein sollte, wurde der Vertrag zwischen *Palladium* und ›*Patachon*‹ geschrieben«, berichtet Robert Eddy in seinem 1928 erschienenen Pat-und-Patachon-Buch. »Als der Vertrag unterschrieben war, schwang Patachon seinen kleinen, merkwürdigen Hut. Dieser Hut ist ziemlich einzigartig und hat seine ganz eigene Geschichte: Patachon entdeckte ihn, als er noch mit den Miehes reiste, auf einem Boden von Rold Kro, wo er zwischen allerlei Sperrmüll vergraben lag. Das, meinte er, sei genau *der* Hut – und seitdem trug er ihn.«

Es dauerte ein wenig, bis die beiden sich fanden, doch dann waren sie fast zwei Jahrzehnte lang das populärste europäische Komiker-Duo: Pat und Patachon

In der Filmliteratur gelte FILM, FLIRT OG FORLOVELSE (FILM, FLIRT UND VERLOBUNG) als der erste gemeinsame Streifen von Schenstrøm und Madsen, stellt Hauke Lange-Fuchs in ihrer kenntnisreichen Dokumentation PAT UND PATACHON fest: In Wirklichkeit wurde dieser Film aber nur als erster gestartet, in Kopenhagen am 17. Oktober 1921, während ihre allererste Produktion erst ein halbes Jahr später, am 27. März 1922, uraufgeführt wurde. Das war LANDLIGGER-IDYL – VANDGANG (SOMMER-FRISCHLERIDYLLE IM WASSER). Eine Kopie des Films scheint nicht erhalten, und so zitiert Hauke Lange-Fuchs aus einem zeitgenössischen Programmheft:

»Unsere beiden Freunde, die die Sommerfrische genießen, ›Pat‹ und ›Patachon‹, sind auf ihren langen Wanderungen am Strand angelangt, wo sie mit größtem Interesse das Badeleben studieren und sich der schönen Sonnenanbeterinnen freuen, ein ebenso billiges wie edles Vergnügen.

In einem der Sommerhäuser wohnt die Familie Grøn (Grün), und nebenan verbringt die Familie Bruun (Braun) die Ferien. Die junge schmucke Frau Bruun und die nicht minder einnehmende Frau Grøn sind gute Freundinnen. Vom Warenhaus in der Hauptstadt haben sie mit der letzten Paketpost recht interessante Badekleider erhalten, auf die sie natürlich sehr gespannt sind. Also wollen sie eine sofortige Generalprobe abhalten.

Ihre Männer bleiben zu Hause, um auf die Großeltern und die Kinder aufzupassen, während sich die Frauen an den Strand begeben. Doch da es so warm ist, verspüren auch die beiden Ehemänner eine unwiderstehliche Lust, ein erquickendes Bad in den blauen Wellen zu nehmen.

Kurz darauf hauen auch die Kinder ab zum Strand. Opa Grøn nutzt die Gelegenheit zu einem kleinen Flirt mit Oma Bruun – er ist nämlich ein alter Schwerenöter!

Unsere beiden Landstreicher aber liegen und dösen im Schilf. Leider entkleiden Grøn und Bruun sich in ihrer unmittelbaren Nähe, so daß unsere beiden Ritter der Landstraße der Verlockung nicht widerstehen können, mit der Beute abzuhauen – jeder herrlich neu eingekleidet!

Grøn und Bruun sind in schlimmer Not, als sie den Verlust ihrer Kleidung bemerken. Sie können ja nicht gut im Adamskostüm nach Hause spazieren!

Um die Situation zu retten, nehmen sie die Kleider ihrer Frauen und eilen dem Hause zu. Schließlich können die Kinder den Damen ja etwas zum Anziehen bringen.

Frau Grøn und Frau Bruun sind über den Verlust ihrer Kleidung ziemlich verzweifelt. Doch zum Glück finden sie die Kleider der Kinder am Strand – auch wenn diese kürzer sind, als die Polizei erlaubt!

Nach allerlei Abenteuern kommen sie wohlbehalten zu Hause an. Pat und Patachon aber können die schönen Sachen schließlich doch nicht behalten.

Die Geschichte endet mit etlichen fröhlichen Überraschungen, die der Film, besser als viele Worte es vermögen, erzählt!«

Zum Standard ihrer weiteren dänischen Filme gehörte auch die spaßige Alliteration im Titel: SOL, SOMMER OG STUDINER (SOM-

MER, SONNE UND STUDENTINNEN), HAN, HUN OG HAMLET (ER, SIE UND HAMLET), MELLEM MUNTRE MUSIKANTER (DIE BEIDEN MUSIKANTEN), PROFESSOR PETERSENS PLEJEBØRN (PROFESSOR PETERSENS PFLEGEKINDER), OLE OPFINDERS OFFER (DIE ALTE MÜHLE), TAKT, TONE OG TOSSER (TAKT, TÖNE UND TOREN). Eher einfallslos dagegen die deutschen Verleihtitel: PAT UND PATACHON IM SCHNEE, PAT UND PATACHON ALS FOTOGRAFEN, PAT UND PATACHON AM MITTELMEER, PAT UND PATACHON ALS MÜLLER, ZIRKUS PAT UND PATACHON, PAT UND PATACHON AUF HOHER SEE, BANKHAUS PAT UND PATACHON. Dennoch war ihre Popularität in Deutschland so enorm, daß dort sogar Uraufführungen ihrer Filme stattfanden, zum Beispiel VESTER VOV VOV, der im Emelka-Palast in Berlin als *Pat und Patachon am Nordseestrand* anlief. In der *Berliner Nachtausgabe* vom 9.9.1927 lesen wir:

»Die lustigen Dänen sind in ihrem neuesten Schlager wieder köstlich und voll origineller Einfälle. Mit aufrichtiger Freude begrüßt sie das Publikum gleich beim ersten Auftritt und bricht oft spontan mitten in den drolligen Begebenheiten in lautes Lachen und herzlichen Beifall aus. Man *muß* sich eben amüsieren, ob man will oder nicht.

Unter *Lau Lauritzens* bewährter Regie ist der mitunter etwas breit geschriebene Siebenakter so spannend wie möglich in Szene gesetzt worden. Eine Dosis Rührseligkeit für das nordische Gemüt ist natürlich auch dabei – aber in der Hauptsache kommt immer wieder die urwüchsige Komik der zwei Hauptdarsteller siegreich zum Durchbruch.

Ob sie beim Fischfang kopfüber ins Wasser purzeln oder ihr vom Sandsturm zerstörtes Wochenendhaus mit ulkiger Geschäftigkeit mühsam aufbauen, ob sie den Fischermädchen moderne Tänze beibringen oder im eleganten Fliegerdreß als Glücksbringer in die Erscheinung treten, stets haben sie mit ihrem treuherzigen Augenaufschlag, ihren typischen Bewegungen und Gesten die Lacher auf ihrer Seite. Wie wohltuend ist ihr unaufdringliches Spiel gegenüber den grotesken Übertreibungen vieler amerikanischer Filmkomiker! Man wird Pats und Patachons nicht überdrüssig und sieht sie gern wieder, weil sie nie den guten Geschmack verletzen und in selbstverständlicher Unaufdringlichkeit immer eine geistreiche Komödie bieten.«

Ohne daß dies seine Absicht wäre, benennt der Rezensent das grundlegende Problem der Pat-und-Patachon-Stummfilme: mit Formulierungen wie »Rührseligkeit« und »verletzen nie den guten Geschmack«. Und da ist auch die Rede von einem »breit geschriebenen Siebenakter«. PAT UND PATACHON AM NORDSEE-STRAND lief, bei einer Länge von 2560 m, 139 Minuten. Aber das ist noch gar nichts:

TORDENSTENENE (PAT UND PATACHON AUF DEM PULVERFASS):
2725 m = 149 Minuten,
GRØNKØBINGS GLADE GAVTYVE (PAT UND PATACHON
ALS MILLIONÄRE):
2800 m = 152 Minuten
sowie – absoluter Rekord –
DON QUICHOTTE:
3280 m = 179 Minuten!

Filme mit Schenstrøm und Madsen sind zuerst einmal gemütlich und fließen gemächlich, repräsentieren das liebenswert tranige Tempo einer vergangenen Ära. Darum sind sie heute auch weitgehend vergessen, wohingegen die »grotesken Übertreibungen vieler amerikanischer Filmkomiker«, in denen sich die Hektik der neuen Zeit manifestiert, häufig nichts von ihrer Aktualität verloren haben.

Einen weiteren Abstieg stellte für Pat und Patachon der Tonfilm dar. Nun wurden zwar ihre Filme kürzer, doch büßten sie zugleich den spezifisch dänischen Humor ein. Der Grund war denkbar einfach: Die meisten ihrer Tonfilme entstanden nicht in Dänemark und tragen nicht die Handschrift des bewährten Regisseurs Lauritzen. Ihren ersten Tonfilm drehten Schenstrøm und Madsen 1929, unter der Regie des Italieners W. P. Kellino, für *British International Pictures* in Londons *Elstree*-Studios (dort hatten sie schon im Jahr zuvor in der von Monty Banks inszenierten Groteske COCKTAILS vor der Kamera gestanden): ALF'S CARPET (PAT UND PATACHON IM RAKETENOMNIBUS) handelt von einem fliegenden Teppich, der unter der Motorhaube des kaum noch verkehrstüchtigen Autobusses von Pat und Patachon landet. Außerhalb Englands war dieser Film freilich nur stumm zu sehen. Ab 1930 wurden dann die meisten tönenden Pat-und-Patachon-Filme in Berlin und Wien hergestellt. Ihr erster ger-

Ihre Spezialität lag nicht in grotesken Übertreibungen, sondern in ihrer liebenswerten Tranigkeit

manischer Versuch, 1000 WORTE DEUTSCH, nach einem Drehbuch von Walter Wassermann und Walter Schnee, suchte ihre
geringen deutschen Sprachkenntnisse durch einen dramaturgi-

schen Kniff zu kompensieren. Unter der Überschrift TONFILM-DEBÜT PAT UND PATACHONS tadelt die *Wiener Sonn- und Montags-Zeitung* das Unternehmen wie folgt:

»Es scheint, daß Chaplin sehr recht mit seiner Behauptung hatte, die Filmgroteske müsse stumm bleiben, sonst verliere sie ihre Internationalität. Das erste Pat-und-Patachon-Tonlustspiel (sic!) legt beredtes Zeugnis von der Wahrheit dieses Satzes ab. Wer sich auf das Wiedersehen mit den beiden Filmlieblingen im Tonfilm gefreut hatte, erlebte leider eine Enttäuschung. Nichts von dem, was sie uns einstmals so liebenswert gemacht, hatte dieser Tonfilm zurückgelassen. Tempo, Humor, Gemütlichkeit – alles ist wie weggeblasen.
Geblieben sind Pat und Patachon. Jeder kennt sie: den kleinen rundlichen Vagabunden mit seiner engen Taille und dem schalkhaften Lächeln, der immer in die drolligste Bedrängnis kam und seinen Freund, den ›großen Bruder‹ mit dem melancholischen Walroßschnurrbart, zu Hilfe rief, um in noch lustigere Verwicklungen zu geraten. Alle kennen sie, und doch würde sie keiner wiedererkennen. Noch sind sie dasselbe ungleiche Paar, Pat ist nicht kleiner und Patachon nicht größer geworden, noch gehen sie Hand in Hand über die Leinwand, aber wie zwei, die sich zufälligerweise hierher verirrt haben und nun verlegen so rasch als möglich wieder fortzukommen suchen.
Die Hauptschuld an dem Unbehagen, das der Film verbreitet, trägt wohl das Drehbuch. Pat und Patachon sind Ehrenmitglieder der Vereinigung der Vagabunden Europas und sollen bei einem deutschen Minister wegen der Polizisten, die den Landstreichern halt gar keine Ruhe geben, interpellieren. Doch sie können kein Wort Deutsch und wollen es mit dem berühmten Büchlein ›1000 Worte Deutsch‹ lernen. Tatsächlich erlernen sie es nie. Bis zum Schluß des Films nicht. Sie sprechen stets mehr Dänisch als Deutsch, was dem Publikum spanisch vorkommt. Statt mit lustigen Abenteuern kämpfen sie mit der Sprache. Ihre Mimik, einst ihr Hauptreiz (unseres Zwerchfells), leidet darunter. Sie schneiden nur hilflose Grimassen. Es wäre nur zu wünschen, daß sie sich eine bessere Methode zurechtlegen, um Deutsch zu lernen, und uns bald einen echten Pat-und-Patachon-Tonfilm schenken.«

Partner der beiden in diesem Film waren Paul Westermeier, Hans Waßmann, Lillian Ellis, Margot Walter, Theo Lingen, Hedwig Wangel, Klaus Pohl, Gerhard Dammann sowie Adele Sandrock als Sprachlehrerin. Carl Schenstrøm in seinen Erinnerungen:

>»Wir erhielten das Drehbuch am Vormittag unserer Ankunft ... Ehrlich gesagt, ich war davon nicht begeistert. Ich sah zwar, daß da was drin war, aber es fehlte das letzte Viertel, der Pfiff. Und das sagte ich auch, da ja meine Meinung gefragt war. Der Regisseur (Georg Jacoby) stimmte mir zu. Ich protestierte, doch es war nichts zu machen. Der Film mußte gedreht werden. Es war schon zuviel Geld investiert. Es machte keinen Spaß mit etwas, an das man nicht glaubt. Wir hatten immerhin eine Position zu verteidigen. Doch hatte es keinen Sinn, sich auf die Hinterbeine zu stellen. Das Resultat zeigte, daß ich recht hatte ... Adele Sandrock war als alte, männliche Lehrerin prachtvoll ... Sie war damals über 70 ... und ungewöhnlich fleißig ... Ihre Stimme war ungewöhnlich tief und männlich. Angeblich soll sie einem blinden Soldaten etwas geschenkt und ihn bei dieser Gelegenheit gefragt haben, wie er

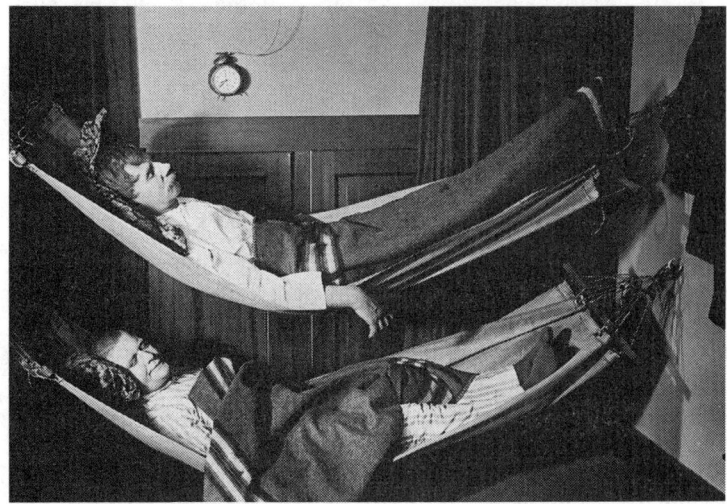

Ein besonderes Kunststück: Die Komik zweier Schlafender

erblindet sei. Da soll der Soldat sich aufgerichtet und geant-
wortet haben: ›Bei Verdun – Herr Major.‹«

Die weiteren, ebenso belanglosen Tonfilmversuche deutscher
Zunge sind:

- LUMPENKAVALIERE (1932), eine deutsch-österreichische Ge-
  meinschaftsproduktion unter der Regie von Carl Boese, mit
  Attila Hörbiger und Annie Rosar (in Wien hatten Schenstrøm
  und Madsen 1925 schon VAGABUNDEN IM PRATER und 1926 PAT
  UND PATACHON ALS SCHWIEGERSÖHNE gedreht)
- ZIRKUS SARAN oder: KNOX UND DIE LUSTIGEN VAGABUNDEN
  (1935), Regie: E. W. Emo, mit Hans Moser als Clown Knox
  und dem stimmgewaltigen Leo Slezak als Zirkusdirektor
  Saran sowie, ein weiteres Mal, Adele Sandrock als Frau von
  Herdingen (Pat und Patachon, die als Helfer in einen Zirkus
  geraten und eine komische Elefantennummer vorführen, be-
  kamen von Robert Stolz sogar ein Lied geschrieben: »Ein biß-
  chen Singsang und gute Kameradschaft ...«)
- MÄDCHENRÄUBER!!! (1935), Regie: Fred Sauer, mit Franz W.
  Schröder-Schrom, Paul Westermeier und Trude Hesterberg
- BLINDE PASSAGIERE (1936), Regie: Fred Sauer, mit Rudolf
  Platte, Mady Rahl sowie, in einer kleinen Rolle, Herbert
  Weißbach
- PAT UND PATACHON IM PARADIES (1937 im *Hunnia-Atelier* in
  Budapest gedreht), Regie: Karl Lamac, mit Lucie Englisch,
  Mady Rahl und Rudolf Carl

Erschwert wurde die Zusammenarbeit des Teams in den 30er
Jahren durch Madsens krankheitsbedingte Absenz – in einem
Film, MED FULT MUSIK (PAT UND PATACHON – MIT PAUKEN UND
TROMPETEN), sprang kurzfristig für ihn sogar ein Ersatzmann,
Hans W. Petersen, ein –, und damit ist nicht nur physisches Lei-
den gemeint. In seinem 1976 erschienenen Buch über DIE FRÖH-
LICHEN DREISSIGER JAHRE IM SCHWEDISCHEN FILM erinnerte sich
Regisseur Gösta Rodin, der das Gespann für den Streifen BLEKA
GREVEN (PAT UND PATACHON ALS DETEKTIVE) der *Triangelfilm*
von dem Deutschen Lothar Stark ausgeliehen hatte (den Ver-
trag hatte ein gewisser Arthur Gregory in Kopenhagen unter-
zeichnet), nicht ohne Grausen der Dreharbeiten, die 1937 in
Djurgården bei Stockholm stattfanden:

»Ich brachte Pat und Patachon … im Strandhotel am Nybroviken unter, und dorthin begab ich mich, um mit den Herren zu essen, fand sie aber bereits im Eßsaal. Schenstrøm saß einsam an einem Ecktisch, und an einem anderen Ecktisch saß Madsen ebenso einsam – in großem Abstand zu seinem Partner. Zwischen beiden gab es nichts. Nie sah man etwas weniger Lustiges als diese beiden weltberühmten Komiker – ernsthafte Hohepriester der Lustigkeit, wie es sie bisher noch nie gab. Ich ging zu Madsen, fragte ihn, ob ihm die schwedische Küche gefalle. Er sagte, das Essen sei gut und begab sich auf sein Zimmer. Ich ging zu Schenstrøm und setzte mich.

– Habt ihr Krach? fragte ich. Sieht ja schlimm aus.

– Ich habe keinen Krach mit ihm, antwortete Schenstrøm, er hat nur etwas mit mir. Madsen ist krank, er leidet an Verfolgungsmanie. Der glaubt wirklich, ich verfolge ihn und sei nur darauf aus, alleine vor der Kamera zu stehen – ziemlich schlimm.

Die Dreharbeiten wurden danach. Vor der Kamera mußte Madsen mit Schenstrøm reden, doch sobald die Szene gestorben war, setzte sich Madsen auf einen Stuhl in der Ecke des Ateliers und starrte vor sich hin. Was in der nächsten Szene passieren sollte, beredete Schenstrøm mit mir – Madsen schwieg. Wenn ich ihn rief, kam er brav wie ein Hund, dem man pfeift – sah sich seine Dialoge an und probte sie, von Schenstrøm abgewandt –, nahm gehorsam seine Position ein und ließ die Licht- und Tonproben über sich ergehen, spielte die Szene mit Schenstrøm – perfekt –, ging dann zu seinem Stuhl zurück, ließ sich nieder und starrte zur Decke, auf den Boden oder die Wände – und sagte kein Wort. Das fing an, mich zu beunruhigen. Ich rief Gregory in Kopenhagen an und fragte ihn, was zum Teufel ich mit Madsen machen solle. Er sei am Ausflippen und finge an, im Atelier Amok zu laufen.

– Na klar, der ist ein bißchen durchgedreht, antwortete Gregory – aber er ist ein ungefährlicher Irrer, das schwöre ich.

– Und so einen geben Sie mir unter Vertrag, schrie ich in die Leitung, ohne mich zu warnen, ohne auch nur ein einziges Wort davon zu sagen! – Wir haben keine Versicherung für die Dreharbeiten. Aber jetzt werde ich dafür eine anständige Versicherung abschließen, und die werden Sie mir zahlen, verdammt noch mal! Mich reinzulegen!

– Ich hab Sie nicht reingelegt, sagte Gregory, das ist eine Beleidigung.

– Rutsch mir den Buckel runter und ersäuf dich im Öresund, war meine Antwort ... Ich ging wie auf glühenden Eisen – doch Madsen ging in seiner Verrücktheit nie zu weit. In seinem gestörten Gehirn hatte er offenbar ein Warnsignal, das dann aufblinkte, wenn er die Grenze des Zulässigen zu überschreiten drohte. Ein Balanceakt – aber er gelang ihm. Mir gegenüber war er höflich und entgegenkommend. Morgens schüttelte er mir die Hand. Und wenn der Arbeitstag vorbei war, gab er mir wieder die Hand und verbeugte sich wie ein wohlerzogener Schuljunge. Wenn das Drehbuch es vorschrieb, blickte er auch Schenstrøm an und sagte etwas zu seinem alten Arbeitskameraden – doch danach blickte er nie wieder in Schenstrøms Richtung – es sei denn, dieser spielte eine Szene allein. Dann schlich er in den Kulissen herum und spionierte ihm nach. Die Beleuchter konnten das alles von der Brücke aus gut sehen und hielten mich auf dem laufenden.

– Der glaubt wohl, daß Schenstrøm ihm die Show stiehlt, sagte einer von ihnen zu mir. Nur keine Aufregung, wir passen auf! Wenn er einen Anfall kriegt, nehmen wir das in die Hand.«

1961 koppelte der Düsseldorfer Kleinverleiher Erich Pietrek *(NWDF-Unitas)* Bleka Greven mit einem Kurzfilm aus der Laurel & Hardy-Produktion, The Live Ghost (1934), und annoncierte die Kombination unter dem Titel Pat und Patachon jagen mit Dick und Doof Gespenster. Dies machte auch dem letzten schlagartig klar, wie begrenzt die komischen Möglichkeiten der beiden Dänen gegenüber ihren amerikanischen Kollegen waren.

Einen letzten, akzeptableren Versuch, an den Humor ihrer Stummfilme anzuknüpfen, unternahmen Pat und Patachon in der *Palladium*-Produktion I der gode gamle Dage (In guten alten Tagen), in der sie in den Kellergewölben einer verlassenen Burg einen Ritterroman aufstöbern und sich in jene Zeit hineinversetzen – als Diener, Liebesboten und Spione des Ritters Caspar Krabbe. Inszeniert wurde die Farce von dem jungen Johan Jacobsen, und uraufgeführt wurde sie am 9. August 1940, vier Monate nach der Besetzung Dänemarks durch deutsche Truppen.

Eine der bekanntesten Szenen aus ›Volldampf voraus‹, der Anfang der 60er Jahre in der BRD noch einmal in die Kinos kam.

Der Lange trat nach diesem Film noch in einem Zirkus in Stockholm auf und las im schwedischen Rundfunk, wie schon in Dänemark und bei einer Vortragsreihe in verschiedenen deutschen Städten, Andersen-Märchen (1938 hatte er übrigens anläßlich der Eröffnung des *Palladium*-Kinos in Kopenhagen einen kurzen Film, Midt i Byens Hjerte, inszeniert, mit sich selbst in der Rolle des Hans Christian Andersen). Carl Georg Harald Schenstrøm starb 61jährig am 10. April 1942.

Der kleine Dicke, der sich 1935 einen eigenen Zirkus zugelegt hatte, aber pleite gegangen war, verlebte die Kriegsjahre in denkbar einfachen Verhältnissen. 1947, abgemagert und tattrig, versuchte er ein Comeback in der schwedisch-dänischen Co-Produktion Hjältar mot sin vilja (Artistenfreundschaft), mit dem neuen Pat Carl Reinholdz als Calle. Madsen war Palle. Und das Ganze war ein trauriger Grabgesang, über den besser der Mantel des Schweigens gebreitet bleibt. Harald Madsen verschied am 13. Juli 1949 im Alter von 59 Jahren. Gösta Rodin: »Er starb ... in paralisie général, den Lexika zufolge einer Hirnerkrankung, die durch Syphilis hervorgerufen wurde. Frau Madsen endete als Büglerin in einer Dampfwäscherei. Die *Palladium-Film,* die Millionen an Pat und Patachon verdient hatte, setzte ihr eine Leibrente von einhundertzwanzig Kronen monatlich aus.«

Die Geburt des Slapstick

Amerikas erster Comedy-Filmstar: John Bunny

Die erste Filmfarce überhaupt – ein amerikanisches Erzeugnis: eine kleine Szene, die William Dickson für Thomas Edison hergestellt hat und die den Schauspieler Fred Ott niesen zeigt. Dabei ist weniger das Niesen an sich komisch, sondern vielmehr, wie der Akteur die »Handlung« wiederholt. Das war 1884.

Doch danach waren die amerikanischen Filmfabrikanten lange Zeit ihren französischen Kollegen unterlegen. Frühe Titel wie NERVY NAT KISSES THE BRIDE, A LEAP-YEAR PROPOSAL TO AN OLD MAID oder REUBEN IN THE SUBWAY mögen allenfalls für unentwegte Filmhistoriker von Interesse sein.

Im Sommer 1910 sollte sich diese Situation schlagartig ändern: Ein rundlicher Mann klopfte an die Pforten verschiedener New Yorker Filmgesellschaften und bot seine Dienste als Komiker an. Doch niemand mochte so recht anbeißen. Schließlich erbot sich der Dicke, einen Film ganz ohne Bezahlung zu drehen, nur um zu beweisen, daß er nirgendwo anders hingehöre als auf die Leinwand. Das beeindruckte die Filmpioniere der *Vitagraph Company,* Albert E. Smith und J. Stuart Blackton, so ungeheuer, daß sie darauf bestanden, den Dicken nicht nur einen Testfilm machen zu lassen, sondern ihn, wie üblich bei ihnen, mit fünf Dollar am Tag zu entlohnen. Als Smith und Blackton die fertigen Muster sahen, waren sämtliche Zweifel wie weggeblasen, ein zweiter Film folgte sogleich – aber als der Dicke vorschlug, daß sie ihn fest unter Vertrag nehmen sollten, winkten die *Vitagraph*-Oberen ab. Sie glaubten nämlich, sich den Mann, der, wie sie herausgefunden hatten, auf der Bühne bereits einiges galt und ziemlich beliebt war, auf Dauer nicht leisten zu können. Dennoch bestand der Dicke darauf, daß sie ihm ihr bestmögliches Angebot machten: »Nachdem sie sich entschuldigt hatten, boten sie mir 40 Dollar, ein Fünftel ungefähr der Summe, die ich damals beim Theater kassierte. Zu ihrer großen Verwunderung nahm ich, ohne zu zögern, an.« Der dicke Mann, von dem hier die Rede ist, der vollends überzeugt war vom jungen Filmmedium, wurde Amerikas erster großer Filmkomiker – zu einer Zeit, da Darsteller im US-Kino noch ungenannt blieben, da das amerikanische Starsystem noch gar nicht erfunden war. Sein Name: John Bunny. 1863 in New York geboren.

Bunny hatte auf das richtige Pferd gesetzt. Dank der enormen Verbreitung seiner Filme wuchs seine Popularität, für damalige Maßstäbe, beträchtlich. »Eines Tages«, so Albert Smith in seinen Erinnerungen, »als ich in New York eine wichtige Geschäftsbesprechung hatte, kriegte ich plötzlich einen Anruf von Bunny, der mir mitteilte, daß er mich unbedingt auf der Stelle sehen müsse, es gehe um eine Angelegenheit auf Leben und Tod … Ich sagte ihm, er solle mich um drei Uhr unten am Eingang des Gebäudes treffen. Er versprach, pünktlich zu sein. Das Gebäude lag am Longacre Square. Punkt drei entschuldigte ich mich und ging runter. Aber – kein John Bunny! Endlich, nach einer Weile, sah ich ihn kommen. Er bedauerte die kleine Verspätung und erklärte, daß er sich jetzt nicht mit mir unterhalten, sondern mir nur etwas zeigen wolle. Ehrlich gesagt war ich ein wenig verärgert, hatte ich doch extra die Verhandlungen oben unterbrochen: Was soll ich sehen, John? – Inzwischen hatte er mich, ohne daß es mir auffiel, mit dem Rücken zur Straße gedreht, während er genau umgekehrt, gut sichtbar, dastand. Auf einmal hörte ich hinter mir ein lautes Gemurmel – und als ich mich umdrehte, war der ganze Platz voller Menschen, die John Bunny sehen wollten! Der guckte mich nur lächelnd an: ›Das war's schon, Chef.‹ Bahnte sich seinen Weg durch die Menge zu einem bereitstehenden Automobil und fuhr los.« Es war das erste Mal, daß er einen Massenauflauf einer Leinwandpersönlichkeit wegen erlebt habe, bemerkte Smith.

Bunny erschien nicht nur in allen möglichen Farcen und Sketchen – es gelang ihm sogar, *Vitagraph* zu überreden, ihn 1912 nach England zu schicken, um Charles Dickens' PICKWICK PAPERS für den Film zu adaptieren. Als ihm auch dort wahre Ovationen entgegengebracht wurden, war eine Gehaltserhöhung unvermeidlich geworden: Aus 250 Dollar die Woche wurden 30.000 Dollar im Jahr!

Bunny war ein Filmdarsteller par excellence. Er erging sich nicht in Manierismen wie andere Kollegen, die, gleich ihm, auf den Brettern gestanden hatten. Und er fand eine ebenbürtige Partnerin in Flora Finch. Das Duo war so populär, daß die gemeinsam gefilmten Komödien beim Publikum nur noch *Bunnyfinches* hießen.

Freilich mochte es sich Bunny nicht nehmen lassen, noch einmal auf Tournee zu gehen: BUNNY IN FUNNYLAND. Aber der Streß war zu groß für ihn. Am 26. April 1915 war John Bunny tot.

Der Tramp und die Cops:
Charles Spencer Chaplin und Keystone

Überschätzung –
»Dies ist also ein Buch über Charlie«, leitet Robert Payne, ein
»berufener Kenner«, seine Version des Chaplin-Erfolgs (DER
GROSSE CHARLIE) ein, »über einen Clown, der halb Gott und halb
Mensch ist, über den ewigen Vagabunden und über den Bruder
des Hl. Franziskus, über das liebenswerteste Geschöpf, das die
Leinwand jemals gesehen hat. Seht ihn doch nur über die Bühne
gehen – das genügt, alles andere sind nur Spielzeuge, die er benutzt. Sein Schnurrbart ist der kleine Schatten seiner Nase, die
Augen sind listig wie die des Herkules, und sein abgetragener
Hut ist ein Symbol seiner Kraft. Ist er nicht ein besserer Führer
als jene Übermenschen im Weltraumschiff, die in Ledermänteln
und ohne Gesicht daherschreiten und niemals, niemals lachen
können?«
Heiliger Ernst, Heiligenverehrung nicht nur zwischen den Zei-
len: halb Gott und halb Mensch – ewiger Vagabund – Symbol
seiner Kraft – Führer.
»Woher kommt der Clown? Wohin geht er? Was bedeutet seine
Maske? Welche Räume hat er durchstreift, um auf die Erde zu
kommen? Wer lud ihn eigentlich ein? Welche magische Aufgabe
erfüllt er?« sind Fragen, zu denen sich Payne versteigt. Es ge-
nüge festzustellen, daß Chaplin der größte Eulenspiegel unserer
Zeit ist.
In Wirklichkeit war Chaplin natürlich kein Heiliger. Und die Zusammenarbeit mit ihm war von dem Zeitpunkt an, da er als
Genie und Kultfigur gehandelt wurde, nicht immer ein unge-
trübtes Vergnügen. Darryl F. Zanuck war, bevor er Produktionschef bei *Warner Bros.* wurde und dann Studio-Tycoon der
Twentieth Century-Fox, zwei Wochen als Gagman bei Chaplin.
Chuck Reisner, Charlies Gag-Chef, hatte ihn angestellt: »Reis-
ners Job war es, Gags zu erfinden, aber Chaplin das nicht merken zu lassen. Er mußte ihm die Bissen in einer Weise mundge-
recht machen, daß Chaplin den Eindruck hatte, er selbst hätte
den gewünschten Gag ›entdeckt‹. Wir hockten derweil mucks-
mäuschenstill in der Ecke und warteten darauf, bis er über die im
Raum verteilten Einfälle stolperte. Wenn du selbst einen Vor-

Wohl der berühmteste Komiker seiner Zeit: Charlie Chaplin

schlag machtest, warst du tot! Zu guter Letzt fand er immer den
für ihn bereitgelegten Gag und ließ dann keine Gelegenheit aus
herumzukrakeelen, warum wir nicht darauf gekommen seien!«
Chaplin »benutzte mit Vorliebe Fremdwörter, die er aus dem
Lexikon rausgesucht hatte, um uns in Verlegenheit zu bringen.
Wörter wie *outré*. Er brummelte dann etwas wie *uttra* und wollte
mit schneidender Stimme wissen, ob wir auch verstanden hätten.
Wirklich sehr überlegen. Aber wenn Riesner wohlüberlegt
einen Begriff benutzte, den Chaplin nicht kannte, ging Charlie
unverzüglich aufs Klo. Dort hatte er ein Nachschlagewerk ver-
steckt. Manchmal saß er eine Stunde lang auf dem Klo.«
Wer Chaplin für den Film entdeckt hat, ist strittig. War es der
Filmkomiker Hank Mann (= David W. Liebman), der zuerst auf
den jungen Engländer aufmerksam machte? Oder Filmverleiher
Harry Aitken? Oder Charles Kessel, der seinen Bruder Adam

überredete, ein Telegramm an den Manager der in Amerika gastierenden Karno-Truppe aus England zu schicken, in dem man sich nach einem Komiker »Chaffin oder so ähnlich« erkundigte? Das war am 12. Mai 1913. Adam Kessel jun. und sein Partner Charles O. Baumann waren Buchmacher gewesen, bis Gouverneur Charles Evans Hughes 1908 ein Gesetz erließ, nach dem Pferdewetten im Staate New York fortan untersagt waren. Ein letztes Mal machte Kessel seine Runde, um Wettschulden einzutreiben, und gelangte auf diese Weise auch zu einem Filmhändler, der nicht flüssig war. Der überredete Kessel, sich auf einen Tausch einzulassen – und so wurden die früheren Buchmacher Betreiber der Firma *Empire Film Exchange.* Anfang 1909 waren sie bereits in der Lage zu expandieren und eröffneten mit einem dritten Partner, Fred J. Balshofer, der ein wenig Erfahrung in der Filmproduktion hatte, die *New York Motion Picture Company.* Das Gründungskapital betrug 10.000 Dollar – und um den steigenden Filmbedarf der Gesellschaft zu befriedigen, wurden mehrere Tochterfirmen gegründet, die vor allem Western und dramatische Stoffe kurbelten. Fehlte noch ein Komödienzweig, und den schufen sich die Partner im Sommer 1912 mit *The Keystone Film Co.,* die im September das vormals für die Wildwestfilmherstellung genutzte Edendale-Studio im Herzen von Los Angeles bezog. Als *Managing Director* hatte man sich einen gebürtigen Kanadier ausgeguckt, der bei der Konkurrenz, *Biograph,* die Lustspielproduktion geleitet hatte. Für ein Anfangsgehalt von 100 Dollar die Woche, dazu ein Drittel vom Gewinn, nahm man ihn unter Vertrag.

»Ich wurde in Richmond, Provinz Quebec, am Tag des Hl. Antonius, am 17. Januar 1880 geboren«, beginnt der Lebenslauf des Mack Sennett – aber da er es mit der Wahrheit nicht allzu genau nahm, kann es auch sein, daß es 1884 und in Denville war, wo Mack das Licht der Welt erblickte. »Meine Familie war irisch durch und durch und bereits an die hundertfünfzig Jahre in Kanada, als ich auf die Welt kam; mit zwölf Pfund war ich nicht unbedingt, was man ein strammes Baby nennen könnte. Zu unseren stolzen Vorfahren gehörte mein Urururonkel James Masterson, der die Festungswerke von Quebec gemauert hatte. Der Name meines Vaters war John Francis Sinnott und der Mädchenname meiner Mutter Catherine Foy. Und so heiße ich eigentlich Michael Sinnott. Die Sinnotts und die Foys, wie die meisten ihrer Nachbarn, bauten als Farmer alles, was sie zum Leben brauchten, selbst an und lebten völlig unabhängig auf ihrer kleinen Scholle, die sich über anderthalb Hektar erstreckte. Als ich noch klein war, machte meine Familie ihre Kleider und Schuhe noch selbst, und erst die zauberhaften Kataloge von Sears, Roebuck und Montgomery Ward bewogen uns, Kleidung und Schuhwerk in Geschäften zu kaufen. Meine Leute, wie auch unsere Nachbarn, waren groß, wohlgenährt, zäh und fromm, von echtem Schrot und Korn eben. Sie waren Realisten.« Nachdem die Familie nach Amerika übersiedelt war, arbeitete der 17jährige in einer Eisenhütte – bevor es ihn nach New York, zur Bühne und dann zum Film zog:»Ich hatte gehört, daß man beim Film gutes Geld verdienen konnte. Jemand, der wie ich Bühnenerfahrung hatte, bekam fünf Dollar am Tag. Also meldete ich mich 11 East Fourteenth Street bei Wallace (›Pop‹) McCutcheon, dem Studioleiter der *Biograph*. Das war 1909 ...« Sinnott-Sennett begann als Kleindarsteller, spielte aber schon bald größere Rollen, etwa in THE CURTAIN POLE, den *Biographs* Starregisseur David Wark Griffith drehte, und entwickelte ein Faible für die Komödie. Nachdem sein Regiedebüt COMRADES am 11. März 1911 erfolgreich angelaufen war, vertraute ihm *Biograph* für 50 Dollar die Woche die Doppelfunktion Regisseur-Hauptdarsteller in einer eigenen Comedy-Abteilung an und erhöhte sein Gehalt nach der gelungenen Boxerkomödie ONE-ROUND O'BRIEN sogar auf 65 Dollar. In Kessels und Baumanns Augen war Sennett genau der, den *Keystone* brauchte.

Freilich habe er noch nie von einem Mann gehört, der bei seinen Mitarbeitern gleichermaßen unbeliebt war, erklärte der Drehbuchautor und Filmhistoriker DeWitt Bodeen:»Er war ein ganz durchschnittlicher, vulgärer Mensch. Niemand verstand, wie sich Mabel Normand in so einen verlieben konnte – und doch war es so.« Mabel Ethelreid Normand kam, wahrscheinlich am 9. November 1892, in Providence, Rhode Island* zur Welt (oder war es der 16. November 1894? 1895?), in einer katholischen Familie, der Vater Pianist in kleinen Orchestern in Boston und New York. Sie war die einzige, die wahre Liebe in Macks Leben. Das Aufgebot war sozusagen schon bestellt, als Mabel den *Keystone*-Chef in flagranti, in Unterhosen, mit ihrer besten Freun-

* Als mögliche Geburtsorte genannt werden auch Boston und Atlanta.

din (Mae Busch) ertappte. Ein mißglückter Selbstmordversuch –
und Mabel war nicht mehr dieselbe. Selbst bei taktvoller Zurückhaltung käme man nicht umhin, ihr Verhalten als exzen-
trisch zu umschreiben. Folgende Geschichte soll sich tatsächlich
ereignet haben: Mitten in den Dreharbeiten für einen neuen
Film war Mabel auf einmal spurlos verschwunden, um dann ganz
überraschend in Paris aufzutauchen. Auf der Heimfahrt stellte
sie einen Passagier, der sie angesprochen hatte, in Gegenwart
des Kapitäns zur Rede: »Ich weiß nicht, wie Sie auf den Gedanken kommen, ich sei *so* eine Art Mädchen.« Als sich der Mann
kleinlaut entschuldigte, entkleidete sich Mabel vor aller Augen
und sprang in den Schiffs-Swimmingpool. Kaum in New York
angekommen, buchte sie auch schon wieder die nächste Über-
fahrt für sich und ihre Freunde. Und dann, aller guten Dinge
sind bekanntlich drei, das Ganze noch mal. Eine halbe Million
Dollar hat sie auf diesen drei Paris-Trips ausgegeben.
Die Welt war noch in Ordnung gewesen, als Mabel in der
Schnittmuster-Abteilung einer Frauenzeitschrift gearbeitet
hatte, doch nicht lange, da stand das wohlgebaute Mädel führenden amerikanischen Illustratoren Modell. In Anzeigen soll sie
sogar als Coca-Cola-Girl erschienen sein. Schließlich gab ihr ein
befreundetes Modell, Alice Joyce, den Rat, es mal beim Film zu
probieren. Das war 1911. Zuerst war sie bei *Vitagraph,* dann
kam sie zu *Biograph,* wo sie Sennett kennenlernte, der sie mit zu
Keystone nahm.
Krankheiten und Skandale, in die sie, wenn auch nur peripher,
verwickelt war, holten sie schließlich auf den Boden bitterer Tat-
sachen zurück. Mabel Normand starb 1930 an Tuberkulose.
Aber in ihren Glanzzeiten hatte es die zierliche Person mit jedem
anderen *Keystone*-Komiker aufnehmen können, selbst mit
jenem hochbegabten Engländer, den Adam Kessel für die Gesellschaft unter Vertrag genommen hatte. Charlie und Mabel
haben bei *Keystone* eine ganze Reihe Filme zusammen gedreht.
Darunter war auch jener Streifen, der die weltbekannte Tramp-
Figur einführte. Nein, das war nicht KID AUTO RACES AT VENICE,
CALIFORNIA, wie man vielerorts lesen kann (in diesem in nur
45 Minuten vor dem Hintergrund eines Seifenkistenrennens entstandenen Filmchen erleben wir Charlie ohne Mabel, wie er sich
als Störenfried vor einer Wochenschaukamera betätigt). Es war
MABEL'S STRANGE PREDICAMENT, der zwar erst zwei Tage nach

KID, am 9. Februar 1914, herauskam, aber früher begonnen
worden war. »Schminken Sie sich irgendwie komisch«, habe ihm
Sennett befohlen, erinnert sich Chaplin in seinen Memoiren.
»Ganz gleich, was Ihnen gerade einfällt.« Auf dem Weg zur Re-
quisitenkammer sei ihm dann die Idee gekommen,

»ausgebeulte Hosen, riesige Schuhe, einen Spazierstock und eine schwarze Melone als Kostüm zu wählen. Alles sollte einander widersprechen. Die Hose mußte weit, die Jacke eng, der Hut klein, das Schuhwerk groß sein. Noch schwankte ich, ob ich mich auf alt oder jung zurechtmachen sollte, aber da fiel mir ein, daß Sennett sich vorgestellt hatte, ich sei viel älter, so klebte ich mir einen kleinen Schnurrbart an, ich dachte, mir dadurch Jahre zuzulegen, ohne meinen Gesichtsausdruck zu verbergen. Zunächst wußte ich noch nichts von dieser Figur. Als ich aber das Kostüm am Leibe hatte, ließen mich Kleider und Schminke fühlen, was für ein Mensch das war. Ich begann ihn kennenzulernen, und als ich schließlich auf die Bühne kam, hatte sein Dasein begonnen. Im Augenblick, da ich Sennett gegenübertrat, nahm ich das Wesen der Figur an, stolzierte auf und ab, schwang meinen Spazierstock und paradierte so vor ihm. Gags und komische Einfälle jagten mir durch den Kopf.«

Möglicherweise ist Chaplin bei der Zusammenstellung des Kostüms aber doch etwas gezielter vorgegangen, als er uns glauben machen möchte. Womöglich hat er die Figur Vorbildern aus seiner englischen Varietézeit abgeguckt: Fred Kitchen zum Beispiel, der später die Urheberschaft hinsichtlich Kostüm und Watschelgang für sich reklamierte.
Geboren wurde Charles Spencer Chaplin am 16. April 1889 in London. Seine Eltern – der Vater, den er in seiner frühen Kindheit nur selten gesehen hat und der im Suff geendet ist, Charles Chaplin sen. (1863–1901), und Mutter Hannah, geb. Hill (1865–1928) – traten als Sänger im Varieté auf. Chaplin 1918 über Hannah: »Wäre meine Mutter nicht gewesen, wäre ich wohl kaum ein erfolgreicher Pantomime geworden. Sie war eine der größten Pantomimen-Künstlerinnen, die ich je gesehen habe. Sie saß oft stundenlang am Fenster und sah auf die Leute hinab, die auf der Straße vorbeigingen. Sie beschrieb mit Händen, Augen und Mimik ganz genau, was unten geschah, und gab dabei unablässig ihre Kommentare ab. Und einfach durchs Zusehen und Zuhören lernte ich nicht nur, wie man Gefühle mit Händen und Mimik ausdrückt. Sondern auch, wie man Menschen beobachtet und studiert. Ihre Beobachtungsgabe hatte fast etwas Unheimliches.« Leider hatte sie, so Chaplin in seiner

Autobiographie, »Kummer mit ihrer Stimme, die nie sehr kräftig gewesen war. Die kleinste Erkältung führte zu einer Laryngitis, die wochenlang anhielt; doch mußte Mutter arbeiten, und dadurch wurde ihre Stimme immer schlechter. Mutter konnte sich nicht mehr auf sie verlassen. Mitten in einer Gesangsnummer brach die Stimme oder sank plötzlich zu einem Flüstern herab, was zu Gelächter und Buhrufen im Publikum führte. Die Angst davor untergrub ihre Gesundheit und zerstörte ihre Nerven. Dies hatte zur Folge, daß sie immer seltener und schließlich überhaupt nicht mehr engagiert wurde.« Wie ihre eigene Mutter sollte Hannah in geistiger Umnachtung sterben. Es war der Halbbruder, Hannahs ältester, unehelicher Sohn Sydney (1885−1965), der Charlie Vater und Mutter ersetzte und zeitlebens sein engster Vertrauter blieb. Einen Teil ihrer unglücklich überschatteten Kindheit verbrachten die beiden in Armeneinrichtungen.

14jährig, am 27. Juli 1903, spielte Charlie zum erstenmal den Laufburschen Billy in einem SHERLOCK HOLMES-Stück und ging damit auf Tournee. Ab Mai 1906 war er mit der Truppe CASEY'S COURT CIRCUS auf Achse. Und 1908 gelang es Sydney, ihn bei Fred Karnos SPEECHLESS COMEDIANS unterzubringen, denen er selbst seit Juli 1906 angehörte. Karno (1866−1941), der eigentlich Fred Westcott hieß und über eine Handvoll führender Comedy-Truppen auf der Insel gebot, privat ein rabiater Bursche, der Frauen schlug, war anfangs skeptisch, als Syd ihm diesen »blassen, traurig aussehenden jungen Menschen« brachte: »Ich muß sagen, daß er mir zuerst viel zu schüchtern aussah, als daß er auf der Bühne etwas hätte leisten können, zumal in der Art von Knockabout-Arbeit, auf die ich mich spezialisiert hatte. Er sah aus, als wollte er in sich selbst hineinkriechen.« Trotzdem nahm er ihn: »All right. Ihr Bruder hat sich bei mir bewährt, und deshalb will ich auch mit Ihnen den Versuch machen.« Zweimal war Chaplin mit der Karno-Truppe in Amerika: Oktober 1910 bis Juni 1912 und wieder ab Oktober 1912. Die zweite Tournee brachte ihn schließlich zu *Keystone*.

In den meisten Büchern über Chaplin steht, daß er von Kessel unter Vertrag genommen worden sei, um Ford Sterling zu ersetzen, der von *Keystone* weg wollte. Das ist so sicher nicht richtig. Wenn er schon für jemanden einspringen sollte, dann eher für Fred Mace, der Sennetts Original-ONE ROUND O'BRIEN gewesen war und *Keystone* am 12. April 1913 verließ. Zu dem Zeitpunkt, als Chaplin seinen Vertrag bei Kessel unterschrieb, saß Sterling noch fest im *Keystone*-Sattel und war auf der Leinwand sogar mal Chaplins Partner. Für Sennett war er damals der männliche Filmkomiker Nummer eins. Sterling, 1883 als George F. Stitch in La Crosse, Wisconsin geboren, war als Junge von zu Hause ausgerissen, um sich einem Wanderzirkus anzuschließen. Als Keno, The Boy Clown brachte er es zu einiger Popularität, ging später zum Theater und stieß über die *Biograph* zu Sennett. Erst im Februar 1914, als Chaplin bei *Keystone* installiert war, ließ er sich von dem abtrünnigen Fred Balshofer weglocken, der ihm mit der Gründung einer eigenen *Sterling Film Company* schmeichelte, doch alsbald stieg ihm der Ruhm derart zu Kopf, daß Balshofer gezwungen war, ihn zu feuern, und die für den *Universal*-Verleih noch abzudrehenden Filme der Sterling-Serie mit Hilfe entsprechender Out-takes des »großen« Mimen und unter tatkräftiger Mitwirkung des Sterling-Imitators George Jeske fertigstellte. Reumütig kehrte Sterling zu Sennett zurück, aber von da an ging es mit seiner Karriere stetig bergab. Der Komiker, der bei einem Unfall ein Bein verlor, starb 1939 – so gut wie vergessen.

Sennett sah den Intelligenzquotienten des gemeinen Publikums auf dem Niveau von Elfjährigen angesiedelt; dementsprechend simpel waren seine Grotesken gestrickt: »Wir haben eine einfache Grundidee und lassen dann den Ereignissen ihren freien Lauf, bis alles in der Verfolgungsjagd gipfelt, die das A und O unsrer Komödien ist.« *Slapstick!* Ursprünglich bezeichnet dieser Begriff die Narrenpritsche des Kasperl im Puppentheater – aber bei Sennett wurde daraus der Polizeiknüppel, der für eine Obrigkeit stand, die das Lustspiel durch den Kakao zog: die *Keystone Cops**, in deren uniformierten Reihen sich jede Menge Komiker ihre Sporen verdienten. Die ersten waren George Jeske, Bobby Dunn, Mack Riley, Charles Avery, Slim Summerville, Edgar Kennedy und Hank Mann. Das Kommando hatte Ford Sterling. Der Erfinder dieser Form der Komödie war Sennett freilich nicht: »Es waren die Franzosen, die den Slapstick-Film erfanden; ich habe sie nur imitiert. Meine ersten Ideen kamen direkt von *Pathé*.«

---

* Sie gaben ihr Filmdebüt im April 1913 in THE BANGVILLE POLICE.

Als Akteur, später Regisseur, einer der Waghalsigsten war Del Lord. Lord, so Sennett, »war derjenige, der, auch nachdem er schon Regisseur war, den Wagen bei diesen *Keystone Cops*-Verfolgungsjagden quer durch die Stadt steuerte. Unser Streifenwagen, oft besetzt mit ›Fatty‹ Arbuckle, Charlie Murray, Chester Conklin, Hank Mann, alles in allem bis zu 15 *Keystone Cops,* war eine Sonderanfertigung, eine Monstrosität, die 2,40 Meter hoch war. Del Lords Stammplatz für Stunts mit diesem Fahrzeug war Ecke Achte/Figueroa Street. Er schlich sich immer dann an den Tatort, wenn die Verkehrspolizei von Los Angeles gerade woanders zu tun hatte, und bestrich das Straßenpflaster mit einem Faß Seife. Wenn er dann mit 50 Meilen in der Stunde darauf zuhielt, das Steuer herumriß und auf die Bremse trat, war das Resultat höchst vergnüglich.« Beliebtes Requisit war ein Pianodraht (wenn wieder mal ein Wagen überm Abgrund hing), und nicht selten wurde die normale Aufnahmegeschwindigkeit vom Kameramann verändert, langsamer gekurbelt, um einen Zeitraffereffekt zu erzielen und dadurch Stunts noch gefährlicher aussehen zu lassen. Mehrere von Sennetts Kameraleuten wurden später angesehene Trickspezialisten: Frank Williams, Hans Koenekamp, Vernon Walker, Fred Jackman. In einem 1922 im AMERICAN CINEMATOGRAPHER erschienenen Artikel stellte Jackman fest, ein erfolgreicher Comedy-Kameramann müsse praktisch in der Lage sein, »seine Kamera von innen nach außen zu kehren, weil von ihm alles kinematographisch nur Erdenkliche verlangt wird«. Schließlich sei es ja kein Geheimnis, »daß die Stunts und die wilden Kapriolen der Comedy-Darsteller durch gekonnte Manipulation der Aufnahmeapparatur in den Händen des Kameramanns erzielt wurden. In meiner siebenjährigen Praxis als Chefkameramann für Mack Sennett hatten wir nie einen ernsthaften Unfall, und alle unsere führenden Komiker, Badeschönheiten, Tiere und anderen Mitwirkenden sind noch heil, obwohl das Publikum sie mehr als einmal als Opfer furchtbarer Autounfälle erlebt hat; bei Stürzen aus der obersten Etage; auf Pferden, die über Abgründe sprangen, -zig Meter tief; bei Karambolagen mit Zügen, die mit 60 Meilen pro Stunde heranbrausten; in Kämpfe auf Flugzeugtragflächen verwickelt etc. ...«
David Robinson, Verfasser der definitiven CHAPLIN-Biographie, über das Wesen der frühen Sennett-Komödie: »Wenn in den *Keystone*-Studios auch chaotische Zustände zu herrschen

schienen, wurden die Filme doch nach einem Fließbandrezept hergestellt. Es gab vier Grundtypen der Produktion. Am einfachsten und wahrscheinlich am billigsten waren die ›Park‹-Filme, die durchgängig im Westlake Park gedreht wurden und bei denen Parkbänke, Promenaden, ein Erfrischungsstand und (für das unvermeidlich feuchte Finale) der Echo Lake als Schauplätze dienten für improvisierte Verwechslungsgeschichten zwischen Liebespärchen. Bei einer anderen Produktionsvariante wurde ebenfalls mit Außenaufnahmen gearbeitet: Sennett machte sich in diesem Fall irgendeine öffentliche Veranstaltung zunutze – eine Militärparade, ein Motor- oder Pferderennen. Er schickte ein Team an Ort und Stelle, das die Komiker filmte, wie sie herumblödelten und irgendeine improvisierte Farce ausspielten. Die Menschenmenge und das Ambiente des Ereignisses lieferten dabei die kostenlose Kulisse. Filme mit stärker festgelegter Form wurden in Kulissenbauten gedreht, die offenbar ziemlich dauerhaft auf der Bühne installiert waren. Das Grundgerüst der *Keystone*-Kulisse, das Chaplin selbst im Laufe der nächsten paar Jahre verwendete und verfeinerte, bestand aus einem Korridor, von dem rechts und links je ein Zimmer abging. Mit dieser Anordnung ließ sich dann je nachdem eine häusliche Szene darstellen, mit Salon (immer links) und Küche (immer rechts); ein Hotel mit zwei am Flur gegenüberliegenden Zimmern, ideal für nächtliche Verwechslungen; benachbarte Büros oder vielleicht Behandlungs- und Wartezimmer eines Arztes oder Zahnarztes, dazwischen die unverzichtbare Eingangshalle. Darüber hinaus gab es spezielle Kulissenbauten für ein Restaurant, eine Bar, ein Hotelfoyer, einen Kinosaal oder einen Boxring; oder das Studio stellte aus dem Stegreif Kulissen zusammen. Die vierte Filmkategorie, zu der MAKING A LIVING gehörte, kombinierte Außenaufnahmen mit Aufnahmen in der Studio-Kulisse.«

MAKING A LIVING war das Filmdebüt von Charlie Chaplin, der hier noch nicht im Tramp-Kostüm auftrat:

»Mr. Henry Lehrman, der erste Regisseur bei *Keystone* nach Sennett, sollte einen neuen Film beginnen, und ich hatte darin einen Zeitungsreporter zu spielen. Lehrman war sehr eitel und sonnte sich in dem Erfolg, den einige mechanische Lustspiele von ihm gehabt hatten. Er pflegte zu sagen, daß er keine Persönlichkeit brauche und all seine Lacherfolge durch me-

Mund und Schnurrbart schiefgelegt: so drückte Chaplin meist seinen Zorn aus

chanische Effekte und den Schnitt des Films erzielen könne. Eine Geschichte war nicht vorhanden. Es sollte ein reiner Dokumentarfilm werden, der die Arbeit einer Druckerpresse zeigt und durch ein paar komische Szenen aufgelockert wird. Ich trug einen hellen Frack, einen Zylinder und hatte mir einen riesigen Schnurrbart angeklebt. Als wir anfingen, konnte ich bemerken, daß Lehrman nach Ideen suchte. Als Neuling bei *Keystone* und als der Mann, der den Platz von Ford Sterling einnehmen sollte (sic!), war ich nur zu begierig, Vorschläge zu machen. Und da begann meine Feindschaft mit Lehrman. In einer Szene, in der ich ein Interview mit einem

Zeitungsverleger hatte, brachte ich jeden denkbaren Gag und bemühte mich, mir auch für die anderen Schauspieler etwas einfallen zu lassen. Der Film wurde in drei Tagen fertiggestellt, und ich glaubte, wir hätten etwas besonders Komisches ausgebrütet. Als ich dann aber den fertigen Film zu sehen bekam, brach es mir das Herz. Der Cutter hatte ihn so verschandelt, daß man ihn nicht mehr wiedererkennen konnte. Immer wieder hatte er mitten in meinen komischen Szenen die Pointe herausgeschnitten. Ich war ehrlich bestürzt und konnte mir nicht vorstellen, weshalb sie das getan hatten. Viele Jahre später gestand Henry Lehrman, daß er es absichtlich getan hatte, weil er, wie er sich ausdrückte, mich für naseweis gehalten hatte.«

Mit Lehrman nicht gut auszukommen war freilich keine große Kunst. In der Branche war er als Mr. Suicide (Herr Selbstmord) verrufen, weil ihm ein Menschenleben nichts galt. Und später machte er eine wenig rühmliche Figur in einem Skandalfall, in den einer seiner früheren Comedy-Stars verwickelt war.
Henry Lehrman, geboren am 30. März 1886 in Wien, war als 19jähriger nach Amerika gekommen. Nach Tätigkeiten als Straßenbahnschaffner und Platzanweiser meldete er sich eines Tages – wir schreiben das Jahr 1910 – in den *Biograph*-Ateliers und stellte sich, einen französischen Akzent imitierend, als Monsieur Henri Lehrman vor, ehedem Mitarbeiter der angesehenen *Pathé Frères*. Als der Schwindel aufflog, gab ihm D. W. Griffith den Spitznamen »Pathé«. Lehrman verließ *Keystone* zusammen mit Sterling und Balshofer und produzierte danach in eigener Verantwortung *L-KO (Lehrman Knockout) Comedies* für den *Universal*-Verleih. Er starb am 7. November 1946.
Man kann mit an Sicherheit grenzender Wahrscheinlichkeit davon ausgehen, daß Sennetts rustikaler Slapstick-Humor nicht gerade Chaplins Ideal war, daß er selbst später noch, da er allerorten als Genie gefeiert wurde, in komischen Rollen Minderwertigkeitskomplexe empfunden haben muß und viel lieber etwas »Künstlerischeres« gemacht hätte. Bestätigt wird einem diese Vermutung in der »Prosaversion« des Filmmanuskripts von LIMELIGHT.
Chaplin identifiziert sich ganz und gar mit dem alternden Clown Calvero, wenn er schreibt:

»In seiner Jugend sehnte er sich danach, Musiker zu werden, aber konnte sich kein Instrument leisten; eine andere Sehnsucht war, in romantischen Rollen aufzutreten, aber er war zu klein dafür und seine Sprache zu unkultiviert. Nichtsdestotrotz, emotional hielt er sich für den größten lebenden Schauspieler. Der Komödie wandte er sich eher gezwungenermaßen zu, denn eigentlich entsprach sie nicht seinem Naturell: Mit dem Publikum intim zu werden war seine Sache nicht.

Wenn ihn etwas bei der Komödie hielt, so war es das Geld – davon zeugt seine Autobiographie an allen Ecken und Enden –, und so machte er gute Miene zum burlesken Spiel. Er drehte bei *Keystone* alles in allem 34 Kurzfilme, etwa zwei Drittel davon in eigener Regie, und einen Langfilm (sechs Akte), den jedoch nicht im gewohnten Tramp-Kostüm, sondern mit Dandybärtchen, als Partner von Marie Dressler, die mit dem Stück (TILLIE'S NIGHTMARE) schon am Broadway aufgetreten war: Mit TILLIE'S PUNCTURED ROMANCE wollte Regisseur Sennett (wäre es nach ihm gegangen, hätte der Film SHE WAS MORE SINNED AGAINST THAN NECESSARY geheißen) beweisen, daß er sehr wohl zu Höherem befähigt war, wie sein Mentor Griffith, der gerade THE BIRTH OF A NATION drehte.

Schließlich, nachdem er noch seinen Bruder Syd nach Kalifornien geholt und bei Sennett untergebracht hatte, kehrte Chaplin der *Keystonschen* Lachfabrik den Rücken, um nach saftigeren, sprich: finanziell ergiebigeren Weiden Ausschau zu halten.

Baumann und Kessel schlossen sich alsbald der von ihrem Vertriebspartner Harry Aitken ins Leben gerufenen *Triangle Film Corporation* an, die die Produkte des Triumvirats D. W. Griffith – Thomas H. Ince (der 1924 unter ungeklärten Umständen an Bord der Jacht von William Randolph Hearst starb) – Mack Sennett unter einem Dach vereinigte. Die Ziele dieser Gesellschaft mögen höchst ehrbar gewesen sein und die Budgets überdurchschnittlich – auch die Produktionskosten der *Keystone*-Komödien stiegen: von ursprünglich nur 1000 auf 20.000 Dollar das Stück –, doch entpuppte sich die *Triangle*-Idee letzten Endes als zu ambitioniert. Sennett verließ rechtzeitig das sinkende Schiff, war aber nicht in der Lage, sich den werbewirksamen *Keystone*-Namen zu sichern, und begann am 30. September 1917 mit der Herstellung eigener *Mack Sennett Comedies,* zuerst für *Para-*

mount, später für *First National* und *Pathé,* 1932 bis 1933 wieder für *Paramount,* deren zeitweilig bedrohliche Situation ihn Kopf und Kragen kostete. In das von Sennett neu eingerichtete Studio zogen Serial-Produzent Nat Levine und später *Republic Pictures* ein. Um Sennett dagegen wurde es still. Er inszenierte eine Handvoll belangloser Kurzkomödien für *Educational,* verkaufte Skripts an *Columbias* Jules White, fungierte als Berater bei Produktionen wie HOLLYWOOD CAVALCADE (1939) und ABBOTT AND COSTELLO MEET THE KEYSTONE COPS (1955). Doch dank eines satten Erbes, das ihm seine Mutter hinterlassen hatte, mußte er, am 5. November 1960, nicht als armer Mann sterben. Auszeichnungen, die ihm etwas galten, waren ein Ehren-Oscar und sein Auftritt in der Fernsehsendung THIS IS YOUR LIFE.

Es war Regisseur Jess Robbins, der Gilbert M. Anderson überredete, schneller zu sein als andere, schneller etwa als der clevere »Onkel« Carl Laemmle von *Universal,* und dem von seinen *Keystone*-Verpflichtungen befreiten Charlie Chaplin das bestmögliche Angebot zu machen und dessen komisches Talent für die *Essanay Film Manufacturing Company of Chicago* zu sichern. Der Name *Essanay* stand für die Initialen der beiden Chefs, die die Gesellschaft im Februar 1907 gegründet hatten: S für George K. Spoor und A für Anderson, der in Wirklichkeit Max Aronson hieß und nach einem kleinen Auftritt in dem bahnbrechenden Western THE GREAT TRAIN ROBBERY (1903) als »Broncho Billy« der erste Wildwest-Held der Filmgeschichte geworden war. Robbins verhandelte mit Chaplin über eine Gage von 1250 Dollar die Woche – und war sogar von sich aus zur Zahlung eines zusätzlichen Bonus von 10.000 Dollar bereit. Das war Chaplin neu: »Ehe er den Zehntausend-Dollar-Bonus erwähnt hatte, war ich gar nicht auf diesen Gedanken verfallen, doch von diesem glücklichen Augenblick an wurde er für mich zur fixen Idee.« So kam der Vertrag mit *Essanay* zustande, und Anderson und Robbins versicherten Chaplin, daß ihm der verheißene Bonus umgehend von Partner Spoor ausgezahlt werden würde. *Essanays* Hauptstudio in Chicago, wo Chaplin im Januar 1915 anfangen sollte, befand sich in der Argyle Street 1333. Chaplin:

> »Das Atelier lag im Industriebezirk und war früher offensichtlich ein Speicher gewesen. Als ich morgens dort erschien, war von Spoor immer noch nichts zu sehen, und es waren auch für

mich keine Instruktionen eingegangen; die Geschäftsleitung wußte nichts von meinen Vereinbarungen. Ich roch sogleich, daß etwas faul war und daß man im Büro mehr wußte, als man merken lassen wollte. Doch Sorgen machte ich mir darum nicht. Ich vertraute darauf, daß ein einziger guter Film alle meine Sorgen beheben würde. Ich fragte den Manager, ob ihm bekannt sei, daß das Personal und das Atelier mir zur Verfügung zu stehen hätten. ›Selbstverständlich‹, sagte er. ›Mr. Anderson hat alle Anordnungen getroffen.‹

›Dann möchte ich gleich mit der Arbeit beginnen.‹

›Gut. Sie werden im ersten Stock die Textbuchabteilung finden, und deren Leiterin, Miß Louella Parsons*, wird Ihnen ein Drehbuch aushändigen.‹

›Ich benutze keine fremden Drehbücher‹, sagte ich scharf, ›ich schreibe meine Drehbücher selbst.‹

Spoors Abwesenheit stimmte mich kampflustig, und nicht nur das, auch das Atelierpersonal selbst reizte mich, da es mit dem hochnäsigen Gebaren von Bankmenschen umherstolzierte und Requisitenscheine wie Wertpapiere herumschleppte. Die Verwaltung war bei dieser Gesellschaft ungemein eindrucksvoll entwickelt, nur die Filme taugten nichts. Die einzelnen Abteilungen im Oberstock waren untereinander abgegrenzt wie Kassenkäfige. Wie hier schöpferische Arbeit geleistet werden sollte, war mir unerfindlich. Nachmittags um sechs wurden die Lichter ausgemacht, mochte auch ein Regisseur mitten in der Aufnahme sein; um sechs war Feierabend, und jeder ging nach Hause.«

Man merkt Chaplin die nachhaltige Wut über diese Filmbürokratie an:

»Wenn ich die Rohaufnahmen durchsehen wollte, dann führten sie nur die Negativstreifen vor, um die Positivabzüge zu sparen. Das war natürlich fürchterlich. Wenn ich dann verlangte, sie sollten einen Positivabzug herstellen, dann taten sie so, als wollte ich sie in den Konkurs treiben. Sie waren geckenhaft und selbstzufrieden. Sie gehörten zu den ersten Gesellschaften, die in das Filmgeschäft eingestiegen waren, und da

---

* William Randolph Hearsts nachmalige Klatschkolumnistin.

sie im Schutze von Patentrechten ein Monopol besaßen, kümmerten sie sich wenig um die Qualität ihrer Filme. Obgleich andere Firmen ihre Patentrechte anfochten und bessere Filme herstellten, machte *Essanay* weiter und teilte am Montagmorgen Drehbücher aus wie Spielkarten.«

In dieser Umgebung entstand in zwei Wochen His New Job. Er zeigt Chaplin und Ben Turpin als Gelegenheitsarbeiter beim Film. Turpin (1874–1940) war beim Vaudeville gewesen, bevor er zu *Essanay* kam, aber richtig berühmt wurden seine unnachahmlich schielenden Augen erst in den Grotesken von Mack Sennett (Yankee Doodle in Berlin, A Small Town Idol, Bright Eyes, The Shriek of Araby, Three Foolish Weeks usw.). Endlich ließ sich auch Spoor blicken, der nach Glückwünschen von Geschäftskollegen und bei *Essanay* sich häufenden Vorbestellungen von Kopien des ersten Chaplin-Films allmählich begriff, welchen Fang man ohne sein Zutun gemacht hatte, und er zahlte Charlie sogar den vereinbarten Bonus aus. Der, da ihm weder Spoor noch Chicago gefielen, entschied sich, nach Kalifornien zurückzukehren und fortan in *Essanays* Filialbetrieb in Niles zu produzieren, wo »Broncho Billy« seine Western kurbelte.

Gleich nach seiner Ankunft begab er sich auf die Suche nach einer passenden Hauptdarstellerin für seine Komödien, und einer von »Broncho Billys« Cowboys – entweder war es Carl Strauss oder Fritz Wintermeyer – empfahl ihm einen Besuch im nahen San Francisco, in Tate's Café in der Hill Street, wo er mit einiger Regelmäßigkeit eine junge Dame antreffen könne, die unter Umständen in Frage komme. Ihr Name: Purviance, Edna Olga. Sie stammte aus Lovelock in Nevada und war, so Chaplin, »mehr als hübsch. Sie war schön. Während unserer Unterredung wirkte sie ernst und etwas bekümmert. Ich erfuhr später, daß sie gerade einen Liebeskummer zu überwinden hatte. Sie hatte das College besucht und sich zur Sekretärin ausgebildet. Sie war still und zurückhaltend, hatte herrlich große Augen, wunderschöne Zähne und einen sensiblen Mund. Sie sah so ernst aus, daß ich ihr weder schauspielerische Fähigkeiten zutraute noch mir vorstellen konnte, daß sie eine Spur von Humor hätte.« Beide Vermutungen erwiesen sich als falsch. Edna blieb Chaplins Partnerin bis 1922 (The Pilgrim). Danach versuchte er sie, mit weniger

›The Goldrush‹: Lange gekocht und doch nicht gar.

Erfolg, in dramatischen Rollen zu etablieren (A WOMAN OF PARIS, der öffentlich nie vorgeführte SEA GULLS, unter der Regie des jungen Josef von Sternberg). Obwohl er später nie wieder mit ihr filmte (sieht man mal von Probeaufnahmen für MONSIEUR VERDOUX ab), behielt Chaplin sie ihr Leben lang auf der Gehaltsliste. Edna starb 1958 an Krebs. Sie war 62 Jahre alt.

Im ersten Film, den Chaplin in Niles drehte und der A NIGHT OUT hieß, waren Ben Turpin und er als zwei Zechbrüder zu sehen, der bullige Bud Jamison spielte einen Oberkellner und Edna Purviance seine Frau. Sehr populär war THE CHAMPION: Ein Hufeisen im Boxhandschuh bringt Charlie das erhoffte Glück im Ring. Am wichtigsten für die Ausformung der Charlie-Figur aber war THE TRAMP: Ein Landstreicher bewahrt ein Farmerstöchterlein vor dem Zugriff zweier Ganoven und träumt von Einheirat, doch hat die Maid schon einen Verlobten (Lloyd Bacon, später Regisseur bei Sennett und *Warner Bros.*) – und Charlie begibt sich wieder auf Wanderschaft. Ein Freund von ihm, Leo White, habe im TRAMP mitgespielt, berichtete Stan

Laurel John McCabe, und ihm erzählt, daß man einige Aufnahmen bis zum Gehtnichtmehr wiederholt habe. White, der einen der beiden Einbrecher spielte, habe mit Ernest Van Pelt so oft eine Leiter raufklettern müssen und in so vielen Variationen, daß sie zum Schluß nicht mehr wußten, was das Ganze überhaupt sollte. Laurel entschuldigte das damit, daß Chaplin, um das beste Resultat zu erhalten, eben härter arbeitete als jeder andere. Grundlage für seine Filmstoffe, wenn er nicht einfach drauflosimprovisierte, war eine beiläufig aufgeschnappte Anekdote oder eine Zeitungsnotiz oder eine Nummer aus dem Varieté: So sind die Streifen WORK und A NIGHT IN THE SHOW alten Music-Hall-Sketchen entlehnt (REPAIRS resp. MUMMING BIRDS).

Es heißt, gegen Ende seines Vertrags mit *Essanay* habe Chaplin an einem längeren Film mit dem Titel LIFE gearbeitet, aber das Projekt dann fallenlassen. Drei Jahre nach seinem Weggang verwendete *Essanay* Teile daraus sowie Reste aus dem letzten für ihren Verleih fertiggestellten Film, POLICE, in einer nicht autorisierten Kompilation (TRIPLE TROUBLE). Leo White, der die Zusammenstellung besorgte, hatte bereits CHARLIE CHAPLIN'S BURLESQUE ON CARMEN, eine zwei Akte kurze Parodie auf Cecil B. DeMilles CARMEN-Film mit Geraldine Farrar, in einen Vierakter dehnen müssen, indem er Chaplins Szenen mittels Schnittresten verlängerte und Ben Turpin einarbeitete. Chaplin prozessierte dagegen, aber es war zwecklos.

Der Riesenerfolg, den Chaplin mit diesen Filmen hatte, rief freilich auch Neid und Mißgunst hervor – und bisweilen wurde er sogar mit Antisemitismus konfrontiert. »Chaplins erste bekannte Stellungnahme zu der Frage stammt aus dem Jahr 1915, wo ein Reporter wissen wollte, ob er wirklich, wie es hieß, Jude sei. Mit der Würde, die er vor der Presse so oft aufbrachte, antwortete Chaplin: ›Dieses Glück habe ich nicht.‹ Das war keine hohle Höflichkeitsfloskel. Sein ganzes Leben hindurch brachte Chaplin seine tiefste Bewunderung für diese Rasse zum Ausdruck (schon allein deshalb kann man annehmen, daß er sich zu seiner jüdischen Abstammung bekannt hätte, hätte es eine gegeben). Als er 1921 mit dem Schiff von Europa zurückfuhr, sagte er zu einem kleinen mitreisenden Mädchen: ›Alle großen Genies haben jüdisches Blut. Nein, ich bin kein Jude ... aber ich bin sicher, daß irgendwo in mir drin jüdisches Blut steckt. Ich hoffe es.‹« Soweit ein Zitat aus Robinsons CHAPLIN-Buch.

Ansonsten aber konnte sich Charlie in seiner Popularität sonnen: Cartoons und Gedichte stellten den Tramp in den Mittelpunkt. Die Figur wurde Star einer Serie von Zeichentrickfilmen des Produzenten Pat Sullivan, und ein wenig Chaplin verbarg sich in einer anderen Schöpfung von Sullivan und dem Zeichner Otto Messmer: FELIX THE CAT. Auch der angehende Cartoon-Filmschöpfer Walter Lantz, der später WOODY WOODPECKER produzierte, kopierte Chaplin: »Ich nahm Charlie-Chaplin-Filme und projizierte sie einbildweise, übertrug Chaplins Watscheln auf Papier und blätterte die Zeichnungen ab, um zu sehen, wie er sich bewegte. Auf diese Weise lernten die meisten von uns animieren.« Es gab Chaplin-Puppen, Chaplin-Spielzeug, Chaplin-Bücher, Chaplin-Songs. Und Sydney, dessen Vertrag bei *Keystone* im Herbst 1915 auslief, erledigte fortan exklusiv Charlies Geschäfte. Zwar kriegte er die Verwertung von Nebenrechten (über die *Charles Chaplin Music Company* und die *Charles Chaplin Advertising Service Company*) nur sehr schwer in den Griff, doch dafür klappte es mit Charlies neuem Filmvertrag weit besser. Außer Spoor und Anderson, die natürlich liebend gern weitergemacht hätten, bemühten sich *Universal, Triangle, Famous Players, Fox* und *Vitagraph* um ihn, aber schließlich war es John R. Freuler, Präsident der *Mutual Film Corporation,* der den Vogel abschoß. *Mutual,* als Verleiher der *Keystone*-Chaplins, wußte sehr wohl um den Wert des kleinen Engländers und unterbreitete ein Angebot, das Syd und Charlie unmöglich ablehnen konnten. Die Vertragsunterzeichnung wurde von der *Mutual*-Wochenschau festgehalten. Terry Ramsaye berichtete darüber am 4. März 1916 in *Mutuals* PR-Zeitschrift REEL LIFE:

»Die Lampen blitzten auf, als ›mehr Saft‹ verlangt wurde, und das Büro erstrahlte im gleißenden Licht wie ein Studio. Charles Chaplin lehnte in einer seiner typischen Freizeitposen malerisch an der Tischkante und beobachtete die Vorgänge mit lässig schockierendem Desinteresse. ›Was gibt's in dieser Szene zu tun?‹ fragte er seinen Bruder und setzte sein breitestes Chaplin-Lächeln auf.
›Hier und hier unterschreiben‹, erklärte Syd und zeigte auf die säuberlichen, einladend gestrichelten Linien auf der letzten Seite des gewichtigen 20 000-Wörter-Vertrages, den die

Mutual-Rechtsabteilung mit unglaublichem Fleiß ausgearbeitet hat.

Präsident Freuler übergab seinen Lieblingsfüller, mit dem alle Stars unterschreiben. Sydney Chaplin rief ›Kamera‹, und es ging los.

Binnen fünf Minuten war die Tat vollbracht, und der Kameramann meldete ›dreihundert Fuß‹, als Präsident Freuler Chaplin einen Scheck über 150.000 $ – die Bonuszahlung – überreichte.

Chaplin prüfte den Scheck sorgfältig und gab ihn dann mit spitzen Fingern weiter: ›Nimm du ihn, Syd, nimm ihn mir ab, mir schmerzen die Augen.‹

Zusätzlich zu dem Bonus, der Mr. Chaplin bei Vertragsunterzeichnung ausgezahlt wurde, erhält er 10.000 $ in der Woche.«

Der Vertrag sollte über zwölf Filme laufen und wurde von der neugegründeten *Lone Star Film Corporation* finanziert. In Los Angeles wurden die ehemaligen *Climax Studios* für Chaplins Zwecke umgebaut. Am 27. März 1916 öffneten sie unter dem Namen *Lone Star Studio* ihre Pforten. Erster Kameramann war William C. Foster, der aber nicht lange blieb. Nachfolger wurde Kameraassistent Roland H. Totheroh, der von »Broncho Billy« gekommen war und den Rest seiner beruflichen Laufbahn bei Chaplin verbringen sollte. In einem Interview beschrieb Totheroh später Chaplins Arbeitsweise:

»Er hatte damals kein Skript, hatte auch kein Skriptgirl oder irgend so was, und er hat auch nie nachgeprüft, ob eine Szene an der richtigen Stelle kam oder ob die Anschlüsse gestimmt haben. Das Skript entwickelte sich im Laufe der Arbeit. Wenn wir am folgenden Tag die Muster angesehen haben und die nicht so waren, wie er sich das vorgestellt hat, ist es oft passiert, daß er irgendeine andere Sequenz eingeschoben hat, statt an dem weiterzuarbeiten, womit er angefangen hat. Es gab nie eine feste Reihenfolge. Er hat eine Idee gehabt, und die hat er dann weiterentwickelt. Er hatte so eine Art Synopse im Kopf, aber nichts auf dem Papier. Er hat's durchgesprochen und dann gleich eine Sequenz gedreht. In vielen von seinen alten Filmen hat er ja immer diese Unterbrechungen drin gehabt, hat Zwischentitel für den Zeitablauf verwendet: ›tags

›Easy Street‹: »Man geht natürlich davon aus, daß der Polizist den kürzeren zieht …«

darauf‹ oder ›am folgenden Tag‹ oder ›am gleichen Abend‹ – das hat dann die Skriptlücken überbrückt. (…)
Ganz oft haben wir eine Sequenz fertiggemacht und sie uns dann vielleicht drei oder vier Tage später angesehen. Und dann hat er gemeint: ›Nein, das ist es nicht.‹ Und dann hat er mit was anderem weitergemacht. Und wenn sich daraus was machen ließ, wenn man's ausbauen und entwickeln konnte, dann hat er das gemacht. Oft hat er eine Sequenz abgebrochen und dann jemand anderm die Schuld gegeben. Die Leute sollten nicht denken, daß er nicht wußte, was er machte.«

Edna Purviance blieb Chaplins Partnerin. Auch die männliche Besetzung wurde zum Teil von *Essanay* übernommen: Lloyd

57

Bacon, John Rand, Frank J. Coleman, der Ire James T. Kelley und Leo White. White war wie Chaplin bei Karno gewesen, desgleichen drei weitere im Bunde, die neu hinzukamen: Albert Austin, Loyal Underwood und Eric Stuart Campbell. In der *D'Oyly Carte Company* war Campbell auf die Rolle des MIKADO festgelegt gewesen und verwendete eine ähnlich langbärtige Maske in einigen Chaplin-Filmen. 1880 in Dunoo, Schottland geboren, war er mit seinen 1,94 Metern und seinem Gewicht von fast zweieinhalb Zentnern der ideale Goliath für Chaplins David. Stan Laurel über den Karno-Mitstreiter: »Eric war ein wunderbarer Mensch. Die Leute behaupteten, er habe ein Herz, so groß wie er selbst – und Eric war ein Berg von einem Mann. Meiner Ansicht nach hätte er im Tonfilm sehr erfolgreich sein können, er hatte eine herrlich kräftige Stimme, die sehr gut zu ihm paßte. Seltsamerweise war er ein sehr schüchterner Mensch, ähnlich wie Chaplin. Eric pflegte sich mit einem Elefanten zu vergleichen. Ich glaube, in gewisser Weise lag er mit diesem Vergleich richtig: groß, gutmütig, liebenswert.« Campbell, der eine Vorliebe für schnelle Autos hatte, verunglückte am 20. Dezember 1917 tödlich. Seine Paraderolle war die des furchteinflößenden Schlägers in EASY STREET, der von Charlie, der ausgerechnet einen Polizisten spielt, zur Räson gebracht wird. Chaplin über diese ihm nicht unbedingt auf den Leib geschneiderte Rolle: »Wenn es einen Menschentypus gibt, auf den es jedermann auf der ganzen weiten Welt mehr abgesehen hat als auf irgendeinen andern, dann ist das der Polizistentyp. Natürlich kann man den Polizisten nicht wirklich dafür verantwortlich machen, daß die Öffentlichkeit Vorurteile gegen seine Uniform hat – das ist nur die normale menschliche Abneigung gegen jede Art von Autorität –, aber trotzdem sieht es jeder gern, wenn's dem ›Copper‹ an den Kragen geht. Also muß ich mich erst einmal beliebt machen, indem ich meinen Freunden zu verstehen gebe, daß ich gar kein richtiger Polizist bin, sondern nur einen Spezialauftrag auszuführen habe – nämlich einem üblen Rabauken ordentlich die Leviten zu lesen. Natürlich habe ich alle Hände voll zu tun, mit so einem Auftrag fertig zu werden, und ich habe die Sympathie des Publikums auf meiner Seite, aber ich habe auch das Element der Spannung, das in einer Filmhandlung unerläßlich ist. Man geht natürlich davon aus, daß der Polizist den kürzeren zieht, und man ist äußerst gespannt, wie ich bei meinem offensichtlich ungleichen Kampf mit dem Wüterich Campbell abschneiden werde. Ein weiterer Kontrast besteht zwischen meinem komischen Gang und den allgemeinen komischen Zwischenfällen – und der herkömmlichen Vorstellung von der Würde, die ein uniformierter Polizeibeamter ausstrahlen sollte.«

16 Monate benötigte Chaplin, um das Dutzend Zweiakter fertigzustellen: neben EASY STREET THE FLOORWALKER, THE FIREMAN, THE VAGABOND (hier ist die Tramp-Figur am reinsten erhalten), ONE A. M., THE COUNT, THE PAWNSHOP, BEHIND THE SCREEN, THE RINK, THE CURE, THE IMMIGRANT, THE ADVENTURER. Für Chaplin selbst war die Zeit bei *Mutual* »wohl die glücklichste meiner Laufbahn, denn damals war ich unbeschwert und für niemanden verantwortlich. Ich war siebenundzwanzig Jahre alt, meine Aussichten waren einfach märchenhaft, und die Welt bot mir Freundschaft und Ruhm. In kurzer Zeit würde ich Millionär sein – das alles kam mir etwas verrückt vor. Das Geld strömte nur so in meine Truhen. Die zehntausend Dollar, die ich wöchentlich bekam, verwandelten sich in Hunderttausende. Eben noch hatte ich vierhunderttausend besessen, jetzt waren es bereits fünfhunderttausend. Daran konnte ich mich einfach nicht gewöhnen.«

Doch obwohl *Mutual* eine Million Dollar für weitere acht Filme bot, mochten Sydney und Charles nicht weitermachen. Sie trugen sich mit dem Gedanken größerer Unabhängigkeit und suchten Kapital für eine eigene Filmgesellschaft. Syd: »In Zukunft wird die Produktion der Chaplin-Filme doppelt oder dreimal soviel Zeit beanspruchen wie jetzt. Es werden nur noch die besten Kulissen und Bühnenrequisiten verwendet. Wir sind auf Qualität aus, nicht auf Quantität. Wenn wir eine Szene gedreht haben und sie nicht der neuen Chaplin-Qualität entspricht, wird sie noch einmal gedreht. Und falls Charlie mit der ganzen Rolle nicht zufrieden ist, wird sie nicht gezeigt, egal wieviel Geld dafür geboten wird, sondern kommt zum Ausschuß, wo sie hingehört.« (Glücklicherweise konnten Kevin Brownlow und David Gill eine Anzahl Outtakes für ihre TV-Dokumentation UNKNOWN CHAPLIN orten und erlaubten auf diese Weise wertvolle Rückschlüsse auf Charlies Arbeitsweise.) Syd nahm Verbindung mit *First National Exhibitors' Circuit* auf, einer Produktions- und Verleihorganisation, die von prominenten Kinobesitzern um John D. Williams und Thomas L. Tally im April 1917 gegründet worden war, um den Monopolbestrebungen des mächtigen Adolph Zukor *(Famous Players/Paramount)* wirksam zu begegnen. Charlie Chaplin wurde das erste Zugpferd der neuen Gesellschaft. Nach langwierigen Verhandlungen brachten Syd und Nathan Burkan, Charlies Anwalt, Ende Juni '17 einen für Chaplin äußerst lukrativen Vertrag zum Abschluß, nach dem sich *First National* zur Zahlung eines Vorschusses von 125.000 Dollar je Negativ, inklusive Gage für den Star, verpflichtete. Sollte ein Film länger als zwei Akte sein, wären noch einmal 115.000 Dollar für jede weitere Rolle vorzuschießen. Außerdem sollte die Gesellschaft für zusätzliche Kosten wie Muster und Werbung aufkommen. Die Vertriebskosten wurden auf 30 Prozent der Verleiheinnahmen angesetzt, und nach Deckung der Unkosten sollte der Nettogewinn zu gleichen Teilen zwischen Chaplin und *First National* aufgeteilt werden.

Sodann wurde auf einem 1200 Quadratmeter großen Hollywood-Grundstück, Sunset Boulevard/Ecke La Brea Avenue, für die *Chas Chaplin Film Co.* ein neues Filmatelier errichtet, umgeben von einer Fassadenfront im Stile englischer Cottages. Dort traf Anfang Januar 1918 Alfred Reeves, Karnos ehemaliger Bühnenmanager, ein, um die Verwaltung zu übernehmen, und noch im gleichen Monat, am 15., fiel die erste Klappe für I Should Worry, der am 14. April unter dem Titel A Dog's Life herauskam. In den Hauptrollen: Edna, Sydney (als Imbißbudenbesitzer) und die Promenadenmischung Mut, im Film Scraps, die nach der Trennung von Chaplin aus Liebeskummer starb.

Inzwischen waren die USA in den Krieg eingetreten, und Chaplin, der bisweilen als englischer Drückeberger beschimpft worden war, machte sich für amerikanische Kriegsziele stark. Gemeinsam mit seinen Freunden Douglas Fairbanks und Mary Pickford eröffnete er eine Kampagne für die dritte Kriegsanleihe – und ließ auch Patriotisches über die Leinwand flimmern. In einem Werbefilm für The Bond (der jedoch erst am 16. Dezember 1918 uraufgeführt wurde) gab der Tramp, mit einem großen Holzhammer mit der Aufschrift *Liberty Bonds* bewaffnet, Sydney in der Maske des deutschen Kaisers eins auf die Pickelhaube. Auch in Shoulder Arms wurde Wilhelm II. von Syd verkörpert und vom kleinen Rekruten Charlie gefangengenommen. Möglicherweise immer noch unter dem Bann einer unerwi-

Charly Chaplin und Jackie Coogan: ›The Kid‹

derten Liebe – früher, noch in Karno-Tagen, hat der 19jährige Chaplin der 15jährigen Tänzerin Hetty Kelly den Hof gemacht –, heiratete er nach der Fertigstellung von Shoulder Arms die blutjunge Mildred Harris, nachdem ihm diese eröffnet hatte, daß sie schwanger sei: Am 7. Juli 1919 brachte sie einen mißgebildeten Knaben zur Welt, Norman Spencer Chaplin, der drei

Tage nach der Geburt starb. Am 13. November 1920 wurde die Ehe geschieden. Am 6. Februar des folgenden Jahres kam mit dem Sechsakter THE KID Chaplins erste lange Produktion heraus.

Es ist nicht ausgeschlossen, daß zwischen Normans Tod und dem KID-Projekt, ab Juli 1919 zuerst als THE WAIF vorbereitet, ein direkter Zusammenhang besteht. Im Orpheum hatte Chaplin Jack Coogan gesehen, der im Anschluß an seine Tanznummer seinen vierjährigen Sohn Jackie auf die Bühne geholt hatte: »Nachdem er mit seinem Vater den Applaus entgegengenommen hatte, machte er unvermutet einige reizende Tanzschritte, blickte altklug ins Publikum, winkte und lief fort. Das Publikum raste, das Kind mußte noch einmal auftreten und führte nun einen ganz anderen Tanz vor. Bei jedem anderen Kind hätte das abstoßend gewirkt, aber Jackie Coogan war reizend, und das Publikum amüsierte sich herzlich über ihn. Der kleine Kerl konnte tun, was er wollte, er wirkte immer gewinnend.« Als er dann im Studio eher beiläufig von der Nummer erzählte, erwähnte jemand, dieser Coogan sei gerade von einem anderen großen Filmkomiker, Roscoe Arbuckle, unter Vertrag genommen worden. Da fiel es Chaplin wie Schuppen von den Augen: »Mein Gott! Warum ist mir das nicht eingefallen?« Glücklicherweise war es nicht Jackie, sondern Jack, der von Arbuckle verpflichtet worden war. So stand der kleine Coogan voll zur Verfügung, und der Film nahm endgültig Gestalt an: »Stellen Sie sich vor: der Tramp tritt als Glaser auf, der Kleine läuft durch die Straßen und schmeißt Fensterscheiben ein, der Tramp folgt ihm und repariert sie wieder!« Nach THE KID war Jackie für einige Jahre Kinderstar Nummer eins, doch soll er, wie es scherzhaft heißt, mit 13 senil geworden sein. Auf jeden Fall konnte man in dem glatzköpfigen Onkel Fester aus der TV-ADDAMS FAMILY selbst mit größter Phantasie nicht mehr den süßen Bub' von einst erkennen. Coogan starb 1984.

1922, nach ein paar weiteren Kurzfilmen für *First National* – der letzte war THE PILGRIM –, war Chaplin endlich in der Lage, seinen Verpflichtungen bei *United Artists* nachzukommen: Das war eine Filmgesellschaft, die er im Januar 1919 mit Doug Fairbanks, Mary Pickford und D. W. Griffith gegründet hatte, um von Adolph Zukor angeregte Bestrebungen einer Fusion der großen Filmfirmen zu vereiteln. Zukor hatte mit diesem Schachzug vor

allem die astronomischen Gagenforderungen der Stars zu unter-
graben gehofft. Bei *United Artists* waren die Stars Herr ihrer
selbst – wie auch ihres Marktwerts. Chaplins erster Streifen für
United Artists war, sehr zur Enttäuschung seiner Partner, kein
Charlie-Film, sondern nur ein Melodram, das er produzierte und
inszenierte, in dem er aber nur eine winzige Rolle übernahm:
A WOMAN OF PARIS (1923). Doch dann kam THE GOLD RUSH
(GOLDRAUSCH): »Wochenlang mühte ich mich, dachte nach und
brütete vor mich hin, um auf eine Idee zu kommen. Ich sagte mir
unablässig: ›Der nächste Film muß ein Epos werden! Das
größte!‹ Aber kein Einfall wollte sich einstellen. Als ich dann
aber eines Sonntagmorgens bei den Fairbanks saß, wo ich das
Wochenende zubrachte, und mir stereoskopische Aufnahmen
ansah, bekam ich Bilder von Alaska und vom Klondike zu Gesicht. Eine Aufnahme zeigte den Chilkoot Pass und eine lange
Reihe von Goldschürfern, die den vereisten Abhang hinaufklet-
terten. Eine Inschrift auf der Rückseite gab eine Beschreibung
der Schwierigkeiten und Entbehrungen, denen man ausgesetzt
ist, wenn man den Paß überwinden will. Das war, so glaubte ich,
ein wunderbares Thema, stark genug, meine Einbildungskraft
anzuregen. Sofort entwickelten sich Ideen und komische Situationen. Obgleich ich noch keine Geschichte hatte, stand doch
schon vieles bildhaft vor mir. Beim Schaffen einer Komödie ist
es paradox, daß das Tragische oft das Lächerliche hervorbringt,
weil das Lächerliche, wie ich glaube, eine Haltung des Trotzes
ist: Entweder müssen wir unserer eigenen Hilflosigkeit gegenüber den Naturkräften ins Gesicht lachen – oder verrückt werden. Ich las ein Buch über die Donner-Expedition, die sich auf
dem Wege nach Kalifornien verirrte und in den Bergen der
Sierra Nevada einschneite. Nur achtzehn von hundertsechzig
Pionieren überlebten. Die meisten starben an Hunger und
Kälte. Einige verfielen in Kannibalismus und aßen ihre Toten
auf, andere brieten ihre Stiefel, um den Hunger zu stillen. Aus
dieser quälenden Tragödie machte ich eine der komischsten Szenen im ganzen Film. Von furchtbarem Hunger überwältigt,
koche ich meinen Schuh und esse ihn, indem ich die Nägel her-
ausziehe, als seien es die Knöchelchen eines delikaten Kapauns,
und anschließend verzehre ich die Schuhbänder wie Spaghetti.
In diesem Hungerdelirium hält mein Partner mich für ein Huhn
und will mich essen.«

Den Partner, Big Jim McKay, verkörperte Chaplins schwerge-
wichtiger *Keystone*-Kollege Mack Swain (1876–1935), für die
weibliche Hauptrolle war Lita Grey alias Lillita McMurray vorgesehen, eine Kindfrau, die als Zwölfjährige in der Traumse-
quenz von THE KID als Engel zu sehen war. Doch wurde Lita im
Dezember 1924 durch die 18jährige Georgia Hale ersetzt (die in
Josef von Sternbergs Regiedebüt THE SALVATION HUNTERS gespielt hatte) und zum Ausgleich zur zweiten Mrs. Charles
Chaplin erkoren. Sie schenkte ihrem Mann zwei Söhne: Charles
Spencer jun. und Sydney Earle.
Henry Bergman (1868–1946), seit *Mutual* einer von Chaplins
treuesten Mitarbeitern und Darstellern, über die Entstehungs-
geschichte der nächsten Produktion, die den Titel THE CIRCUS
(DER ZIRKUS) trug: »Bevor er mit THE CIRCUS angefangen hat,
hat er eines Abends zu mir gesagt: ›Henry, ich würde gern mal
einen Gag bringen, bei dem ich in eine Lage gerate, aus der ich
mich aus irgendeinem Grund nicht befreien kann. Ich hänge irgendwo hoch oben in der Luft und werde von irgendwas geplagt,
Affen oder so was, die mich bedrängen und die ich nicht loswerden kann.‹ Er wälzte eine Vaudeville-Geschichte in seinem Kopf
herum. Ich habe zu ihm gesagt: ›Charlie, so was kannst du nicht
auf einer Bühne machen. Das würde dem Publikum nicht gefallen, wenn es sich nach einem Vaudeville-Schauspieler den Hals
verrenken muß. Das wäre unnatürlich. Entwickle deine Idee
doch in einem Zirkuszelt, auf dem Hochseil. Ich bring' dir bei,
wie man auf dem Hochseil geht.« Am 2. November 1925 begonnen, wurden die Dreharbeiten für acht Monate unterbrochen,
vom 5. Dezember '26, bis zum 3. September '27, und so konnte
die Uraufführung erst am 6. Januar '28 stattfinden. Über den
Hintergrund regte sich der unnachgiebige Hans Siemsen in der
WELTBÜHNE auf: »Auf diesen Film haben wir, hat die halbe Welt
zwei Jahre gewartet. In diese zwei Jahre fiel für Chaplin die unglücklichste Zeit seines Lebens. Die unglücklichste? Das kann
man nicht wissen. Die böseste, bitterste Zeit seines Lebens. Ein
übles, peinlich ordinäres, völlig zweckloses Stück Frauenzimmer
(zufällig seine Frau) versuchte, um Geld von ihm zu erpressen,
auf Heuchelei und Prüderie des Damenklubs Amerika bauend,
Charlie in einen Skandalprozeß zu verwickeln. Prompt wurde
der Sturm der Entrüstung entfesselt, und der Unterrock, die ei-
gentliche Fahne Amerikas, wackelte mit bedrohlichen Gewitter-

falten an seiner Stange. Wohl setzte sich, oh tapferes Wunder, der bessere Teil der öffentlichen Meinung für Chaplin ein. Aber der bessere ist immer der kleinere Teil. Und gegen ein Stückchen Dreck ist in U.S.A. selbst die respektierteste Geistesgröße machtlos, sobald dies Stückchen weiblichen Geschlechts ist. Gott sei Dank aber läßt sich in U.S.A. die Tugend mit Geld reparieren. Chaplin zahlte. Der Sturm der Entrüstung ebbte, obwohl sich in Wirklichkeit nichts verändert hatte, zu lieblichem Säuseln ab. Und aus dem moralgeschwollenen Unterrock wurde die auch in U.S.A. so allgemein beliebte schmutzige Wäsche. Chaplin durfte wieder arbeiten.«

Es war dies die Zeit, als sich der Tonfilm durchzusetzen begann: nach dem sensationellen Premierenerfolg des JAZZ SINGER mit

Trostlosigkeit in Reinkultur: ›The Goldrush‹

Al Jolson am 6. Oktober 1927. Einer, der sich entschieden gegen die Talkies aussprach, war Chaplin, dessen Form der Komödie sich ja nicht auf Worte, sondern auf Pantomime gründete: »... die Essenz des Kinos ist – Schweigen. Ich spreche in meinem Film niemals und verwende nur äußerst sparsam Textzeilen. Nun ist der Sprechfilm geboren worden, aber ich habe nicht den Eindruck, als würde meine Stimme einen besonderen Gewinn für eine meiner Komödien bedeuten. Sie würde im Gegenteil alle von mir geschaffenen Illusionen zerstören, die des armen, kleinen Kerls, der unfreiwillig komisch wirkt und keine wirkliche lebende Gestalt, sondern nichts als ein heiterer Einfall, eine komische Unwirklichkeit ist. Solange meine stummen Komödien dem Publikum zu einem vergnügten Abend verhelfen, gebe ich mich vollständig zufrieden.« Und in einem anderen Artikel wagte er die, im nachhinein falsche, Prognose, der Film der Zukunft sei der musikalische stumme Film. Noch 1931, als CITY LIGHTS (LICHTER DER GROSSSTADT) startete, sein nächstes Opus, erklärte er, er gebe den Talkies drei Jahre, höchstens. Konsequenterweise war dieser Streifen, eine sentimentale Fabel um die Heilung eines blinden Blumenmädchens (Virginia Cherrill), ein Stummfilm, zumindest kein Sprechfilm, unterlegt nur mit Kompositionen des musikalischen Chaplin, die Arthur Johnson arrangiert und Alfred Newman dirigiert hatte, außerdem einer sparsamen Geräuschkulisse: »... wenn ich auch in meinem Film (CITY LIGHTS) keine Dialoge verwende, so denke ich doch, daß die Orchesterbegleitung alle Erwartungen erfüllt, die man in dieser Hinsicht an das ›Tönende‹ stellt. Überdies verwende ich keine populären Lieder, meine Musik soll so eigenartig sein wie der Film, für den ich ja auch jede Einzelheit selbst ersinne. Die orchestrale Musik ist so ausgedacht worden, daß sie zu meiner Wesensart genau paßt: jede meiner Bewegungen und Gesten wird ihre eigene musikalische Untermalung haben.«
Nach der Uraufführung in London besuchte Chaplin im März '31 auch Berlin. Zur Zeit seines ersten Berlin-Besuchs, 1921, war er dort noch nicht sehr bekannt, da seine Filme im Deutschland des Ersten Weltkriegs verständlicherweise nicht gelaufen waren. Hier konnte der Nachholbedarf erst später befriedigt werden: »16 Original CHARLIE SCHEPLIN-Groteske-Kartons – Das Originellste des Weltmarktes!« kündigte da beispielsweise ein Verleih an. Jetzt aber kannte die Begeisterung keine Grenzen.

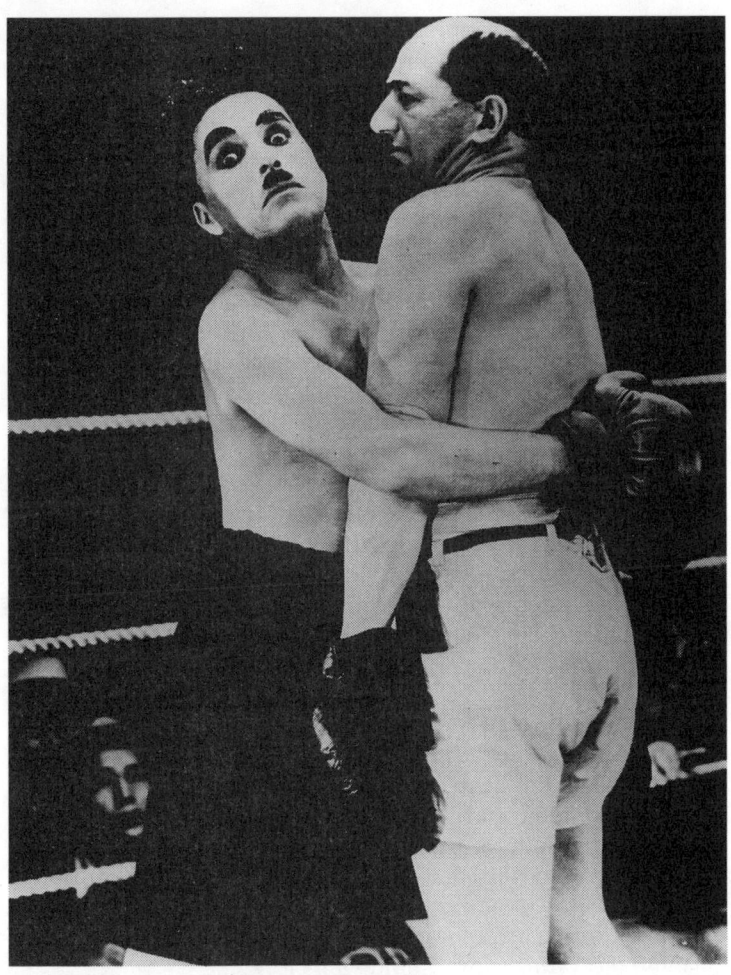

›City Lights‹ – ›Lichter der Großstadt‹

Wolfgang Gersch hat dem Ereignis *Chaplin in Berlin* ein ganzes Buch gewidmet, eine *Illustrierte Miniatur nach Berliner Zeitungen von 1931:*

> »Da geht ein Ruf durch die Menge: ›Er kommt!‹ Ein Toben beginnt. Die Menge wogt aufgeregt hin und her. Nur die ganz

vorne Stehenden können Chaplin sehen, der von ›vornehmen‹ Herren mit undurchsichtigen Gesichtern empfangen wird. Die hinten stehen, sehen höchstens einmal einen Hut, der grüßend geschwenkt wird. Meist wissen sie nicht, wo Chaplin geht. Man schubst und stößt sich. Dann rennt alles zum Auto.« *(Die Rote Fahne)*
»Kaum war er auf der Straße sichtbar, als die Menge die Absperrung durchbrach und unter immer erneuten Hochrufen Chaplin und seine Begleiter umdrängte, so daß ein Vordringen bis zu dem für ihn bestimmten Wagen unmöglich war. Alle Versuche der Polizei, ihm einen Weg zu bahnen, blieben erfolglos, er wurde immer weiter abgedrängt, und die nach Tausenden zählende Menge beruhigte sich nicht eher, bis er auf die Schultern gehoben und seinen Berliner Verehrern gezeigt wurde.« *(Berliner Börsen-Zeitung)*

Aber da waren nicht nur Verehrer. Chaplin war schon abgereist, als der *Völkische Beobachter* (22.3.) drohte:»Wir raten Ihnen, den hiesigen Aufenthalt nicht bis zur Heraufkunft des Dritten Reiches auszudehnen! Aus wohlgemeinten Gründen, Herr Chaplin!« Und dem deutschen Verleiher, so Gersch, mochte CITY LIGHTS auf Dauer kein Glück bringen.

»Nachdem die Nationalsozialisten mit ihren verbalen Angriffen auf den ›jüdischen Kommunisten-Millionär‹ nichts gegen den Film hatten ausrichten können, gingen sie 1932 zur Gewaltanwendung über. Max Krakauer, der die Leipziger Filiale der *Südfilm* leitete, berichtete in seinen Erinnerungen, daß SA-Posten die Besucher des Films belästigten und am Betreten der Kinos zu hindern suchten. Die unter Druck gesetzten Theaterbesitzer traten von dem Film zurück. Im September 32 stellte die *Südfilm* ihre Zahlungen ein.«

Chaplin hat es den Nazis heimgezahlt, mit dem Film THE GREAT DICTATOR (DER GROSSE DIKTATOR), den er am 1. Januar 1939 begann und der am 15. Oktober 1940 uraufgeführt wurde:

»Alexander Korda hatte mir 1937 vorgeschlagen, einen Hitler-Film zu machen, dessen Story sich um eine Personenverwechslung drehen solle, da Hitler denselben Schnurrbart habe

Wenn die moderne Technik den Menschen überfordert, schnappt er gelegentlich über: ›Modern Times‹ – ›Moderne Zeiten‹

wie der Tramp. Er meinte, ich könne beide Personen darstellen. Damals hielt ich nicht viel von dieser Idee, doch jetzt war sie aktuell, und ich brannte darauf, wieder an die Arbeit zu gehen. Ganz plötzlich wurde es mir klar. Natürlich! Als Hitler konnte ich die Massen großtuerisch in ihrem Jargon bearbeiten und soviel sprechen, wie ich wollte. Als Tramp konnte ich mehr oder minder still bleiben. In einem Hitler-Film konnte ich Burleske und Pantomime miteinander verbinden. So eilte ich begeistert nach Hollywood zurück und setzte mich daran, das Drehbuch zu schreiben. Ich brauchte zwei Jahre, um die Story zu entwickeln.«

Auf was man beim Figurenvergleich Adolf–Charlie alles kommen kann, führt Gerhard Zwerenz in seinem Kurzbeitrag CHAPLIN UND KEIN ENDE nahezu exemplarisch vor:

»Es ist noch viel zu wenig bekannt, daß Adolf Hitler anfangs versucht hat, Charly Chaplin nachzuahmen. Eine gewisse Ähnlichkeit der Mimik und des Gesichts war unleugbar, woran Hitlers Bärtchen einige Schuld trug, das ja echt war, während Chaplin das seine meist nur anklebte. Auch was die Bewegungen betraf, gelangen sie Hitler mehrfach täuschend echt, so daß er, im großen ganzen jedenfalls, durchaus in der Rolle Chaplins hätte auftreten können, wäre nicht seine verräterische Stimme gewesen.

Läßt man sich heute die sechs Filme vorführen, in denen Hitler in der Rolle Chaplins agierte, bemerkt man, wie perfekt die Nachahmung gelungen ist, solange Hitler schweigt. Spricht er aber nur ein einziges Wort, fällt jede Täuschung in sich zusammen. Die Sprache verrät den Führer, so sehr er sich auch tarnen mag. Selbst in dem Film DER KLEINE DIKTATOR, in dem Hitler Chaplin geradezu genial spielte, indem er vortäuschte, Chaplin spiele Hitler, wird noch an einigen Stellen kenntlich, wer die Rolle in Wirklichkeit spielt.«

Übrigens zog ein Konrad Bercovici des GROSSEN DIKTATORS wegen vor Gericht und behauptete, es handle sich um ein Plagiat. Dazu Charles Chaplin jun.:

»Bercovici prahlte damit, Zigeunerblut in seinen Adern zu haben, und das war es, was ihn so interessant machte für Vater. Eine Zeitlang war er ständiger Gast in seinem Haus. Auch ihm fiel Dads Ähnlichkeit mit Hitler auf. Eins führte zum anderen – und schon bald warfen Dad und Bercovici einander Ideen zu. Dad benutzte seine Freunde und Bekannten häufig als Resonanzboden.

Vielleicht ging es auch um mehr als nur einen Plagiatsvorwurf. Überschwenglich, wie er war, hatte Dad vage angedeutet, Bercovici werde das Drehbuch schreiben. Aber Andeutungen wie diese sind in Hollywood gang und gäbe; eine definitive Absprache gab es nicht. Auf der anderen Seite war Hitler so etwas wie Allgemeingut, und Dad konnte anhand eines Fotoalbums beweisen, daß er mit dem Gedanken gespielt hatte, noch bevor er Bercovici traf. Tim Durant, der für meinen Vater zeugte, erzählte mir, daß es Bercovici schwer gehabt hätte, den Fall zu gewinnen, wenn Dad die Sache bis zum

Ende durchgestanden hätte. Aber Dad hatte damals die Nase gestrichen voll von Prozessen (...). So einigte er sich gütlich, indem er Bercovici 95.000 Dollar zahlte unter der Bedingung, daß dieser jedwede Ansprüche auf eine Koautorschaft von THE GREAT DICTATOR aufgab.«

Mit THE GREAT DICTATOR, hat Wolfram Tichy festgestellt, beginne der Kampf zwischen Charlie und Chaplin. Tatsächlich war er zu diesem Zeitpunkt schon entschieden: Der Protagonist, ein kleiner jüdischer Friseur, Doppelgänger des Diktators von Tomanien, Adenoid Hynkel, hat mit dem Tramp nur noch wenig gemein. Der Slapstick-Charlie von einst war für Charles kaum noch interessant; er nahm sich vielmehr vor, in seinen Filmen künstlerisch wie politisch »relevanter« zu werden – und verschiedentlich spielte er sogar mit der Idee eines Napoleon-Films, mit sich selbst in der Titelrolle. »Es ist bedauerlich, daß er, der der Welt soviel gegeben hat, dem ›Kleinen Vagabunden‹ den Rükken kehrte und sich mit Filmsujets wie diesen der Politik zuwandte. Damit hat er meine Stimme verloren«, erklärte Mary Pickford, seine *United-Artists*-Partnerin.

Der Übergang zur Politik begann zaghaft mit dem Film MODERN TIMES (MODERNE ZEITEN), der, von September '33 bis Januar '36 realisiert, zwischen CITY LIGHTS und THE GREAT DICTATOR lag. Wie im GROSSEN DIKTATOR war auch hier in der weiblichen Hauptrolle Paulette Goddard zu sehen – Chaplin-Ehefrau Nummer drei (1936–1942). Inspirieren lassen hatte sich Chaplin von einem René-Clair-Film, À NOUS LA LIBERTÉ (die Produzentin dieses Streifens, *Sonores Tobis Films,* verklagte ihn deswegen: ohne Erfolg), sowie von einem Gespräch,

»das ich mit einem intelligenten jungen Reporter der New Yorker Zeitung WORLD geführt hatte. Er hatte gehört, daß ich Detroit besuchen wollte, und erzählte mir daraufhin vom Fließbandsystem, das dort in den Fabriken angewendet wurde. Es war eine erschütternde Geschichte, wie die Großindustrie gesunde junge Männer aus der Landwirtschaft anwarb, die nach vier oder fünf Jahren am Fließband geistig und körperlich zusammenbrachen.

Dieses Gespräch gab mir die Idee für den Film MODERN TIMES. Darin führte ich eine Füttermaschine zur Zeitersparnis ein, die es möglich machte, daß die Arbeiter auch während der Essenszeit weiterarbeiteten. Die Szenenfolge in der Fabrik findet in einem Nervenzusammenbruch des Tramps ihren Abschluß. Die Handlung entwickelte sich aus der natürlichen Aufeinanderfolge der Ereignisse. Nach seiner Heilung wird der Tramp festgenommen und trifft mit einem vagabundierenden Mädchen zusammen, das auch verhaftet worden ist, weil es irgendwo Brot gestohlen hat. Sie treffen sich in einem Transportwagen der Polizei, der mit allen möglichen Gesetzesübertretern angefüllt ist. Von da an geht es darum, darzustellen, wie diese beiden versuchen, mit der modernen Zeit fertig zu werden. Sie geraten in die Wirtschaftskrise, erleben Streiks, Unruhen und Arbeitslosigkeit.«

Ursprünglich sollte der Film THE MASSES heißen: Eine Schafherde, die in ein Gatter getrieben wird, wird in den ersten Bildern mit Arbeitern verglichen, die durch Fabriktore strömen. Ein Stummfilm wieder, wie schon CITY LIGHTS, wenn Chaplin am Schluß auch eine Konzession machte und den Tramp singen ließ – ein Lied jedoch, gespickt mit Nonsenswörtern.
In den 40er Jahren bliesen die konservativen Heerscharen Amerikas endgültig zum Generalangriff gegen Chaplin. Eine gewisse Joan Berry (Barry), die er zur Schauspielerin hatte ausbilden wollen, strengte einen Vaterschaftsprozeß gegen ihn an, der viel Staub aufwirbelte, und ließ sich von einem Anwalt vertreten, der den vermeintlichen Vater als »grauhaarigen alten Bussard« beschimpfte: »dieser kleine Hutzelzwerg, dieser Verführer und wollüstige Hetzhund, der wie ein britischer Cockneyschuft lügt«. Obgleich eine Blutanalyse bewiesen hatte, daß das Kind nicht von ihm stammen konnte, wurde Chaplin verurteilt, seiner »Tochter« 75 Dollar die Woche zu zahlen, bis sie das 21. Lebensjahr erreicht hatte. Die Mutter wurde 1953 wegen akuter Schizophrenie in eine Heilanstalt überwiesen. Künstlerisch machte sich Chaplin damals Luft mit einem Film über einen Frauenmörder, für den auf Vorschlag von Orson Welles der berüchtigte Blaubart Henri-Désiré Landru Pate stand: MONSIEUR VERDOUX (DER HEIRATSSCHWINDLER VON PARIS).
Noch während er vor Gericht stand, heiratete Chaplin, am 16. Juni 1943, Oona, die 18jährige Tochter des Dramatikers Eugene O'Neill, die ihn abgöttisch liebte und ihm acht Kinder

schenkte: Geraldine, Michael, Josephine, Victoria, Eugene, Jane, Annette und Christopher. Währenddessen registrierte die amerikanische Presse aufmerksam Chaplins Statements

– gegen Hollywood:

»Ich habe genug von Hollywood.
Ich habe beschlossen, ein für allemal Hollywood und seinen Bewohnern den Krieg zu erklären.
Ich liebe die zänkischen Leute nicht, ich finde sie selbstgefällig und voller Wichtigtuerei, da ich aber keinerlei Vertrauen mehr in Hollywood im allgemeinen und den amerikanischen Film im besonderen habe, darf ich das sagen.
Sie wissen, welcher Empfang meinem letzten Film MONSIEUR VERDOUX in gewissen amerikanischen Kinos, insbesondere in New York, bereitet worden ist. Sie wissen, daß einige Kläffer mich als ›Kommunisten‹ und ›Antiamerikaner‹ bezeichnet haben.«

– für, freilich erst im nachhinein, suspekte Verbündete:

»Bei einer Veranstaltung zugunsten der ›Kriegshilfe für Rußland‹ überraschte er seine Zuhörer damit, daß er sie mit ›Genossen‹ ansprach. ›Auf den Schlachtfeldern Rußlands entscheidet sich, ob die Demokratie leben oder sterben wird!‹ Die konservative Presse wurde zunehmend feindselig; immer schwärzere Gewitterwolken brauten sich zusammen.«
So Jerry Epstein in MEIN FREUND CHARLIE.

Nach dem Krieg hatte es Chaplin endgültig geschafft, zur, so Wolfram Tichy, »Zielscheibe Nummer 1 der amerikanischen Volkswut« zu werden, und immer öfter spielte er mit dem Gedanken, die Vereinigten Staaten für längere Zeit zu verlassen – »trotz der vielen moralischen und materiellen Genugtuungen, die ich hier erhalten habe. Und in dem Land, wo ich mein Leben beschließen werde, werde ich versuchen, mich wieder zu erinnern, daß ich ein Mensch wie alle anderen bin und daß ich folglich das Recht auf den gleichen Respekt habe wie die anderen Menschen.« Die amerikanische Regierung erfüllte ihm den Wunsch just in dem Augenblick, da er mit seiner ganzen Familie

auf dem Weg nach England war, um im Oktober '52 in seiner alten Heimat, in London, der Welturaufführung seines neuen Films LIMELIGHT (RAMPENLICHT) beizuwohnen. David Robinson: »Die *Queen Elizabeth* war gerade den zweiten Tag auf See, als das Radio eine bemerkenswerte Nachricht brachte: Der amerikanische Justizminister James McGranery hatte Chaplins Wiedereinreise-Visum annulliert und angeordnet, daß die Einwanderungsbehörde ihn zur Vernehmung festzuhalten habe, wenn – oder falls – er versuchen sollte, wieder einzureisen. Seinen Worten zufolge sollte durch diese Vernehmungen ›ermittelt werden, ob seine Einreise nach dem Gesetz der Vereinigten Staaten zulässig ist‹. Das Justizministerium erklärte ergänzend, daß die Maßnahme gemäß Paragraph (c), Absatz 137, des US-Ausländer- und Staatsbürgerschaftsgesetzes erfolge, der eine Einreiseverweigerung für Ausländer vorsieht, aus Gründen der ›Moral, Gesundheit oder Geistesgestörtheit oder bei Befürwortung von Kommunismus oder Verbindung mit kommunistischen oder pro-kommunistischen Organisationen‹. Auf Fragen, die ihm dazu gestellt wurden, antwortete der Justizminister, daß diese Maßnahmen schon seit längerem zur Debatte standen, daß man aber gewartet habe, bis Chaplin das Land verlassen hätte. Mit anderen Worten hatte Chaplin nicht mehr das Recht, in das Land zurückzukehren, das vierzig Jahre lang sein Zuhause gewesen war und auf das er soviel Liebe und Glanz gelenkt hatte.« Ein früheres Mitglied des Planungsstabes beim Justizministerium: »Als die kalifornische Organisation der American Legion dem Justizminister in Anerkennung seiner Aktion eine Plakette verlieh, erklärte er, daß die Beweislast Mr. Chaplin zufallen würde, sobald und wenn er die Frage seiner Rückkehr aufwerfen würde. Es könne Mr. Chaplin nicht gestattet werden, die Anschuldigungen, die gegen ihn vorgebracht wurden, im voraus zu wissen, aber die Last, sie zu widerlegen, würde ihm zufallen. Es ist leicht zu verstehen, warum er sich entschied, keinen Versuch der Rückkehr in unser Land zu unternehmen.«
Hollywood-Klatschbase Hedda Hopper frohlockte: »Gott sei Dank sind wir den Schmutzfink los.« So verbrachte Chaplin den Rest seines Lebens im Exil, auf einem herrlichen Anwesen in Corsier-sur-Vevey am Genfer See. Für das ihm angetane Unrecht revanchierte er sich mit der 1957 in England entstandenen Filmsatire A KING IN NEW YORK (EIN KÖNIG IN NEW YORK).

Auch eine Art, das Innenleben eines Weckers zu untersuchen

»Bob Hope wäre genau der Richtige für diese Rolle«, meinte er immer wieder, während er den Part des exilierten Königs Shadov entwickelte.

1966 drehte Chaplin noch einen weiteren Film, den er wohl besser nicht gemacht hätte: A COUNTESS FROM HONGKONG (DIE GRÄFIN VON HONGKONG), mit Sophia Loren und Marlon Brando. Und liebäugelte, fast 80jährig, noch mit der Idee zu einem weiteren Film, in dem seine Tochter Victoria (»Die Kleine hat Talent«) die Hauptrolle übernehmen sollte. Wie schon bei seinen drei letzten Filmen half ihm auch diesmal sein Freund Jerry Epstein: »Auf seiner Veranda sitzend, beobachtete er den Flug der Vögel und war fasziniert von der Bewegung ihrer Flügel. Das war die Geburtsstunde seines letzten Films, THE FREAK. Schon bald verfaßte er ein komplettes Drehbuch: die Geschichte eines kleinen Mädchens, das am äußersten Zipfel von Chile gefunden wird, mit Flügeln geboren ist und fliegen kann. Noch heute bin ich gerührt, wenn ich an die Geschichte denke.

Die Eingeborenen machen Wallfahrten, um dieses Wunder anzubeten. Sie sehen in dem Mädchen einen Engel des Himmels. Zwei englische Gauner erfahren von der Geschichte, entführen das Mädchen und bringen es nach London. Dort fällt es in die Hände eines Evangelisten, der den ›Engel‹ für seine Erweckkungsszenen ausnutzt. Aber es kann entfliehen, fliegt über London und landet vor dem Opernhaus Covent Garden, wo gerade SCHWANENSEE aufgeführt wird. Um seinen Verfolgern zu entkommen, schlüpft es durch den Bühneneingang und mischt sich unter die tanzenden Schwäne. Plötzlich erhebt es sich in die Lüfte und kreist über den sprachlosen Zuschauern.«

Epstein war überzeugt, daß THE FREAK »Charlies größter Triumph« werden könnte. Und Chaplin, ein trickbegeisterter Mensch, machte sich schon über die Realisierung der visuellen Effekte Gedanken: »In Vevey entwarf Charlie ein Storyboard, um zu verdeutlichen, wie die Flugszenen für THE FREAK mit einfachen Mitteln zu verwirklichen waren. ›Die machen viel zuviel Aufhebens‹, meinte er. ›Das sind doch alte Kamellen, solche Trickaufnahmen haben wir schon vor Jahren gemacht – mit Spiegeln, die Drähte sieht man nicht.‹ Er führte mich zu seinem Spiegelschrank, einen Bleistift in der Hand (der das Mädchen darstellen sollte). Wenn er den Bleistift senkrecht vor den Spiegel hielt und einen der Seitenflügel drehte, entstand der Eindruck, nicht der Spiegel, sondern der Bleistift würde sich bewegen. Die Illusion war vollkommen.«

Doch Oona war gegen das Projekt. »Es wird keinen Film geben«, erklärte sie Epstein. »Ich mußte so entscheiden; diese Arbeit würde er nicht überleben. Wenn THE FREAK ein einfacher Film wäre, hätte ich nichts dagegen. Doch du weißt, wie ungeduldig Charlie bei den Dreharbeiten sein kann, wie er sich aufregen würde, wenn die Spezialeffekte mit dem Fliegen nicht gleich klappen. Wenn es eine einfache Komödie wäre, würde ich nichts sagen. Doch dieser Film würde ihn umbringen.«

So verbrachte Chaplin den Rest seines Lebens damit, seine alten Filme neu herauszubringen und Ehrungen entgegenzunehmen: Am 16. April 1972, seinem 83sten Geburtstag, durfte er, der geäußert hatte, er würde nicht mal mehr nach Amerika zurückkehren, wenn Jesus Christus Präsident wäre, in Hollywood einen

---

* Eine solche Statuette ehrenhalber hatte er bereits bei der ersten Oscar-Verleihung am 16. Mai 1929 für THE CIRCUS erhalten.

»Sonder-Oscar« in Empfang nehmen.* Er war zu Tränen gerührt. Und am 4. März 1975 wurde er von der englischen Königin im Buckingham Palace in den Adelsstand erhoben. Am 25. Dezember 1977 schloß Sir Charles in Vevey für immer die Augen. Zwei Monate später entwendeten der Pole Roman Wardas und der Bulgare Gantcho Ganev den Sarg, um die Familie zu erpressen, aber sie stellten sich so ungeschickt dabei an, daß sie nach kurzer Zeit verhaftet werden konnten. Wardas wurde zu viereinhalb Jahren Haft verurteilt, Ganev zu 18 Monaten auf Bewährung, wegen »Störung der Totenruhe und versuchter Erpressung«. Ein letztes Mal war Chaplin ein gefundenes Fressen für die Presse.

Aber war er wirklich, über seine unbestreitbaren Fähigkeiten als Filmclown hinaus, jenes überdimensionale Genie der Filmkunst – einzigartig, wie er in der Geschichte des Mediums dasteht? In seinem Buch über Robert Florey, der Chaplins Co-Regisseur bei MONSIEUR VERDOUX gewesen war und bis zu diesem Zeitpunkt auch sein Freund, veröffentlichte Brian Taves ein peinlich enthüllendes Dokument. Hier ein Auszug aus Chaplins monologisierender Regiearbeit, garniert mit fast schon haßerfüllten Tiraden gegen seine Mitarbeiter:

»Idioten … Jetzt macht endlich, was ich sage, auf geht's, das schlimmste Pack, das ich jemals … Was ist? Nein, raus da … Zum Henker mit dir … Seid ihr endlich fertig?«

Und an die Adresse seines (zweiten) Halbbruders Wheeler Dryden, den er für einen Dummkopf und dennoch als Regieassistenten hielt, als der einen Einwand zu machen wagt:

»Nein, nein, nein, halt die Fresse, du törichter Bastard, um Christi willen, wir schneiden auf Annabella (Martha Raye). Was verstehst du denn schon vom Film? Ich weiß, was ich tue, klar, ich schneid' das so und nicht anders, ich bin jetzt in diesem Geschäft seit 20 … seit 30 Jahren, bin doch nicht närrisch. Ach, halt die Klappe … Beim syphilitischen Christus … Wir schneiden jetzt auf Annabella, ich weiß verdammt genau, was ich tue … Um Christi willen, ich hab' nichts anderes getan die letzten drei Jahre, als diese Szene in Gedanken zu schneiden … Ich weiß exakt … Ja … dann setzt die Musik ein … Gottverdammte Idioten … Oh, bitte, bitte, nein, nein, Gott noch mal … Haltet die Schnauze …«

Fatty: Roscoe Arbuckle

»Es war an einem Nachmittag – Mabel (Normand) und ich saßen in meinem Büro, sie hatte wieder mal einen Antrag von mir abgelehnt –, als eine Tonne von einem Mann die Treppe raufgehüpft kam, leichtfüßig wie Fred Astaire. Er war kolossal, massig – um nicht zu sagen: fett.

›Mein Name ist Arbuckle‹, sagte er. ›Roscoe Arbuckle. Aber nennen Sie mich einfach Fatty. Bin bei einer *stock company,* als Spaßmacher und Akrobat. Wette, ich würde mich ganz gut in Filmen machen. Was denken Sie?‹

Und ohne Vorwarnung begann er mit der Leichtigkeit einer Feder zu steppen, in die Hände zu klatschen und einen Salto rückwärts hinzulegen mit der Grazie einer jungen Turnerin. Auf diese Weise führte sich der berühmte und später berüchtigte Roscoe (Fatty) Arbuckle beim Film ein.«

Das berichtete Mack Sennett, KING OF COMEDY, seinem Biographen Cameron Shipp. Wahr an dieser Geschichte ist allenfalls, daß Roscoe eine echte Berühmtheit wurde – *Keystone* und *Paramount* sei Dank –, bevor ihn, auf dem Gipfel seines Ruhms, nicht zuletzt die Hearst-Presse zum Monster und zur Bestie machte, zum Hauptdarsteller einer tragischen Orgie mit Todesfolge.

»Meine Geburt und ein Wirbelsturm bliesen Smith Center förmlich von der Landkarte«, vermerkte Fatty später über seinen Geburtsort irgendwo in Kansas. »Von dem Flecken hat man seitdem nichts mehr gehört.« »Vater« William Goodrich Arbuckle nannte das am 24. März 1887 in die Weltgesetzte Kind – eines von vielen, die der Farmer und überzeugte Demokrat aufzog – ausgerechnet nach dem notorischen Republikaner und Scharfmacher Roscoe Conklin. 1888 verkaufte William die Farm und zog mit seiner Familie 2000 Meilen nach Westen, ins kalifornische Santa Anna, wo Jahrzehnte später ein nach seinem Schöpfer benanntes Kinder- und Familienparadies aus dem Boden gestampft wurde: Disneyland. Allein, Roscoe hat das alles noch nicht als Paradies erlebt. Schule fand für das dicke Kind nur selten statt. Besonders als der Vater abhaute, mußte Fatty hart ran und, so gut es ging, helfen, die Familie zu ernähren. Ersatz für das harte Los wurde ihm der Traum von der Bühne. Der Acht-

*Bei den Keystone Cops häufig Charlie Chaplins Partner: Roscoe »Fatty«
Arbuckle*

jährige war mal bei der Frank Bacon Stock Company eingesprungen, hatte sich Gesicht, Hände und Füße mit schwarzer
Schuhcreme eingerieben und einen Negerjungen gespielt.
50 Cent waren sein Lohn für eine Woche gewesen. Zwischen 1895
und 1899 nutzte Roscoe jede sich ihm bietende Gelegenheit,
Theaterluft zu schnuppern, sei es vor, sei es hinter den Kulissen.

Eine Woche assistierte er Marvo dem Hypnotiseur, die nächste gab er ein zimperliches kleines Mädchen in einem Melodram. Als die Mutter starb, setzte ihn seine älteste Schwester Nora in den Zug und schickte ihn zum Vater, der ein kleines Hotel in Watsonville übernommen hatte. Doch Fatty mußte feststellen, daß Dad inzwischen wieder auf Achse war. Sam Booker, der neue Pächter des Hotels, gab dem Jungen einen Job; Pansy Jones, die Lehrerin des Ortes, erteilte ihm Nachhilfestunden und ermunterte ihn, an einem Abend für junge Talente auf den Brettern des Victory aufzutreten. Und wirklich kam Fatty mit seinen Liedern beim Publikum bestens an. Schließlich war William Goodrich Arbuckle gefunden; er hatte sich mit seiner zweiten Frau und noch mehr Kindern auf einer Farm in San José verdingt. Roscoe ging zu ihm. 1902 wurde der Vater wieder einmal vom Wanderfieber angesteckt. Diesmal erwarb er ein Restaurant in Santa Clara. Roscoe ging ihm zur Hand und fand noch Gelegenheit, anläßlich von Amateurnächten im Unique Theater aufzutreten – bis ihn der Besitzer, Sid Grauman sen., Vater des nachmalig berühmtesten Kinomannes von Hollywood, als »Bänkelsänger« einstellte. Fattys Songs wurden, ganz modern, durch Dias illustriert. Er verdiente jetzt 17 Dollar 50 die Woche. Als er 17 war, stellte ihn Grauman Alexander Pantages vor, der eine Anzahl Theater und anderer Etablissements besaß und ihn für einen Monat ins Portola Café nach San Francisco einlud. Aus dem Monat wurde ein Jahr. Dann tourte Roscoe durch weitere Pantages-Häuser an der Westküste – um rechtzeitig zum Erdbeben im April 1906 wieder in San Francisco zu sein.
Bald darauf wechselte Fatty ins komische Fach und schloß sich dem Spaßmacher Leon Errol, einem gebürtigen Australier, an, der ihm beizubringen versprach, was Showbusineß wirklich bedeutet. Und 1908 zog es ihn erstmals zum Film, heimlich, still und leise noch, denn immerhin war Kino die große Konkurrenz der Burleske geworden, die Fatty aber weiterhin Lohn und Brot gab. Eine seiner ersten Filmrollen hatte er unter der Regie von Francis Boggs in BEN'S KID, einer Produktion des Filmpioniers Colonel William Selig. Regisseur Boggs hätte übrigens durchaus das Zeug gehabt, ein zweiter D. W. Griffith zu werden – wäre er nicht so früh und unglücklich aus dem Leben geschieden, erschossen von einem wildgewordenen japanischen Gärtner, der den ständigen Lärm aus den benachbarten Filmateliers nicht

mehr aushielt: »Bum, bum! Den ganzen Tag: bum, bum! Hat mich echt verrückt gemacht!« 1911 war das.

Am 5. August 1908 heiratete Roscoe in erster Ehe die Tänzerin Araminta Estelle Durfee – er war 21, sie 17. 1910 veröffentlichte VARIETY eine Liste der Gagen-Spitzenreiter im amerikanischen Showgeschäft: ganz vorn Gertrude Hoffman mit 3000 Dollar, dann Eva Tanguay mit 2000, gefolgt von Annette Kellerman, einer Vorgängerin von Esther Williams, und der Gus Edwards Song Revue mit je 1500 Dollar. Auf Platz acht finden wir den Namen Roscoe Arbuckle und eine Summe von 1250 Dollar. Die

Wildgewordene Polizisten: Keystone Cops eben. In der Mitte Mack Swain, rechts außen Fatty Arbuckle

Meldung war eine Ente: Zu der Zeit kriegte Fatty gerade mal
50 Dollar die Woche – doch war ein gewisser Marktwert schon
unbestritten.

Er bereiste damals nicht nur ganz Amerika, Tourneen der Ferris
Hartman Musical Comedy and Opera Company führten ihn
auch nach Hawaii, Japan, China und den Philippinen.

Zu *Keystone* und damit vollends zum Film kam Fatty im April
1913. Die Firma bestand erst seit acht Monaten. Auch Ehefrau
Minta unterschrieb einen Vertrag bei Sennett: »Sennett war ein
reichlich seltsamer Mensch. Sein Büro, komplett eingerichtet
einschließlich Bad, war in der 2. Etage (eines Turms). Er hatte
es dorthin verlegt, damit er jeden im Auge hatte und sicher war,
daß niemand trödelte. Zum Frühstück verzehrte er grüne Zwie-
beln, Lattich und Radieschen, die er in Whiskey tunkte. Zwischendurch kam er runter, sah uns beim Drehen zu und lachte
dabei wie der Teufel. Waren wir dann zufrieden mit der Szene,
ließ er sie uns wiederholen: Los, noch mal! Gerade wenn sich
sein Büro mit den armen Kerlen füllte, die unten abgeschlachtet
worden waren und um die sich Abdul (sein türkischer Masseur)
kümmern mußte, kam er auf den Geschmack und erschien am
Set, fragte, was wir täten, und ließ es sich nicht nehmen, in einer
kleinen Rolle mit(auf)zumischen. Danach ging er wieder rauf.
Seine Vorstellung von Comedy basierte auf Kontrasten. Große
Frau, kleiner Mann. Ein Schnurrbart, ein Anzug – zu groß oder
zu klein.«

Wie viele andere Komiker auf dem Gelände diente auch Roscoe
eine Zeitlang als Keystone Cop unter dem Kommando von Ford
Sterling. Aber es dauerte nicht lange, da hatte er sich Star-Status
erkämpft. Das Publikum liebte seine androgynen Qualitäten.
Doch selbst Mitglieder der Puritanischen Gesellschaft, die noch
1913 den Film als Teufelswerk verdammten, gestatteten ihren
Kindern (und sich selbst), über den lustigen Dicken zu lachen. In
dem Film A NOISE FROM THE DEEP, der am 17. Juli 1913 veröf-
fentlicht wurde, warf ihm Mabel Normand eine Sahnetorte mitten ins Gesicht (»Solch wohlgezielte Sahnetorte wirft nur ein
Mädchen meiner Sorte«). Die Zuschauer waren entzückt, und
auf der Leinwand wurden Mabel und Roscoe das beliebteste
Liebespaar der frühen Comedy-Filmgeschichte. Und auch Arbuckle selbst wurde ein großer Sahnetortenwerfer – der beste,
wie manche behaupten. Bald führte er nicht nur in seinen eige-

nen Filmen Regie, sondern inszenierte auch die Streifen anderer Komiker. Minta Durfee Arbuckle über die Regisseurqualitäten ihres Mannes: »Morgens um acht ging Roscoe mit seiner Crew *on location,* und um sechs Uhr abends kamen sie zurück mit über 300 Metern Film im Kasten. Sennett gab ihm sogar einen 1000-Dollar-Bonus, weil er es war, der sicherstellte, daß die im Verleihvertrag mit *Mutual* vorgesehenen Lieferfristen eingehalten wurden. Wir mußten wöchentlich drei Filme nach New York liefern.«

Verständlicherweise war Roscoe bald nicht mehr zufrieden mit dem, was Sennett unter Comedy verstand. Interviewern erzählte er: »Ich will jetzt nicht überheblich sein, aber künftig wird dieser Haudrauf-Slapstick bei mir nur noch bedingt stattfinden. Wenn jemand einen Tritt kriegt oder eine Sahnetorte ins Gesicht, muß es dafür schon einen Grund geben.« Unzufrieden war er auch mit seinem Spitznamen Fatty, den er richtiggehend zu hassen begann. Reporter gaben sein Gewicht mit 385 Pfund an – obwohl er damals »nur« 266 wog. Ein großer Fresser ist er ohnehin nie gewesen; seine Leibesfülle war organisch bedingt. Keiner seiner Kollegen nannte ihn Fatty: Mabel Normand sagte zu ihm »Big Otto«, Fred Mace »Crab«, Alice Lake »Arbie« – und für einen anderen Komiker, der in Kürze zu ihm stoßen sollte, Buster Keaton, war er »The Chief«.

Lou Anger, früher selbst Komiker, inzwischen Roscoes neuer Studiomanager, hatte Buster Ende März 1917 bei Arbuckle eingeführt, als der, mit dem Film THE BUTCHER BOY, in New York die Produktion von Zweiaktern aufnahm. Keaton berichtete darüber ausführlich in seiner Biographie:

»Die Szenerie war ein ländlicher Laden, und ich spielte einen Fremden, der arglos hineinschneit, als Roscoe und Al St. John einander mit Mehltüten bewerfen. Wie Arbuckle war St. John früher bei Sennetts *Keystone*-Gesellschaft gewesen.

Roscoe hatte eine braune Tüte mit Mehl gefüllt, zugebunden und für den Gebrauch vorbereitet. Er verlor keine Zeit, mich ins Bild zu setzen. ›Wenn du in den Laden kommst‹, erklärte er, ›will ich gerade St. John bewerfen. Er duckt sich, und du kriegst die Ladung, patsch, ins Gesicht.‹ (...)

›Also‹, sagte Arbuckle, ›es ist verdammt schwer, nicht mit der Wimper zu zucken, wenn man weiß, was auf einen zukommt.

*Mabel Normands Zerbrechlichkeit bringt Fatty Arbuckles Gewicht von
130 Kilo noch besser zur Geltung*

Beim Hereinkommen blickst du also zurück. Wenn ich ‚um-
drehen!‘ sage, drehst du dich um, und schon bekommst du die
Ladung ab.‹
Ich bekam sie ab.
Arbuckle, der 130 Kilo wog, hatte sich bei Mack Sennett zu

einem Meister im Tortenwerfen entwickelt. Ich fand an diesem Tage heraus, daß er sein ganzes Herz und jedes Gramm seines Gewichts auch darauf verwenden konnte, eine Mehltüte mit vernichtender Genauigkeit zu werfen. Es lag genügend Kraft in seinem Wurf, um mich kopfstehen zu lassen. Meine Füße waren plötzlich dort, wo mein Kopf gewesen war, ganz ohne mein Zutun. Ich bekam derart viel Mehl in die Nasenlöcher und in den Mund, daß meine Mutter daraus ihren altmodischen Kuchen hätte backen können. Da ich neu in dem Geschäft war, wurde ich höflich auf die Beine gestellt und abgeklopft. Aber es dauerte eine Viertelstunde, bis ich wieder frei atmen konnte. (...)

Wie ich gehört habe, ist meine erste Szene in THE BUTCHER BOY immer noch die einzige Sequenz in einer Filmhumoreske mit einem Anfänger, die nur einmal gedreht wurde. Mit andern Worten, sie mußte nicht wiederholt werden.«

Keaton wurde Arbuckles Meisterschüler. Der nahm für ihn die Kamera auseinander, um ihm zu zeigen, wie sie funktionierte

Mabel Normand und Fatty Arbuckle

und was man damit alles anstellen konnte. Er führte ihn ein in den chemischen Prozeß der Filmentwicklung und in die Geheimnisse des Filmschnitts. Er hätte, gestand Keaton, keinen gutmütigeren Menschen finden können – und auch keinen kenntnisreicheren.

Arbuckle hatte Sennett inzwischen den Rücken gekehrt. In New York war ihm aufgefallen, wie beliebt er beim Publikum war, und das sollte sich nun auch bezahlt machen: Max Hart, der eine Künstleragentur betrieb, legte ihm einen Vertrag vor, der ihm sage und schreibe 200.000 Dollar jährlich garantierte – und auch Minta und Al St. John einschließen sollte. Der athletische St. John war übrigens Arbuckles Neffe und ritt zweieinhalb Jahrzehnte später als kauziger Fuzzy Q. Jones durch zahlreiche Low-Budget-Western. Aber es sollte noch toller kommen. Lou Anger erschien in der Rolle des Emissärs und lud Roscoe zu einer Reise nach Atlantic City ein, wo eine der herausragenden Persönlichkeiten des amerikanischen Filmgeschäfts auf ihn wartete: Joseph M. Schenck (1877–1961), der (gemeinsam mit seinem Bruder Nick) den legendären Marcus Loew beim Aufbau seines Theaterimperiums unterstützt hatte und jetzt die Filme seiner Frau Norma Talmadge produzierte, bot Roscoe totale künstlerische Freiheit in einer eigens für ihn eingerichteten Produktionsfirma, der *Comique Film Corporation*. Als Studiomanager würde ihm Anger zur Seite stehen. Und seine Dienste sollten mit 1000 Dollar am Tag belohnt werden (bei Sennett hatte er mit bescheidenen fünf Dollar Tagesgage angefangen), plus 25 Prozent Beteiligung am Gewinn seiner Filme, zusammen garantiere eine Million Dollar im Jahr. Der Handel wurde mit Handschlag besiegelt – und als Begrüßungsgeschenk bekam Roscoe gleich die Schlüssel für einen brandneuen Rolls-Royce mit in die Hand gedrückt. Knauserigkeit war Joe Schencks Sache nicht. Er konnte sich wahrlich leisten, großzügig zu sein – zumal im Hintergrund ein wirklich bedeutender Geldgeber stand: Filmmagnat Adolph Zukor wollte Arbuckles Filme für den soeben von ihm geschluckten *Paramount*-Verleih. Vor der Presse leistete Roscoe begeistert einen heiligen Eid: Er werde nichts produzieren, was den Anstand oder die guten Sitten verletzen könnte. Seine Filme seien sauber und stets reinen Gewissens gemacht: »Nichts würde mich mehr verstimmen, als wenn Mütter sagen müßten: ›Heut' gehen wir nicht ins Kino, Arbuckle spielt, und den sollten unsere

Kollegen behaupteten von ihm, er kenne keine Zornesausbrüche. Man glaubt es sofort.

Kinder besser nicht sehen.‹ Ich will nicht, daß sie jemals so von mir reden müssen ...« Es sollte ein folgenreiches Versprechen werden.

Am Anfang lief alles bestens, und Zukor beeilte sich, Roscoe ganz für *Paramount* zu beanspruchen und nur noch Langfilme machen zu lassen. Zuerst kam eine Western-Romanze, THE ROUND UP, nach einem Stück von Edmund Day, das am Broadway mit Roscoes Namensvetter Maclyn Arbuckle uraufgeführt worden war. Es folgte THE LIFE OF THE PARTY, nach einer in der SATURDAY EVENING POST veröffentlichten Geschichte von Irvin S. Cobb. Das war 1920. Nichts schien Roscoe jetzt mehr stoppen zu können.

Im ersten Halbjahr 1921 gingen sechs Spielfilme in Produktion. Die drei letzten drehte Roscoe auf *Paramount*-Druck, ohne sich eine Pause zu gönnen, hintereinander weg. »Ich kenne keinen anderen Star«, schrieb Zukor-Partner Jesse L. Lasky in seiner Autobiographie, »der sich einer derartigen Anforderung unterworfen hätte. Aber Fatty Arbuckle war kein Meckerer. Er kannte keine Zornesausbrüche. Wie ein wirbelnder Derwisch in Höchstform erledigte er die dreifache Aufgabe. Es wurden die lustigsten Filme, die er jemals gemacht hatte. Wir waren sicher, daß sie ein Vermögen einspielen würden ...«

Nachdem die Arbeiten beendet waren, setzte sich Roscoe ans Steuer seines Rolls-Royce und fuhr mit zwei Freunden, dem Regisseur Fred Fischbach und dem Darsteller Lowell Sherman, zu einem verlängerten (Labor-Day-)Wochenende nach San Francisco, wo man es in exklusiven Kreisen mit der Prohibition nicht allzu genau nahm. Er hätte besser eine Einladung von Keaton annehmen sollen, auf dessen Jacht nach Catalina Island zu segeln – aber er hatte die Spritz- und Sauftour Sherman und Fischbach fest versprochen und mochte sie nicht abblasen. Das Versprechen sollte ihm zum Verhängnis werden.

Am 3. September trafen sie im St. Francis Hotel in San Francisco ein, und am Montag fand in der Arbuckle-Suite eine feuchtfröhliche Abschiedsparty statt, auf der das gelungene Wochenende noch einmal kräftig begossen werden sollte. Es ging hoch her, die Gäste kamen und gingen. Unter ihnen auch ein Filmsternchen aus Hollywood namens Virginia Rappe. Ein paar Tage später verstarb sie an Verletzungen, die sie sich angeblich auf der Party zugezogen hatte. Und ihre Freundin Maude »Bambina«

Delmont beschuldigte Roscoe, Virginia angefallen zu haben.
Buster Keaton nannte Virginia Rappe später eine Herumtreiberin: »Nach ihrem Tod waren alle in Hollywood, die sie gekannt hatten, sehr erstaunt, daß die Zeitungen sie als ein zartes Blümchen beschrieben, ein Starlet, dem durch den Tod die Möglichkeit genommen worden war, eine Leinwandkönigin zu werden. Die Wahrheit ist, daß Virginia eine vollbusige, stämmige junge Frau war. Sie lebte ungefähr so tugendhaft wie die meisten unbegabten jungen Mädchen, die sich jahrelang in Hollywood herumtrieben und jede kleine Rolle annahmen, die sie irgendwie ergattern konnten.« Vor allem waren Arbuckles Freunde und Kollegen fest überzeugt, daß die Anklage einer Vergewaltigung völlig aus der Luft gegriffen sei. »Roscoe ist ein freundlicher, offener und freimütiger Mensch, der keiner Fliege etwas zuleide tun kann«, verteidigte ihn Chaplin, der sich gerade in London aufhielt. In seinem 1976 erschienenen Buch THE DAY THE LAUGHTER STOPPED hat Autor David A. Yallop den Fall Arbuckle akribisch rekonstruiert:
»Nach dem Genuß einiger Cocktails und nachdem sie sich im Bad erbrochen hatte, begann Virginia, sich die Kleider vom Leibe zu reißen, sprang auf Roscoes Bett herum und schrie: ›Ich bin verletzt! Ich sterbe! Ich weiß, daß ich sterbe!‹ Vergeblich suchte man die Hysterikerin zu beruhigen. Da Roscoe sich nicht sicher war, ob sie nur simulierte, legte er – ein Trick, den ihm Keaton verraten hatte – Eis auf ihren Schenkel. Als alles nichts half, wurde der stellvertretende Hotelmanager gerufen und Virginia in ein anderes Zimmer geschafft. Es dauerte eine Zeit, bis man, des Feiertags wegen, einen Arzt fand, denn der Hotelarzt selbst war nicht da. Am Abend endlich war Dr. Beardslee, der Hotelarzt, zur Stelle. Virginia klagte ihm gegenüber über heftige Schmerzen im Unterleib. Und ihre Freundin Maude Delmont brachte zum erstenmal die Behauptung auf, Roscoe habe ihr Gewalt angetan, aber Virginia bestritt das energisch. Dem herbeizitierten Hoteldetektiv erzählte sie, sie wisse nicht, ob jemand sie zu hart angefaßt habe oder ob nur ein Sturz vom Bett schuld sei. Als sich ihr Zustand über Nacht verschlechterte, konsultierte Maude einen Arzt ihrer Wahl, Dr. Melville Rumwell, der sie freilich erst drei Tage nach dem Vorfall ins Wakefield-Sanatorium bringen ließ. Dort verstarb Virginia am 9. September um 13.30 Uhr.«

Jetzt kannte Maude »Bambina« keine Zurückhaltung mehr und wandte sich keifend an die ehrbaren Herren von der Regenbogenpresse. »Arbuckle hielt Virginia fest und grinste: ›Hinter dir bin ich schon seit fünf Jahren her‹«, erzählte sie. »Am Nachmittag begann die Party auszuarten, und bei Arbuckle zeigte der Alkohol erste Folgen. Er kam rein, schleifte Virginia in sein Schlafzimmer und verschloß die Tür. Ich hörte, wie sie kämpften. Virginia schrie. Mir war klar, daß er sie mißbrauchte. Ich unternahm alles, um in das Zimmer zu kommen, aber die Tür war ja zu. Über eine Stunde hielt sie Arbuckle fest. Virginia war ein gutes Mädchen. Ich weiß, daß sie ein sauberes Leben geführt hat, und sehe es als meine Pflicht an, dafür zu sorgen, daß die Sache geahndet wird.« Dann stieß sie einen Fluch gegen Roscoe aus: »Dieser brutale Kerl! Ich sehe nicht ein, daß solche Männer überhaupt noch leben dürfen!« Angeheizt wurde die Stimmung auch von Virginias Freund Henry »Pathé« Lehrman, der – wir erinnern uns – Chaplins erster Regisseur gewesen war: »Arbuckle ist eine Bestie. Ich habe anderthalb Jahre bei ihm Regie geführt. Ich mußte ihn schließlich zur Rede stellen, weil es ihn stets in die Damengarderobe zog. Mir gegenüber brüstete er sich damit, einem Mädchen, das ihm nicht zu Willen war, die Kleider vom Leibe gerissen und ihr Gewalt angetan zu haben.« Lehrman kannte auch den Grund: So was passiere eben, wenn man vulgäre Menschen aus der Gosse hole, ihnen enorme Gagen zuschanze und sie zu Idolen mache. – »Vor neun Jahren kam Arbuckle ins Filmgeschäft. Er war Barjunge in einem Saloon in San Francisco gewesen. Kein Barkeeper, sondern nur ein gewöhnlicher Barjunge – einer von denen, die Gläser waschen und Spucknäpfe reinigen. Solche Leute wissen eben nicht, was Anstand heißt, sie folgen allein ihren animalischen Trieben. Sie sind eine Schande für das Filmgeschäft. Es sind genau die Figuren, die ihr Heil in Kokain und Opium suchen und Orgien veranstalten, die die Feste und Feiern des degenerierten Rom in den Schatten stellen. Sie sollten schnellstens aus dem Filmgeschäft gefegt werden.« Und doch hatte »Pathé«, als er publicitywirksam vor der versammelten Presse auf die Knie fiel: »Gott, gib mir Gerechtigkeit« und einen Grabschmuck aus 1000 Lilien bestellte (den er nicht bezahlte), nicht mehr Virginia, sondern nur noch seine neue Flamme, eine Jocelyn Leigh, im Kopf, die er ein halbes Jahr später heiratete. In den allgemeinen Aufschrei der Empö-

Frauen brachten ihn nicht nur vor der Kamera in Bedrängnis ...

rung stimmten auch (profilierungswütige) Teile von Polizei und Justiz ein. Captain Duncan Matheson: »Dieser Kerl Arbuckle ist nichts weiter als ein Hund.« Roscoe verbrachte kurze Zeit in Untersuchungshaft und stand die nächsten sieben Monate in drei aufeinanderfolgenden Verfahren in San Francisco vor Gericht. Die Fakten schließlich sprachen für, nicht gegen Arbuckle:

1. Auf die »Zeugin« Maude Delmont verzichtete die ansonsten mit Schlägen unter der Gürtellinie operierende Staatsanwaltschaft gern freiwillig, hatte sie doch am 7. September zwei

gleichlautende Telegramme an Anwälte in San Diego und Los Angeles abgeschickt: »Wir haben Roscoe Arbuckle in der Zwickmühle. Gute Gelegenheit, Geld aus ihm herauszupressen.« Später wurde diese Dame der Bigamie überführt und versuchte, nach Verbüßung einer entsprechenden Haftstrafe, den »Fall« Arbuckle auf einer Varietébühne in Kansas City zu vermarkten:

»EMPRESS THEATER
E-X-T-R-A.
Mrs. Maude ›Bambina‹ Delmont
in Person –
DIE FRAU, DIE DIE MORDANKLAGE GEGEN ARBUCKLE
UNTERZEICHNET HAT
Die sensationellste Nummer auf der amerikanischen Bühne
Mrs. Delmont wird über den berühmten Mordfall Arbuckle –
Rappe erzählen.
Sie wird weit den Vorhang aufreißen, der Hollywood und die
Filmkolonie deckt.
Hier ist die Geschichte, die jeden Vater und jede Mutter, jeden
jungen Mann und jede junge Frau in Kansas City angeht.
HÖREN SIE – SEHEN SIE
DIE ZEUGIN DER ANKLAGE
IM ARBUCKLE-PROZESS
Normale Eintrittspreise.   10 – 20 – 30 Cent
Eine 5000-$-Nummer zu Vorkriegspreisen.
E-X-T-R-A!«

2. Virginia Rappe litt unter chronischer Zystitis (Blasenkatarrh), möglicherweise schon seit 1907, mied dennoch ärztliche Behandlung und schluckte, nicht nur in solchen Fällen das reine Gift, gern und häufig Alkohol. Irene Morgan, die bei ihr eine Zeitlang als Haushälterin und Masseuse angestellt war, berichtete, daß sie oft über Krämpfe im Unterleib klagte und vor Schmerz schrie, wenn sie urinierte. Auch war von Gonorrhöe die Rede.
3. Als Virginia auf die Party kam, nahm sie Roscoe beiseite und bat ihn, ihr Geld für eine Abtreibung zu leihen, die nicht unter 2000 Dollar zu machen war. Überdies war das Wakefield-Sanatorium, in das der von Maude Delmont konsultierte Dr. Rumwell die Todkranke bringen ließ, ein Entbindungsheim. Virginia

hatte schon mehrere Abtreibungen hinter sich, und sie hatte auch ein illegitimes Kind. Nach ihrem Ableben hatte Dr. Rumwell nichts Eiligeres zu tun, als eine (nicht genehmigte) Autopsie vornehmen zu lassen. Auf dem Totenschein wurde Peritonitis als Todesursache angegeben – Bauchfellentzündung.

Natürlich war die Hearst-Presse nicht an solcher Wahrheit interessiert. Sie dichtete sich ihre eigene, wenn es galt, Auflagen zu steigern, und so wurde weiter gehetzt. Hollywood zeigte sich irritiert, besonders die *Paramount*. Zwar sorgte Jesse L. Lasky dafür, daß Minta Durfee Arbuckle im Gerichtssaal saß und wenigstens nach außen hin zu ihrem Mann hielt, von dem sie schon vier Jahre lang getrennt lebte: »Es war keine Frau, die zwischen uns trat. Es war ein Mann: Lou Anger.« Aber gleichzeitig stellten er und Zukor weitere Zahlungen an Roscoe mit der Begründung ein, er sei am ersten Drehtag eines neuen Filmprojekts, THE MELANCHOLY SPIRIT, nicht am Set erschienen. Wie sollte er auch? Er saß gerade in Untersuchungshaft. THE MELANCHOLY SPIRIT wurde statt dessen mit Will Rogers gedreht und am 5. Februar 1922 unter dem Titel ONE GLORIOUS DAY herausgebracht. Nicht zu Unrecht fürchteten die *Paramount*-Bosse, die ihre Aktienkurse fallen sahen, einen Angriff christlicher Religionsgruppen gegen die jüdisch dominierte Filmindustrie. Auf den Kanzeln nahm man den Fall Arbuckle zum Anlaß, die Unmoral der Filmstadt zu geißeln:

»Die Arbuckle-Saufparty. Was können wir gegen Filmleute unternehmen?« *(Temple Baptist)*
»Dschungelmann oder Gentleman?«
(First M. E. of Hollywood)
»Die unverzeihliche Sünde.« *(South Park Christian)*
»Moralischer Verfall.« *(First Congregational)*
»Filmstars und die Zehn Gebote.« *(Immanuel Presbyterian)*
»Ist Arbuckle Beispiel oder Warnung?« *(Westlake Methodist)*

Zu allem Unglück war *Paramount* zu jener Zeit auch noch in andere Skandale verwickelt:
Ermordet aufgefunden wurde *Paramount*-Regisseur William Desmond Taylor.
Die mit Taylor befreundete *Paramount*-Autorin Zelda Crosby beging Selbstmord.

Paramounts damals größtes Matinee-Idol, Wallace Reid, starb heroinsüchtig in einem Sanatorium. Hollywoods Filmgewaltige und nicht zuletzt die der *Paramount* zogen die Konsequenz und schickten, um staatlichen Zensurmaßnahmen zuvorzukommen, nach einem Saubermann, der in Will H. Hays gefunden ward. Hays, amtierender Postminister und mächtiger Königsmacher Präsident Hardings, wurde zum obersten Sittenwächter der neu gegründeten *MPPDA (Motion Picture Producers and Distributors Association of America)*. Schon im Sommer 1922 gab das *Hays Office* eine (schwarze) Liste mit 200 Namen heraus, die wegen Drogenkonsums etc. untragbar geworden waren.

Arbuckle war am 18. April 1922 freigesprochen worden. Ohnehin war eine Anklage auf Vergewaltigung und Mord schon vorher fallengelassen worden; nun stand auch fest, daß es keine fahrlässige Tötung war. Die Geschworenen vertraten einhellig die Auffassung, daß Roscoe großes Unrecht widerfahren sei. Sogleich setzten einige Kinos seine abgesetzten Filme wieder auf den Spielplan. Roscoe: »Sieht ganz so aus, als würde ich ein Comeback als Komiker haben und nicht als Tragöde.« Doch jetzt war es plötzlich Zensor Hays (und damit Adolph Zukor), der ihn mit einem Bann belegte, ihn als Hollywoods Sündenbock für alle anderen Missetaten opferte. Allerdings hatte Roscoe in aller Welt so viele treue Fans, daß man sich im Dezember entschloß, den Bann wieder aufzuheben. Doch hatte man nicht mit jenen bigotten Frauenverbänden gerechnet, die nie Ruhe geben. Und nicht mit jenen erzkonservativen Bürgermeistern von Boston, Detroit, Indianapolis. Und auch nicht mit dem Direktor von Sing-Sing, der erklärte, in seiner Strafanstalt würden keine Arbuckle-Filme gezeigt, da sie einen schlechten Einfluß auf die Gefangenen ausüben könnten. Es war zwecklos. Leinwandauftritte waren für Roscoe einstweilen tabu.

Freilich, Hollywood hatte ein schlechtes Gewissen dabei. Und so schuf Joseph Schenck 1923 eine Firma namens *Reel Comedies Incorporated,* die eigens dazu da war, Arbuckle unter Pseudonym (William B. Goodrich) Zweiakter produzieren und inszenieren zu lassen. Je Film waren Roscoe 20.000 Dollar zugeteilt; davon mußte er alles bestreiten, auch sein eigenes Gehalt (1000 Dollar). In die Firma eingezahlt worden waren knapp 200.000 Dollar. Je 33.000 Dollar davon übernahmen die *Buster*

Obwohl er von der Anklage auf Mord und Vergewaltigung freigesprochen worden war, war seine Karriere abrupt zu Ende

Keaton Productions (Schenck-Brüder), *Metro, Paramount* (Adolph Zukor), *Samuel Goldwyn, Universal* (Carl Laemmle) und *Educational Pictures,* die die Streifen auch vertrieb.
Zwischendurch versuchte es Roscoe wieder mit Vaudeville, zum Beispiel mit Auftritten im Cotton-Club, einem Nachtlokal in Culver City. »Außer seinen Freunden und sensationslüsternen Leuten besuchte niemand seine Vorstellungen. Es war ein trauriges Erlebnis, ihn auf der Bühne zu sehen. Roscoe war gar nicht mehr komisch, er war eher wie ein ausgelaugter alter Schauspie-

ler, der weiß, daß er unten durch ist, und der nur noch auftritt, weil ihm nichts anderes übrigbleibt«, erinnerte sich Buster Keaton an diese schwere Zeit. Keaton schlug Lou Anger, der sein Produktionsmanager geworden war, vor, Roscoe die Regie ihres Films SHERLOCK JUNIOR zu übertragen – aber Arbuckle war so reizbar und ungeduldig geworden, daß die Hauptdarstellerin, Kathryn McGuire, ständig den Tränen nahe war. Jetzt mußte ihn selbst Keaton loswerden. Aber wie? Lou Anger hatte eine Idee – und die führte ausgerechnet zu William Randolph Hearst, dessen Organe Roscoe zur Bestie stilisiert hatten. Hearsts Firma *Cosmopolitan Pictures,* die die Filme seiner Mätresse Marion Davies herstellte, suchte gerade nach einem geeigneten Regisseur für ihr nächstes Projekt, eine Verfilmung der Victor-Herbert-Operette THE RED MILL. Keaton wurde aktiv und sprach die Angelegenheit mit der gutmütigen Marion durch, die ihrerseits W. R. überredete: »Ich glaube, es war von Nutzen, daß Hearst die Lügenmärchen, die seine Zeitungen seinerzeit über Roscoe gebracht hatten, selbst nie geglaubt hatte. Einmal hatte ich ihn sagen hören, er habe, als die Artikel erschienen, mehr Zeitungen verkauft als beim Untergang der ›Lusitania‹.« Roscoe war ganz aufgeregt, als er hörte, daß er für Marion und Hearst arbeiten sollte, und er hat sich wohl große Mühe gegeben. Dennoch wurde THE RED MILL nicht von ihm, sondern von King Vidor zu Ende geführt – nachdem auch Hearst mit Arbuckle unzufrieden geworden war. Danach ging Roscoe mit der Farce BABY MINE auf eine mäßig erfolgreiche Tournee. Später trat er in Paris auf und wurde – ausgebuht. Nicht – so Keaton – des Skandals wegen: »Die Franzosen fanden einfach den einst so beliebten Komiker nicht mehr lustig. Einige Jahre früher war er in Paris derart umjubelt worden, daß er sogar einen Kranz am Grabmal des Unbekannten Soldaten niederlegen durfte.«
Arbuckle war noch zweimal verheiratet. Und er durfte sogar, als Zeichen einer wenigstens kleinen Rehabilitation, wieder unter seinem Namen in einer Serie von *Vitaphone*-Zweiaktern mitwirken, die Sam Sax 1932 bis 33 im Flatbush-Atelier in Brooklyn für *Warner Bros.* produzierte.
Am 25. Juni 1933 erlag er einem Herzschlag, ein gebrochener Mann. Buster Keaton weiß, warum: »Vor Beginn des ersten Prozesses war Roscoe nach Hollywood zurückgekehrt, um hier die Verhandlungen abzuwarten. Zusammen mit seinen engsten

Freunden holte ich ihn am Santa-Fé-Bahnhof in Los Angeles ab. Es kam aber auch ein Mob von 1500 haßerfüllten Männern und Weibern, die ihn am liebsten in Stücke gerissen hätten. Diese

Leute, die den Dicken noch einige Wochen zuvor vergöttert hatten, grölten nun: ›Mörder! Fettes Schwein! Bestie! Entartetes Ungeheuer!‹ Einige hatten ihn hochleben lassen wollen, aber sie wurden überschrien.

Dieses Erlebnis konnte Roscoe nie verwinden. Er konnte nicht vergessen, wie diese Menschen ihn angestiert und verdammt hatten.«

Stone Face: Buster Keaton

Die Gretchenfrage nach dem größten Filmkomiker aller Zeiten – spätestens an dieser Stelle muß sie kommen.

Chaplin? Oder Keaton? Das ist hier die Frage. Lassen wir Keaton zuerst selbst Stellung nehmen. Niemals habe jemand die Menschen so sehr zum Lachen gebracht wie Charlie Chaplin, meint Buster, aber Charlie habe auch Schwierigkeiten gehabt, und die begannen,

> »als er anfing, sich selbst ernst zu nehmen. Das war nach der Herstellung des Films A WOMAN OF PARIS (EINE FRAU AUS PARIS). Die meisten Leute haben das vergessen, aber es war der erste Film, der mit Andeutungen auskam, um eine Idee zu transportieren. (...) Das machte Filmgeschichte. Doch leider verdrehten ihm die Lobeshymnen, die über ihm ausgegossen wurden, den Kopf. Es war sein Unglück, daß er glaubte, was die Kritiker über ihn schrieben. Sie sagten, er sei ein Genie – was ich als letzter bestreiten würde –, doch von da an bemühte sich Charlie Chaplin, der göttliche Clown, wie ein Intellektueller zu handeln, zu reden und zu denken.«

Für Frank Capra dagegen war im nachhinein Keaton der intellektuellste unter den klassischen Filmkomikern (ein echter Intellektueller, kein getürkter wie Chaplin): »Er war nämlich ein Stoiker.«

Kein anderer Komiker habe so viel mit ausdruckslosem Gesicht erreichen können, schrieb James Agee: »Wenn er die Augen bewegte, war es, als bewegten sie sich in einer Statue.«

Es war der Vater, der dem jungen Keaton auf der Bühne das Lachen ausgetrieben hatte: »Wenn mich etwas kitzelte und ich zu grinsen anfing, zischte mein Alter: Gesicht! Gesicht! Das hieß: Mund einfrieren. Je länger ich das aushielt, um so wahrscheinlicher war es, daß mein ausdrucksloses Gesicht oder mein starrer Mund das Gelächter im Publikum noch verdoppelten.« Keaton senior ließ nicht locker, »und in wenigen Jahren war es automatisch«.

Buster Keaton stand auf der Bühne, seit er denken konnte – ein reines, lauteres Kind des Showbusineß. Die Eltern, Joseph

Hallie Keaton (1867–1946) und seine Frau Myra, geb. Cutler (1877–1956), reisten mit der *Mohawk Indian Medicine Company*, als Buster am 4. Oktober 1895 in dem Städtchen Pickway im US-Bundesstaat Kansas das Licht der Welt erblickte. Buster hieß eigentlich Joseph Frank mit Vornamen; der ihm den Spitznamen Buster gab, wurde später als Entfesselungskünstler weltbekannt: Harry Houdini, der damals mit Joe Keaton auf denselben Brettern stand. Mutter Myra hat die Geschichte kurz vor ihrem Tod so wiedergegeben:

»Es war eines späten Morgens in einer Herberge. Wir wohnten im ersten Stock. Plötzlich hörten Joe und ich diesen Lärm. Wir rannten hinaus und – mein Gott! – da lag unser Baby eine Treppe tiefer in einem Haufen Zeugs. Irgendwie hatte er einen Weg aus unserem Zimmer hinaus gefunden und – bums – die Treppe hinunter. Harry Houdini und seine Frau Bessie, die mit in unserer Truppe waren, kamen vor uns bei ihm an. Harry hob das Baby hoch, und das verdatterte Kind begann zu lachen!
Houdini japste und sagte: ›Das war ein ganz schöner Sturz, den dein Baby da gebaut hat.‹ Joe sah ihn an und sagte: ›Also, Buster [Buster = Purzler], es sieht so aus, als habe dir Onkel Harry deinen Namen gegeben.‹ Seither hieß er immer nur Buster.«

Niemand konnte später auf der Leinwand so gut fallen wie Buster; er war ein exzellenter Akrobat und konnte auf die Dienste eines Doubles getrost verzichten.
Showkinder müssen früh ran. Buster machte da keine Ausnahme: »… einem Kind, das hinter der Bühne geboren wurde, schmieren die Eltern Schminke ins Gesicht, sobald es laufen kann … manchmal nur aus Spaß, zum eigenen Vergnügen, oder um zu sehen, ob das Kind schon Publikum verträgt. (…) Mein Vater zog mir ulkige Sachen an, ähnliche wie die, die er selbst trug. Ich hatte also von Anfang an große Hosen und Schuhe. Sie setzten mich ein, als ich ungefähr drei war, zunächst in Matinees. Als ich gerade vier war, sagte ein Theaterbesitzer: ›Wenn ihr ihn in der Abendvorstellung einsetzt, kriegt ihr 10 Dollar mehr‹. (…) Von da an war ich dabei, für 10 Dollar pro Woche. (…) Meine erste bezahlte Woche war also 1899.« Bald waren Die

Buster Keaton: um den Titel »bester Komiker aller Zeiten« der größte Konkurrent Charlie Chaplins

Drei Keatons allerorten eine gefeierte Varieténummer (und natürlich wurden später auch Busters jüngere Geschwister, »Jingles« und Louise, eingebaut). Schwierigkeiten machten nur gewisse Kinderschutzorganisationen, die monierten, daß ein Kind zur Gaudi der Zuschauer zum menschlichen Mop, Spüllappen, Bohnensack oder Fußball degradiert wurde. Buster blieb dabei bis Februar 1917, als sich die Familie trennte: Der alte Keaton, der soff wie ein Loch, war unerträglich geworden; er hatte es sich mit den Managern verdorben, und die Schläge, die er seinem talentierteren Sohn, in seinen Augen ein ernsthafter Rivale, gab, taten jetzt ziemlich weh.

Vielleicht lag ein wenig Protest darin, daß Buster noch im selben Jahr zum Film ging: »Wie die meisten älteren Vaudeville-Schauspieler hätte Pop gelacht, wenn man ihm geweissagt hätte, der ›Flimmerkasten‹, wie er immer noch hieß, werde bald das Vaudeville als beliebteste Volksbelustigung ablösen.« Der auch im Filmgeschäft aktive William Randolph Hearst hatte Joe Keaton wohl mal ein Angebot gemacht – u. a. sollte er den Jiggs in einer Filmreihe nach George McManus' beliebtem Comic Strip BRINGING UP FATHER spielen –, doch der war nicht interessiert gewesen. Buster indessen fand, wie wir gesehen haben, bei Joe Schencks *Comique Film Corporation* den denkbar besten Lehrmeister in Sachen (Film-)Komödie: Roscoe Arbuckle, »Fatty«. Alles in allem 15 rund 20minütige Filme drehte Buster mit Roscoe zwischen 1917 und 1919; ein knappes Jahr verbrachte er in dieser Zeit, allerdings als »Etappenhengst«, in Frankreich. Dann, als Roscoe von der *Paramount* für Langfilme verpflichtet worden war, »erbte« er sozusagen die Kurzfilmproduktion. Joe Schenck und Produktionsmanager Lou Anger richteten Keaton sogar ein kleines Studio ein, in dem eine Zeitlang Chaplin gefilmt hatte, und ließen Buster größtmögliche Freiheit:

»Der größte Vorteil bei der Arbeit in einem kleinen Atelier ist, daß man immer mit denselben Leuten zusammenarbeitet. Der Regisseur, zwei Autoren und ich heckten die Geschichte aus. Aber die anderen – der Requisiteur, der Aufnahmeleiter, der die Drehorte ausfindig machte, die beiden Kameramänner und der Cutter – waren stets dabei.

Dank dieser Arbeitsweise wußte jeder Mitwirkende, was von seiner Abteilung verlangt wurde, so daß es die unglaubliche Verschwendung an Zeit, Energie und Geld, die später in den großen Ateliers um sich griff, bei uns nicht gab.

Übrigens, zwei Kameramänner waren notwendig, weil wir damals mit zwei nebeneinanderstehenden Kameras drehten. Die eine erstellte das Negativ für den amerikanischen Markt, die andere das für den ausländischen. Nachdem die erste Kopie für Amerika geschnitten, montiert, mit Zwischentiteln versehen und vorbesichtigt worden war, wurde der für Europa bestimmte Film dementsprechend behandelt und nach Europa versandt, wo Haupt- und Zwischentitel in die jeweilige Sprache übersetzt wurden.

Sogar bei den Kurzfilmen gingen wir von der Theorie aus, daß die Handlung stets das Wichtigste war. Aber etwas fiel bei den Stummfilmkomödien unter den Tisch: das Drehbuch. Andererseits erlaubte ich den Drehbeginn nie, bevor ich nicht ein befriedigendes Ende der Geschichte im Kopf hatte. Der Anfang war leicht, der mittlere Teil ergab sich von selbst, und ich wußte, ich konnte sicher sein, daß meinen Autoren und mir selbst während der Dreharbeit irgendwelche Gags einfallen würden. (...)

Einer der Gründe, warum ich extravagantes Lob nie ernst nahm, war die Tatsache, daß weder ich noch mein Regisseur und meine Gagmänner Schriftsteller in literarischem Sinne waren. Meine meistbeschäftigten Autoren waren Clyde Bruckman, Joe Mitchell und Jean Havez. Sie schrieben nichts anderes als Gags, Vaudeville-Sketche und Lieder. Ich glaube

Niemand konnte so gut gefallen wie Buster Keaton; Doubles brauchte er nicht

nicht, daß irgendeiner von ihnen jemals einen Roman, eine Erzählung oder gar einen Artikel für eine Fan-Zeitschrift mit dem Titel WIE MAN FILMGAGS SCHREIBT verfaßt hat. Sie waren keine wortgewaltigen Männer. Das brauchten sie auch nicht zu sein. Die einzigen Worte, die wir benötigten, waren die für den Vorspann und die Zwischentitel. Je weniger Zwischentitel wir benutzten, desto besser war es für den Film. Die Zuschauer lachten über das, was sie auf der Leinwand geschehen *sahen*. Unsere Gags dienten dazu, die Absurdität der Dinge, die Handlungs- und Verhaltensweise der Menschen und die irrwitzige Lage zum Ausdruck zu bringen, in die die Filmgestalten gerieten und aus der sie sich befreien mußten.«

Auszüge aus einem Interview mit Busters bevorzugtem Gagschmied Clyde Bruckman:

»Wir waren eine große glückliche Familie. Man kann so was nicht verstehen, wenn man es nicht erlebt hat. In so einer Konstellation sind Gags überhaupt kein Problem. Man fühlt sich ganz einfach wohl. Der Verstand arbeitet frei von Zwängen. Ich war bei Buster zu Hause oder er bei mir, manchmal vier oder fünf Abende die Woche, und wir hatten unseren Spaß. Dann, ab Mitternacht, verzogen wir uns in die Küche, setzten uns auf die Anrichte, aßen Hamburger und brüteten über Gags bis drei Uhr früh. Und wie wir brüteten! (...) Auch wenn er im Vorspann nur selten als Autor genannt wurde, so kann ich versichern – und Jean Havez könnte es bestätigen, würde er noch leben –, daß diese wunderbaren Stories zu neunzig Prozent von Buster kamen. Ich habe mich oft geschämt, Geld dafür zu nehmen. (...) Vom rein kreativen Standpunkt waren wir *alle* überbezahlt. Er war auch immer der heimliche Regisseur – Eddie Cline [der offiziell Regie führte] hätte Ihnen das sagen können. Aus Keaton hätte ein Top-Regisseur werden können – ganz gleich welches Filmgenre, kurz oder lang, hoch oder niedrig, traurig oder komisch oder beides –, wenn Hollywood nicht zu seinem Fall beigetragen hätte, um dann zu sagen: Guckt mal, wie tief der Keaton gefallen ist!«

Komiker, Gagschmied, Autor, Regisseur – Bruckman verweist auch noch auf die mechanische Erfindungsgabe seines einstigen Chefs und auf seinen gekonnten Umgang mit der Kamera:

104

»In THE PLAYHOUSE trieb er die Möglichkeiten der Mehrfachbelichtung auf die Spitze. Spielte er eine ganze Minstrel Show alleine – neun Busters agierten in schwarzer Maske auf einer Bühne. Jede Bewegung, jedes Lied und jeder Tanzschrift im Gleichklang. Das bedeutete, daß das Objektiv in neun gleichmäßige Felder auf einen zehntausendstel Zentimeter genau aufgeteilt werden mußte.

›Das geht nicht‹, sagte Lessley, der Kameramann.

›Sicher geht es‹, sagte Buster. ›Wir benutzen kein Klebeband.‹

Er baute einen lichtundurchlässigen schwarzen Kasten von etwa 30 Zentimetern Höhe, Breite und Tiefe. Die Kamerakurbel kam durch einen isolierten Spalt an der Seite heraus. Das Wichtigste war vorne: neun Verschlüsse von links nach rechts, so dicht angepaßt, daß man hätte unter Wasser arbeiten können. Man öffnete jeweils eine Klappe, drehte, schloß sie wieder, kurbelte zurück, öffnete die nächste, drehte das Pendant, und so weiter.«

Niemand in Hollywood habe jemals probiert, diese extreme Trickaufnahme zu kopieren. Buster wußte auch, warum: »Für Elgin Lessley an der Kamera war es wirklich ungeheuer schwer. Er mußte den Film achtmal zurückspulen und dann neu durchlaufen lassen. Er mußte exakt in derselben Geschwindigkeit kurbeln, mit der Hand, bei jeder Teilbelichtung. Versuchen Sie das mal gelegentlich. Bei der geringsten Abweichung, ganz gleich, wie gut ich mein Spiel getimt hätte, wäre die Bildkomposition nicht mehr synchron gewesen. Aber Elgin genoß mit Recht hohes Ansehen in den Studios. Er war ein menschliches Metronom.«

Allein schon der im PLAYHOUSE offerierte Programmzettel ist köstlich (siehe nächste Seite).

Mit THE PLAYHOUSE (1921) wollte Buster Tom Inces selbstgefällige Angewohnheit, sich selbst im Vorspann seiner Filme möglichst häufig zu nennen, ad absurdum führen – Story von Thomas H. Ince, Regie: Thomas H. Ince, Produzent: Thomas H. Ince usw.: »Thomas H. war meine Ince-spiration.« In THE FROZEN NORTH (1922) nahm er Westernstar William S. Hart, der in der Arbuckle-Affäre ein ziemlich niederträchtiges Statement gegen »Fatty« vom Stapel gelassen hatte, auf die Schippe:

»In dem Film kommt ein Gag vor, der Bill Hart fuchsteufels-
wild machte, als er ihn sah. In dieser Szene kehre ich nach
Hause zurück und erblicke ein Paar in inniger Umarmung. Ich
kann die Gesichter zwar nicht sehen, bin jedoch überzeugt,

KEATON'S OPERA HOUSE
*** Program ***
BUSTER KEATON PRESENTS
BUSTER KEATON'S MINSTRELS

Interlocutor	BUSTER KEATON
Bones	BUSTER KEATON
Sambo	BUSTER KEATON
Tenor Solo	BUSTER KEATON
Asleep in the Deep	BUSTER KEATON
Comic Effusion	BUSTER KEATON
Song and Dance	BUSTER KEATON
Quartette	BUSTER KEATON
Clarionette Solo	BUSTER KEATON
Finale	BUSTER KEATON

Staff For Buster Keaton

Manager	BUSTER KEATON
Stage Director	BUSTER KEATON
Musical Director	BUSTER KEATON
Electrician	BUSTER KEATON
Property Man	BUSTER KEATON
Theatre Transportation	BUSTER KEATON
Advance Agent	BUSTER KEATON
Dances Arranged by	BUSTER KEATON
Special Instructor	BUSTER KEATON
Original Songs & Music by	BUSTER KEATON
Scenery Painted by	BUSTER KEATON
Mechanical Effects by	BUSTER KEATON
Marches Arranged by	BUSTER KEATON
Tableaux by	BUSTER KEATON

******

daß es meine Frau mit einem Liebhaber ist. Ich werde blaß, bin zuerst verwundert, dann am Boden zerstört. Große Glyzerintränen kullern über mein Gesicht. Es ist, als ob ich zu mir selbst sage: ›Der bessere Mann hat eben gesiegt.‹ Ich zucke mit den Schultern und wende mich enttäuscht zum Gehen.

Ja, ich wende mich zum Gehen. Doch in der Tür blicke ich nochmals zurück, und da sehe ich, daß die beiden sich küssen. Das ist selbst für mich armselige Kreatur unerträglich. Ich ziehe meine Pistolen und schieße sie nieder wie räudige Hunde. Aber sie brechen nicht wie Hunde zusammen. Sie stehen auf, drehen sich um sich selbst und plumpsen dann tot zu Boden.

Im ganzen Bewußtsein meiner Macht stolziere ich selbstherrlich auf sie zu. Ungerührt betrachte ich den Fremden, der meine Ehe zerstört hat, und versetze ihm einen Tritt. Ich will auch meiner Frau einen Tritt versetzen, da sehe ich ihr Gesicht. Es ist gar nicht meine Frau. Es ist eine andere, die ich noch nie zuvor gesehen habe.

Ein Zwischentitel erscheint auf der Leinwand: ›Mein Gott, ich bin im falschen Haus!‹«

Inzwischen war Keaton noch näher an seinen Produzenten gerückt. Seit er am 31. Mai 1921 eine der Talmadge-Schwestern, Natalie, geheiratet hatte, war er mit Joe Schenck, dem Ehemann von Norma Talmadge, verschwägert. Buster und Natalie liebten einander. Doch leider wachte die gestrenge Schwiegermutter über die Ehe wie eine Glucke. In Busters Gegenwart hatte Frau Talmadge einmal sogar erklärt, sie werde keiner ihrer drei Töchter erlauben, einen Schauspieler zu heiraten, unter keinen Umständen. Keaton war erstaunt: »Aber Peg, du hattest doch nichts dagegen, als Natalie mich heiratete« – worauf sich Peg Talmadges Lippen zu einem Grinsen verformten: »Du bist kein Schauspieler, du bist ein Komiker.« Und leider sah Natalie ihre ehelichen Pflichten erfüllt, als sie zwei Söhne zur Welt gebracht hatte, James (* 1922) und Robert (* 1924). Bald bestand die Ehe nur noch auf dem Papier, und 1932 wurde sie geschieden.

Damals jedoch ging es noch aufwärts. Abgesichert durch eine Verleihgarantie von Marcus Loew *(Metro)*, begann Schenck 1923 mit der Produktion von langen Keaton-Filmen – sieht man einmal davon ab, daß er Buster vorher schon einmal, 1920, an

›*Our Hospitality*‹

Loew ausgeliehen hatte für eine Rolle in dem Spielfilm THE
SAPHEAD, aber das war ja kein »richtiger« Keaton gewesen.
Eröffnet wurde der Reigen durch THE THREE AGES. »Erinnert
ihr euch noch an GERTIE DEN DINOSAURIER?« hatte Buster seine
Mitarbeiter gefragt. »Das war die erste Zeichenfilmkomödie.
Ich hab sie in einem Nickelodeon gesehen, als ich vierzehn war.
Genauso machen wir meinen ersten Auftritt: ich werde auf
einem animierten Brontosaurus hereinreiten.« Eine Episode der
DREI ZEITALTER sollte nämlich in der Steinzeit spielen, die zwei
anderen jeweils im alten Rom und in Amerika von 1923. Offen-
kundig ist das Griffithsche Gestaltungsprinzip von INTOLERANCE.

Es folgten:

OUR HOSPITALITY (1923)
Die Gastfreundschaft – so Werner Schwier –, die diesem Film
den Titel gab, erweist sich für unseren Helden wider Willen als
äußerst tückisch. Es ist des liebenswerten Landes Brauch, daß

der Fremdling nur so lange vor Gefahr für Leib und Leben sicher ist, wie er sich innerhalb eines Hauses befindet. Sobald er das schützende Heim seines Gastgebers verläßt, hat dieser das Recht, ihn zu töten. Das ist die ideale Ausgangssituation für eine Keaton-Groteske, denn Buster paßt sich der widersinnigen Tradition sofort in nahezu vollendeter Weise an. Er klammert sich an jeden nur denkbaren Gegenstand, um zu vermeiden, daß sein blutrünstiger Gastgeber ihn zuerst aus dem Haus hinauswerfen und dann umbringen kann. Buster ist in seinem Element: im unverzagten Kampf mit den menschlichen und gesellschaftlichen Widrigkeiten unseres Lebens.

SHERLOCK, JR. (1924)
Der verliebte Filmvorführer Buster Keaton, der gern ein berühmter Detektiv geworden wäre, träumt sich in die Kriminalhandlung, die sich auf der Leinwand abspult.

THE NAVIGATOR (1924)
Fred Gabourie, seit er 1922 für Keatons Kurzfilm THE ELECTRIC HOUSE ein neues vollelektrisches Heim gezimmert hatte (ein erster Versuch ohne Gabourie hatte Keaton nach einem Unfall im Atelier für eine ganze Zeit aufs Krankenlager geworfen), der technische Leiter der Produktion – dieser tüchtige Gabourie hatte einen Ozeandampfer aufgetan, den man gerade ausschlachten wollte: die SS Buford. Für 25.000 Dollar kam der Kahn zum Film. Aber: »Was können wir mit einem Ozeandampfer machen?« Sagt einer: »Wir könnten ein Totenschiff daraus machen. Kein Licht an Bord. Kein fließendes Wasser. Es treibt dahin.«
Einen der schönsten Gags in diesem Film mußte Buster allerdings im nachhinein rausschneiden: Als der Kahn abzusaufen droht, steigt er in einen Taucheranzug, um den Schaden zu beheben. Zwischendurch betätigt er sich, einen Seestern an der Brust, als eine Art Unterwasserverkehrspolizist, der den Fisch-»Verkehr« regelt. Als isolierte Sequenz erntete der Einfall zwar viel Beifall, aber im Rahmen des Films wollte sich dabei kein Vergnügen einstellen, weil derweil an Bord des Schiffes Busters Mädel der Rettung harrte. In einer brenzligen Situation ist eben keine Zeit für Gags.

SEVEN CHANCES (1925)

Um sich ein Millionenerbe zu sichern – einzige Bedingung: er muß zu einer vereinbarten Zeit verheiratet sein –, sucht Buster per Zeitungsannonce eine Braut. Urplötzlich tauchen ganze Schwärme von Frauen auf, Buster ergreift die Flucht und schaltet die wilde Horde mittels Steinschlag aus: »Gabourie fertigte hundertfünfzig Felsbrocken aus Pappmaché von der Größe eines Baseballs bis zu einem Brocken von zweieinhalb Meter Durchmesser. Wir fanden einen längeren Abhang, und Gabourie verteilte die Steine, so daß sie sich in der richtigen Reihenfolge lösten ...«

GO WEST (1925)

Eine neue Version der Fabel von Androkles und dem Löwen: Buster hilft einer Kuh, die sich einen spitzen Stein in den Huf getreten hat, worauf ihm Brown Eyes auf Schritt und Tritt folgt.

BATTLING BUTLER (1926)

Buster als Boxer wider Willen.

Aus heutiger Sicht einer der beliebtesten amerikanischen Stummfilme und auf jeden Fall Buster Keatons Meisterwerk war THE GENERAL.

Es war Clyde Bruckman, der Buster auf die Erinnerungen eines William Pittenger aufmerksam machte, die 1868 unter dem Titel DARING AND SUFFERING: A HISTORY OF THE GREAT RAILWAY ADVENTURE erschienen waren und nach 1893 als THE GREAT LOCOMOTIVE CHASE bekannt wurden. Es geht um eine Gruppe Nordstaatler, die, in Südstaatenzivil gekleidet, während des Sezessionskriegs einen Zug des Gegners entführten: »Anläßlich der Fahrt mit der gestohlenen Lok wollten sie Telegraphenverbindungen unterbrechen, Brücken brandschatzen und genug Schienenstrang aufreißen, um den Nachschub der Südstaatenarmee zu sabotieren.« Doch das kühne Kommandounternehmen endete tragisch: Unterstützt von Konföderierten Truppen, brachte der erzürnte Lokführer den Zug wieder in seinen Besitz. James J. Andrews und weitere sieben Saboteure wurden gehängt; die anderen, unter ihnen auch Pittenger, landeten im Gefängnis. Buster war begeistert: »Der Film wird eine einzige Jagd.

›The Battling Butler‹

Das reicht.« Er schilderte das Unternehmen aus der Perspektive des sympathischen Südstaaten-Lokführers Johnnie Gray, der mit einem zweiten Zug die Verfolgung seines entführten »General« (so der Name der Lokomotive) aufnimmt. Als Location hatte Fred Gabourie das Gelände um Cottage Grove in Oregon ausgekundschaftet, wo es jede Menge schmalspurigen Schienenstrang gab und wo drei alte Lokomotiven für die Filmarbeiten umgebaut wurden, die von Juni bis Juli 1926 dauerten. 500 Statisten, allesamt von der Oregon-Nationalgarde, wurden rekrutiert (und durften sogar einen unbeabsichtigt »hinter den Kulissen« ausgebrochenen Brand löschen), dazu 125 Pferde. Dementsprechend teuer, für damalige Verhältnisse, wurde THE GENERAL: 415.232 Dollar – was bedeutete, daß der Film wenigstens doppelt soviel einspielen mußte, um Gewinn zu verbuchen, doch in den Staaten kamen nur 474.264 Dollar herein und DER GENERAL aus den roten Zahlen nicht heraus. (30 Jahre später drehte Walt Disney übrigens ein Remake in Farbe, mit Fess Parker und Jeffrey Hunter.)

Noch zwei weitere Filme drehte Buster für Joe Schenck, der mittlerweile Präsident des *United Artists*-Verleihs geworden war (der den GENERAL am 5. Februar 1927 startete): die SPORTFARCE COLLEGE (1927), unter den stummen Langen sein schwächster Beitrag, und das Mississippi-Schaufelraddampfer-Drama STEAMBOAT BILL, JR. (1928). Nach dem relativen Mißerfolg auch dieser beiden Streifen war es aus mit der künstlerischen und geschäftlichen Freiheit. Joe lieferte Buster kurzerhand an die mächtige *Metro-Goldwyn-Mayer* aus, in deren Muttergesellschaft *(Loew's Inc.)* nach dem Tod von Marcus Loew Bruder Nick Schenck am Ruder saß. In der *Buster Keaton Productions, Inc.* hatte nämlich nicht Buster das Sagen (er war nur Angestellter), sondern die Schenck-Brüder und Nicks Ehefrau Pansy sowie die zwei Söhne von Marcus Loew, der Komponist Irving Berlin, die *North American Realty Corporation,* des weiteren ein paar Freunde und leitende Mitarbeiter wie Lou Anger.

Der Vertrag mit dem Moloch *MGM* sollte Buster zwar viel Geld bringen, aber Chaplin warnte seinen Kollegen (und Konkurrenten), die Folgen zu bedenken: »Laß dich nicht überreden, Buster ... Jeder wird dir dreinreden wollen. Es ist ganz einfach die Geschichte mit den zu vielen Köchen.«

Der erste Film, den Buster für *MGM* machte, ein Stummfilm mit dem Titel THE CAMERAMAN (1928), war, allen Unkenrufen zum Trotz, ausgezeichnet, ein großartiger Erfolg. Unter der Regie des gemütlichen, dicken Edward Martin Sedgwick jun., der als Kind wie Buster in einer Familiennummer aufgetreten war (Die Fünf Sedgwicks), spielte Keaton einen Straßenfotografen, der sich in eine hübsche Sekretärin der *Hearst International Newsreel* verliebt und, um ihr zu imponieren, auf Wochenschaukameramann umsatteln will. Das geht jedoch nicht ohne Komplikationen ab: Da fährt ein Schlachtschiff plötzlich in Doppelbelichtung die Fifth Avenue hinauf, und die New Yorker Polizeiparade marschiert statt dessen geradenwegs in den Hudson. Auch geht Buster dazu über, Ereignisse für seine Kamera nachzuinszenieren, provoziert streitende Parteien und drückt Kämpfenden Waffen in die Hand. Aber schon bei der Ausarbeitung dieser Geschichte gab es erste Erfahrungen mit den Köchen, die in Gestalt von *MGM*-Schreibern scharenweise über Buster herfielen:

>Die meisten dieser Männer waren gute Schriftsteller und einfallsreiche Erfinder von Geschichten. Das war das Übel. Sie waren allzu einfallsreich, und jeder wollte einen Beitrag leisten. Alles in allem waren es zweiundzwanzig hilfsbereite Dramaturgen. Sie komplizierten unsere schlichte Handlung mit allem, was sie nur ersinnen konnten – mit Gangstern, Heilsarmee-Chören, korrupten Politikern, Hafenarbeitern und Juwelendiebinnen.

>The General< gilt heute allgemein als Buster Keatons Meisterwerk

Es waren aber nicht nur die zweiundzwanzig Schreiberlinge, die es sich in den Kopf gesetzt hatten, uns zu helfen. Auch die Direktoren und großen Tiere des Studios wurden über Nacht Gagmänner und trugen nach Kräften zur Verwirrung bei. Bei so vielem Gerede und so vielen Köpfen am Werk begann ich zum erstenmal, das Vertrauen in meine eigenen Einfälle zu verlieren.«

Bei seiner Einstellung hatte man ihm überdies versichert, »man werde sich alle Mühe geben, mich, wenn möglich, mit meiner Mannschaft weiterarbeiten zu lassen. Wie sich aber herausstellte, war das selten möglich. Wenn ich meine Leute brauchte, hatte der eine bei einem Norma-Shearer-Film zu tun, der andere bei einem Lon-Chaney-Film und so weiter. *MGM* stahl mir sogar meinen Techniker Fred Gabourie, nachdem ich dort meinen ersten Film gemacht hatte. Binnen kurzem war er Leiter der ganzen technischen Abteilung, und diese Stellung behielt er bis zu seinem Tod.«

Die gepriesene, auf Buster geeichte Familie war nicht mehr, Keaton nur noch ein Rädchen im *MGM*-Getriebe. Und obwohl ihm Irving Thalberg, *MGM*s junger Produktionschef, stets seine Sympathie bekundete und ihm das Gefühl gab, sein besonderer Liebling zu sein, tat er wenig, dem entwurzelten Komiker Rückendeckung zu geben. Statt dessen bewies er einen ausgeprägten Sinn für Nepotismus und ernannte seinen frischgebackenen Schwager Lawrence Weingarten, der so gar keine Antenne für Slapstick-Humor hatte, zum Produzenten der künftigen Keaton-Filme. »Da war ich also – auf der Spitze der Welt«, sinnierte Keaton, »und auf einem Rodelschlitten.«
Nach einem weiteren Stummfilm (SPITE MARRIAGE) gab Buster sein Tonfilmdebüt in *MGM*s »All Star«-HOLLYWOOD REVUE OF 1929 (deutsche Fassung unter dem Titel WIR SCHALTEN UM AUF HOLLYWOOD) – bezeichnenderweise in einem stummen Part. Als der »berühmte Herr Keaton« später, während einer Europareise in Berlin, auf die neuen Tonfilme angesprochen wurde, erwiderte er, dazu habe er nichts zu sagen: »Die Amerikaner wollten sie eben.« Er selbst gebe weiterhin der Pantomime den Vorzug. Mit einer solchen Auffassung konnte er bei *MGM* inzwischen freilich keinen Blumentopf mehr gewinnen, und so wurde in den

Filmen des »neuen« Buster getalkt, daß sich die Bretter bogen. Mit FREE AND EASY (Arbeitstitel: ON THE SET) offerierte *Metro* 1930 einen Werbefilm in eigener Sache: Buster, Garagenbesitzer aus Indiana und Leiter eines Schönheitswettbewerbs, begleitet die Siegerin, Miß Gopher City, und ihre Mutter in die Filmmetropole und stiftet in den geheiligten Filmhallen von Culver City ein bescheidenes Durcheinander. Mittendrin gewahrt man Persönlichkeiten wie Cecil B. DeMille, den Regisseur von BEN-HUR, Fred Niblo, außerdem William Haines und Lionel Barrymore. Souverän drehte Keaton Versionen für den ausländischen Markt. FREE AND EASY wurde in unserer Muttersprache zu BUSTER RUTSCHT INS FILMLAND. Es folgten DOUGHBOYS (1930), PARLOR, BEDROOM AND BATH und SIDEWALKS OF NEW YORK (beide 1931). Siegfried Kracauer (FRANKFURTER ZEITUNG) war entsetzt: »Das ist nicht jener Buster Keaton mehr, den wir alle kennen, der Bursche mit dem verständnislosen, starren Gesicht, das durch seinen unentwegten Ernst den angemaßten der Umwelt bloßstellt; das ist ein Spaßmacher ohne besondere Mission, ein Akteur, der sich von seinen Gegenspielern grundsätzlich nicht unterscheidet. Er macht gewiß verschiedene Anstrengungen, um auch sprachlich auszudrücken, was er mimisch sagte; aber ihr einziger Erfolg ist, daß er sich nur desto tiefer in die Welt verstrickt, der er vorher fremd gegenüberstand.«

Dummerweise waren alle diese Filme relativ erfolgreich, erfolgreicher auf jeden Fall als manche von Keatons Stummfilmen, und selbst die pietätlose Rechnung, ihn mit dem kolbennasigen Jimmy Durante (1893−1980) zu koppeln, schien dreimal aufzugehen: THE PASSIONATE PLUMBER (1932), SPEAK EASILY (1932) und, der schlimmste von allen, WHAT! NO BEER? (1933). »Schnozzola«, so Durantes Spitzname, war früher in Nachtclubs aufgetreten, sein lauter, polternder Stil paßte überhaupt nicht zum leisen Buster: »Durante ist einfach nicht in der Lage, seinen Schnabel zu halten. Er schnattert, gleich was passiert, drauflos. Anders kann er nicht. Louis B. Mayer gefiel er sehr gut; konnte durchaus sein, daß man ihn als meinen Nachfolger im Auge hatte, ich weiß nicht ...«

Wahr ist, daß Durante ein Favorit des Studiopatriarchen L. B. Mayer war, seinerseits schon seit einiger Zeit ein Thalberg-Rivale, und wahr ist, daß es in Keaton's Kennel, Busters Bungalow auf dem Ateliergelände, manchmal hoch herging. Anfang Fe-

bruar 1931 zum Beispiel zierte folgende Schlagzeile die Klatsch-
spalten im ganzen Land:

> »EX-FILMSCHÖNHEIT ZERKRATZT
> KEATON, FILMCLOWN, DAS GESICHT
> Kathleen Key zertrümmerte seine
> Garderobe, als er sich weigerte,
> ihr $ 20.000 zu zahlen«

Fräulein Keys Karriere habe unter zunehmenden Gewichtspro-
blemen gelitten, erzählte Buster den Reportern. Er habe sie zum
Abnehmen ermutigt, und schließlich habe sie 500 Dollar verwet-
tet, daß sie 20 Pfund in zehn Tagen abnehmen könne. Sie verlor
die Wette, nahm nur sechs Pfund ab, aber Buster war trotzdem
bereit, ihr die 500 zu zahlen. Doch plötzlich tauchte sie in seinem
Bungalow auf und wollte 20.000 haben. Das brachte Buster in
Rage, und er zerriß einen vorbereiteten Scheck – worauf das
Mädchen hysterisch wurde, ihn anfiel und sein Gesicht zer-
kratzte. Dann war das Mobiliar an der Reihe. »Aber als die Lady
eine lange Schere nahm und damit auf mich losging, mußte ich
ihr aus Gründen der Selbstverteidigung in die Fresse hauen.«
Auch zwei Polizisten blieben nicht verschont: Dem einen trat
Kathy in die Genitalien, der andere durfte mit einem blauen
Auge von dannen ziehen. Am nächsten Tag behauptete sie, daß
ihr Kiefer gebrochen sei, und drohte, Buster wie auch *MGM* zu
verklagen. Die Firmenleitung entschied sich, sich mit 10.000
Dollar zu bedanken unter der Bedingung, daß sie den Mund
hielt und die Stadt verließ. Aus wessen Tasche die Summe bezahlt wurde, aus Busters oder *Metros,* ist unklar.
Gebechert wurde in Keaton's Kennel auch ganz ordentlich.
Buster war Alkoholiker geworden: »Ich trank immer mehr, bis
ich mir mehr als eine Flasche Whisky pro Tag durch die Kehle
rinnen ließ. Mich in den Schlaf zu trinken, wurde eine Gewohn-
heit, und meine Wochenenden wurden verlorene Wochenenden.« Nachdem sich sein (vermeintlicher) Förderer Thalberg
nach einem Herzinfarkt von der Studioleitung hatte beurlauben
lassen (er starb 1936, im Alter von 37 Jahren), nutzte Mayer die
Gelegenheit, Buster zu feuern. Das war am 2. Februar 1933.
Mayer figurierte für Keaton fortan nur noch als »dieser lausige
Looey B. Mayer« (loo, engl. = Abort) oder kurz »Mayer, das
Arschloch«.

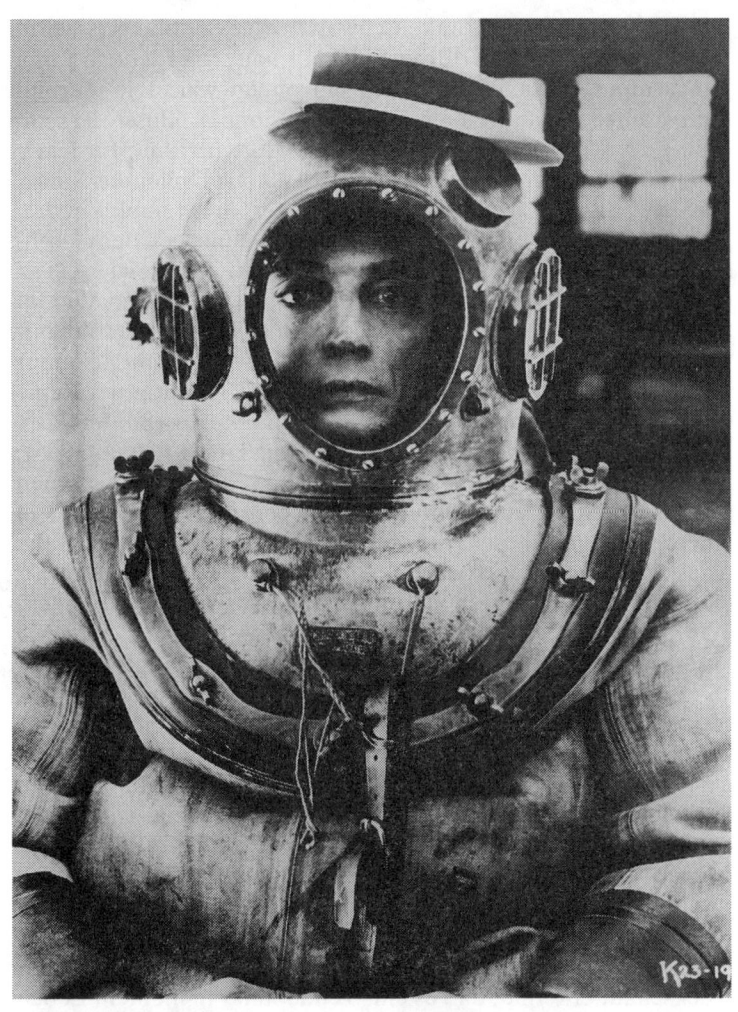

›The Navigator‹

Die Zeit von 1933 bis 1935 war für Buster die unangenehmste seines Lebens. Bald war er ein schlimmer Fall von Delirium tremens: »Ich weiß eigentlich nicht, wieso ich von einem schlimmen Fall spreche, denn ich habe noch nie von einem gutartigen Delirium tremens gehört.« In zweiter Ehe hatte er die auf Alkoholkranke spezialisierte Krankenschwester Mae Scribbens geheiratet, die vor ihm Joe E. Brown betreut hatte, der jedoch ihren Umgarnungsversuchen glücklich entronnen war. Die Verbindung währte nur anderthalb Jahre. Um (doppelt) flüssig zu sein, drehte er, wie ehedem Roscoe Arbuckle, Kurzfilme für Earle Hammons und *Educational Pictures* zu 20.000 Dollar das Stück, wovon er als Star 5000 erhielt – Zweiakter, meist lieblos in drei Tagen heruntergekurbelt. Bis zum Zusammenbruch der Gesellschaft 1937 entstanden 16 dieser Streifen, mit Titeln wie ALLEZ OOP, TIMID YOUNG MAN (Regie: Mack Sennett) und GRAND SLAM OPERA. Dazwischen absolvierte Buster zwei Spielfilmauftritte im Ausland: In Paris drehte er für die *Nero-Film* Seymour Nebenzahls LE ROI DES CHAMPS-ÉLYSÉES (1934) unter der Regie der beiden Emigranten Max Nosseck und Robert Siodmak, in London für den Produzenten Sam Spiegel THE INVADER (1936), mit Adrian Brunel als Regisseur. Als dann die amerikanischen Zeitungen damit aufmachten, Buster sei, in Zwangsjacke, in einem Trinkerasyl gelandet, fing er sich endlich und blieb die nächsten paar Jahre »trocken«. Ab 1939 machte er Kurzfilme für die *Columbia,* zum großen Teil nach Skripts von Clyde Bruckman. Gelegentlich spielte er kleine Rollen in Spielfilmen wie HOLLYWOOD CAVALCADE und LI'L ABNER. Seine Haupteinkünfte ab 1937 bezog er jedoch wieder von *MGM* – allerdings nicht vor, sondern hinter der Kamera. Einer Gruppe von Leuten, die es gut mit ihm meinten (Eddie Mannix, Ed Sedgwick, Chuck Reisner, Jack Conway, Robert Z. Leonard), war es gelungen, ihn dort still und leise als Gagman zu installieren, für ein Anfangsgehalt von 200, dann 300 Dollar die Woche. Schließlich lernte er beim Bridgespiel die bezaubernde Eleanor Norris kennen, die ironischerweise in der Nähe seines alten Studios aufgewachsen war. Die beiden heirateten am 22. Mai 1940. Buster: »So viele gute Dinge widerfuhren mir im Jahr 1940, daß ich jetzt, in der Rückschau, erkenne, daß es ein Wendepunkt in meinem Leben war, von dem an es wieder aufwärts ging. Ich begann übrigens wieder zu trinken, was natürlich nicht zu den guten Dingen gehörte. Vor einiger Zeit hatten mir meine Freunde versichert, daß Bier ganz unschädlich sei. Das glaubt man sofort, wenn man so gern Bier trinkt wie ich. Das Dumme beim Biertrinken aber ist, daß es nur eines kleinen Schrittes bedarf, und schon ist man wieder beim Whisky.«

Bei *MGM*, wo Keaton, mit Unterbrechungen, bis 1950 war, entstanden Gags für Filme wie Too Hot to Handle (mit Clark Gable), At the Circus (mit den Marx Brothers – obwohl Groucho für Buster ebensowenig übrig hatte wie Buster für ihn), Nothing but Trouble (Laurel und Hardy). Im Rahmen von Esther Williams' Bathing Beauty begann seine Verbindung mit dem Komiker Red Skelton, für den er noch an Merton of the

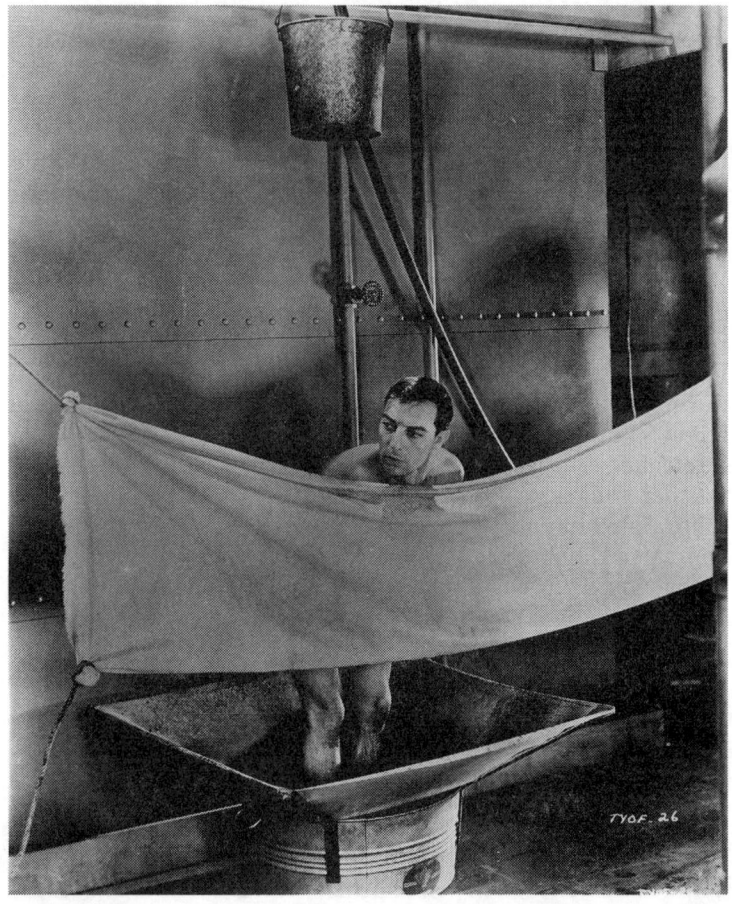

Buster Keaton: garantiert über den Verdacht erhaben, eine Badeschönheit zu sein.

Movies, A Southern Yankee, Neptune's Daughter, Watch the Birdie und Excuse My Dust wirkte. Lewis Jacobs erinnert sich Busters in dieser Zeit als einer »traurigen und einsamen Figur, die in eine Schreibzelle gesperrt war. Den lieben langen Tag saß er da, klimperte auf einer Ukulele und sang immer wieder ein trauriges kleines Lied: If you're through, say you're through.« Er sei eines der Skelette in *MGMs* Wandschrank gewesen: »Die älteren Autoren meinten, Buster Keaton habe *Metro* in den kritischen Tagen gerettet, er habe Millionen gemacht für sie. Es war Glamour, was *Metro* verkaufte, eine Straßendirne in Unterwäsche aus Hundert-Dollar-Noten. Eine grausamere Industrie gibt es nicht, und die grausamste Company war *Metro-Goldwyn-Mayer.*«

Oft traf sich Buster in seinem Büro mit Ed Sedgwick und Lucille Ball, zwei anderen, mit denen *MGM* nicht mehr viel anzufangen wußte, und gemeinsam tüftelten sie brillante Gimmicks aus, über die sogar Popular Mechanics berichtete. Da gab es einen Zigarettenanzünder, 60 Zentimeter hoch, mit einem Aufzug, der einen Stahlball nach oben beförderte, welcher auf einer Spirale wieder herunterrollte und den Anzünder auslöste, der die Form einer Kanone hatte. Gleichzeitig wurde oben auf dem Turm das Sternenbanner gehißt, und eine Spielzeugpistole schoß Salut. Für den Fall eines Falles war bereits eine Schachtel Streichhölzer ausgefahren worden. Größer und aufwendiger war der vollautomatische Nußknacker, der fast das halbe Büro füllte. Ein 90-Zentimeter-Kran beförderte jeweils eine Nuß, die von einer Ramme geknackt wurde. Dazwischen passierte jede Menge mechanischer Schwachsinn. Alle kamen, um ihn zu sehen. Höhepunkt war der Stabjalousienlüpfer. Auf eine weitläufige mechanische Exposition folgte eine Explosion von Ereignissen, die binnen einer Minute abrollten: Während die Jalousien hochflogen, spielte ein Phonograph, der hinter dem Sofa versteckt war, John Philip Sousas Hail to the Chief – und eine Pistole feuerte eine Platzpatrone auf ein großes Porträt von L. B. Mayer. Mayer nahm die Erfindung persönlich in Augenschein – und beaufsichtigte einen Tag später ihren Abbau.

In Europa hatte man Buster dagegen nicht vergessen. Ab 1946 konnte er einen großen persönlichen Erfolg verbuchen mit Live-Auftritten im Cirque Médrano in Paris. Edmund Wilson erlebte ihn anläßlich eines solchen Auftritts im Februar 1954 und war in seiner Ansicht von vor 28 Jahren, als er Go West besprochen hatte, bestätigt, »daß nämlich Hollywood nicht alles aus ihm herausgeholt hatte. Er ist ein Pantomimeclown erster Ordnung ...« Es war Harold Lloyd, Busters großer Rivale aus den 20ern, der Keaton 1949 an die Television empfahl. »Buster Keaton, ja, der würde ins Fernsehen gehören – all diese visuellen Gags!« bemerkte er gegenüber Ben Pearson, der sogleich die Initiative ergriff und auf Lloyds Rat Clyde Bruckman kontaktierte, der wiederum einen Termin in Busters Haus machte. Resultat waren The Buster Keaton Show, die 1951 sechs Monate lang, jeweils mittwochs von 19.30 bis 20 Uhr, von *KTTV* Hollywood ausgestrahlt wurde, und zahlreiche Gastauftritte in anderen beliebten Shows: Zehnmal war Buster bei Ed Sullivan, ein dutzendmal oder mehr bei Garry Moore, in This Is Your Life war er und in Candid Camera. Auf der Leinwand war er, zusammen mit Gloria Swanson, Anna Q. Nilsson, H. B. Warner, in einer kurzen Szene in Billy Wilders Sunset Boulevard zu sehen, mit Chaplin in einer komischen Varieténummer in Limelight, mit vielen anderen Stars war er in Michael Todds 70mm-Schinken Around the World in 80 Days.

1957 brachte die *Paramount* eine ziemlich freie Bearbeitung seines Lebens unter dem Titel The Buster Keaton Story (Der Mann, der niemals lachte) in die Kinos. Zitat aus einer zeitgenössischen (Film-Dienst-)Kritik:

»Neben Charlie Chaplin und Harold Lloyd gehört Buster Keaton zu den Männern, die der Frühzeit des Films ihr Gepräge gaben. Ausschließlich Chaplin hat, wenn auch nur mit wenigen Filmen, seit dem Beginn des Tonfilms wieder Erfolg gehabt. Buster Keaton scheiterte am Tonfilm ebenso wie viele seiner Kolleginnen und Kollegen. Ihm, dem kürzlich Verstorbenen, dem einst die Massen zujubelten, ist dieser Film gewidmet: Als Sohn von Artisten geboren, war Buster auf der Bühne früh dem Publikum begegnet. Seine Clownerien und Pantomimen waren das Rechte für den damaligen Film, der sich noch nicht zur Kunstform fortgebildet hatte. Als ›Mann mit dem gefrorenen Gesicht‹ entwickelte Keaton einen eigenen Stil. Er errang ungeheure Erfolge. Als später die ›Jazz-Singers‹, der erste Tonfilm, eine neue Ära einleiteten, setzte seine Pechsträhne ein: er versagte vor dem Mikrophon. Nach einer Zeit tiefer Erniedrigung als Trinker errang er schließlich als Artist auf der Bühne wie zu seiner Eltern Zeiten neuen Applaus. – Dieses Lebensbild eines heute schon wieder fast unbekannten Künstlers ist nicht nur wegen der eingeblendeten Stummfilmstreifen aus den Jahren nach dem ersten Weltkrieg interessant, es rührt auch durch seine menschlichen Bezüge.«

Keaton wurde in diesem Film von Donald O'Connor (SINGIN' IN THE RAIN) verkörpert, und der filmdienstlich totgesagte/totgeglaubte Buster agierte als »technischer Berater« hinter den Kulissen. Dubios hin, frei erfunden her – Buster konnte sich von den 60.000 Dollar, die er von *Paramount* für seine Lebensgeschichte kassierte, ein hübsches Haus weit draußen in San Fernando Valley leisten, seine schmucke »Ranch«.
Weitere Filmrollen: in IT's A MAD, MAD, MAD, MAD WORLD in einer Szene mit Spencer Tracy, in ein paar unterdurchschnittlichen Sachen für *American International* mit Titeln wie PYJAMA PARTY und HOW TO STUFF A WILD BIKINI, in Richard Lesters A FUNNY THING HAPPENED ON THE WAY TO THE FORUM, wo er, wortkarg und in eine Toga gehüllt, durch die antike Szene geistert, übrigens sein letzter Filmauftritt.
Zwischendrin Hauptrollen in Kurzfilmen: zwei für *National Film Board of Canada,* THE RAILRODDER und BUSTER KEATON RIDES AGAIN, einer nach einem Originalstoff von Samuel Beckett, der den FILM betitelten Streifen ursprünglich für den Iren Jack Mac-Gowran geschrieben hatte. Als der jedoch eine wichtigere Rolle in TOM JONES annahm, kam Beckett selbst auf den Gedanken, Keaton vorzuschlagen. Buster hielt zwar nicht viel von dem Manuskript, er hatte auch nicht viel von WARTEN AUF GODOT gehalten, aber die 5000 Dollar Gage (für zwei Wochen Dreharbeiten in New York) kamen ihm gerade recht. Und überdies trug der kleine Film weiter zur Heiligsprechung in Intellektuellenzirkeln bei.
Vor allem aber unterstützte Keaton in dieser Zeit tatkräftig die Wiederaufführung seiner alten Filme. Dazu war es so gekommen: Mitte der 50er Jahre hatten Eleanor und er eine Wiederaufführung des GENERAL im Coronet Theater in Los Angeles besucht, das von einem Raymond Rohauer geleitet wurde. Im Anschluß an die Vorführung hatte Rohauer Buster nach alten Film-

kopien gefragt, der ihm wiederum behilflich war, sich über Leopold Friedman, Liquidator der *Buster Keaton Productions,* die Rechte zu sichern. Überall forschten sie nach Material, zum Beispiel auch in der *Cinémathèque Française* in Paris, wie sich kurz vor ihrem Tod Lotte Eisner in ihren Memoiren erinnerte:

»Als wir noch in der Avenue de Messine unser Hauptquartier hatten, kam einmal unser Portier ganz verstört zu Henri (Langlois) und mir herauf: ›Unten steht ein Mann, der behauptet, Buster Keaton zu sein, aber ich glaub' ihm nicht.‹
›Was, Buster Keaton!‹ riefen Henri und ich wie aus einem Munde und stürzten die Treppe hinunter. Und da war er, zwar älter als er in unseren Köpfen existierte, aber unzweifelhaft Buster Keaton, ein kleiner, bescheidener Mann.
›Ich bin auf der Suche nach meinen alten Filmen‹, sagte er. ›In Amerika bin ich so gut wie vergessen, ich konnte sie nirgends auftreiben.‹
Nun hatten wir in der Tat eine fast komplette Sammlung von Keaton-Filmen, die zu unseren besonderen Schätzen gehörte. Filme wie THE NAVIGATOR und GOING [sic!] WEST, die über ihre Situationskomik hinaus noch eine fast surrealistische Dimension haben, sehe ich mir mit einem inbrünstigen Vergnügen an. Da kommt auch ein Charlie Chaplin nicht mit. Ich habe es gewagt, Buster gegenüber einmal eine Andeutung in diesem Sinne zu machen, er wollte aber nichts dergleichen hören. Meine Beobachtungen haben ihn eher erschreckt als erfreut.
Buster Keaton war in Begleitung seiner zweiten [sic!] Frau, die er sehr verehrte. Er erzählte allen, die es hören wollten, daß sie es gewesen sei, die ihn aus dem Trinker-Asyl gerettet und wieder auf die Beine gestellt hätte – doch getrunken hat Buster sein ganzes Leben, das weiß ich von Louise (Brooks), die ihn gut kannte.
Herr Rohauer, ein kluger Geschäftsmann, nutzte die Zeit, als Buster Keaton in Vergessenheit geraten war, um auf billige Art die Rechte an seinen Filmen zu erwerben. Er roch, daß der Publikumsgeschmack sich in nächster Zeit wieder den alten Komikern zuwenden würde. Mir gefiel die Dringlichkeit, mit der Rohauer Keaton bearbeitete, nicht, aber schließlich hatte ich kein Recht, mich in ihre Verhandlungen einzu-

mischen. (...) Ich nehme an, daß Raymond Rohauer im Laufe der Jahre ein Heidengeld mit Buster Keatons Filmen gemacht hat, und will gar nicht wissen, was Keaton selbst an diesem Handel verdient hat.«

Der schönste Fund wurde freilich in keiner Kinemathek gemacht, sondern in Busters alter Villa, wo Schauspieler James Mason, der neue Besitzer, mehrere Dutzend Keaton-Filme von bester technischer Qualität gefunden hatte.

Stationen einer Wiederentdeckung: 1959 Ehren-Oscar. Anfang der 60er Jahre erfolgreiche Wiederaufführung der Keaton-Klassiker vor allem in Europa. 1965, anläßlich der Europa-Premiere von FILM beim Festival in Venedig, *standing ovations* für Buster, dem Tränen in den Augen standen.

Einer, der das leider nicht mehr miterleben konnte, war Busters alter Freund Clyde Bruckman, der, 100prozentiger Alkoholiker, stets einen Flachmann in der Tasche, die modernen Produktionsmethoden nicht mehr aushielt: »Alles hat sich verändert, ist so durch und durch organisiert und aufgeblasen, daß ein einzelner nicht mehr hochkommt. Früher war es einmal *unser* Geschäft. Wir spielten im Film mit, bauten die Kulissen, leuchteten die Szene aus, kümmerten uns um das Mobiliar – heute, verdammt noch mal, kann nicht mal ein hochbezahlter Dekorateur ein lausiges Bukett anrühren. Er muß dasitzen und warten, bis der *green man* (beim Film zuständig für Pflanzengrün) eintrifft. Ein Darsteller muß sich seinen Weg zum Drehort bahnen durch Heerscharen von Technikern, Supervisoren, Spezialisten und Buchhaltern. Und Television funktioniert nach dem gleichen Prinzip.« Am 4. Januar 1955 erschoß sich Bruckman mit einer Waffe, die er von Keaton geborgt hatte, in einer Telefonzelle, um sein Apartment nicht, wie er in einem Abschiedsbrief an seine Frau erklärte, mit Blut zu besudeln.

Buster Keaton selbst, unheilbar mit Lungenkrebs geschlagen (er war Kettenraucher), starb in den frühen Morgenstunden des 1. Februar 1966. Seine letzten Worte: »Warum gebe ich nicht auf? Warum nicht?«

Jüngling mit Hornbrille: Harold Lloyd

Er könne beim besten Willen nicht behaupten, daß er ein hübsches Kind war, meinte Harold Lloyd rückblickend:

»Wenn ich aber durchaus ein Merkmal nennen soll, durch das ich mich von der großen Masse meiner Altersgenossen unterschied, so könnte ich höchstens auf ein ganz ungewöhnliches Quantum gut entwickelter und besonders deutlich sichtbarer *Sommersprossen* hinweisen. So sommersprossige Kinder dürften auch heute zu den Seltenheiten gehören. Als ich älter wurde, verlor ich allmählich mit den Sommersprossen das Recht, mich über die große Masse jener Mitmenschen erhaben zu dünken, in deren Reisepaß unter der Rubrik ›Besondere Merkmale‹ der bescheidene Vermerk ›keine‹ verzeichnet ist.«

Entsprechend symbolisiere die Figur, die er im Film darstelle, »den ganz normalen Bürger von der Straße, der bisweilen niedrigste Dienste verrichten muß, um seine Brötchen zu verdienen. Er arbeitet als Verkäufer in einem Laden oder fährt Milch aus oder ist anderweitig im Erwerbsleben tätig. Doch was auch immer er tut, stets muß er sich gegen die wohlhabenderen Leute durchsetzen oder in schwierigen Situationen behaupten – und das ist nicht immer einfach für ihn.«

Geboren wurde Harold Clayton Lloyd am 20. April 1893 als zweiter Sohn von James Darsie Lloyd (»Mein Vater war, was man einen unruhigen Geist zu nennen pflegt. Er liebte es, Geschäft und Umgebung so oft wie nur irgend möglich zu wechseln«) und seiner Frau Elizabeth, geb. Fraser, in dem Dreihundertseelenkaff Burchard in Nebraska: »Niemand hat einen besseren Vater oder eine bessere Mutter gehabt als ich; aber ich glaube, ich habe beiden viel Kummer gemacht, als ich noch klein war. Nicht, daß ich schlecht gewesen wäre, aber ich war eben ein Lausbub wie die große Mehrheit meiner Altersgenossen, und abgesehen von Allotria hatte ich nicht viel im Kopf.« (Später verglich sich Lloyd gern mit Tom Sawyer.)

In Anbetracht seiner Abstammung, Umgebung und Erziehung schien ihm seine früh entwickelte Sehnsucht nach der Bühne höchst seltsam:

»Nie hatte in meiner Familie irgend jemand beruflich mit dem Theater etwas zu tun gehabt. Nebraska war ein junges Land, und wie in allen jungen Ländern, hatten die Leute genug damit zu tun, ihren Lebensunterhalt zu verdienen und wirtschaftlich vorwärts zu kommen. Für Kunst und Vergnügen hatte man nicht viel übrig. Es gab dort nicht jenen gepflegten Müßiggang, der letzten Endes den Boden für jede Kunstentwicklung abgeben muß.

Die Sehnsucht nach der Bühne war der jungen Generation fast unbekannt; die Jungens hatten dort viel nüchternere und ›vernünftigere‹ Ideale, wie etwa in einem guten Kohlengeschäft zu prosperieren oder gar in der Schwerindustrie vorwärts zu kommen.«

Bei Harold verlief es anders: dank einer schicksalhaften Begegnung – die Familie war gerade nach Omaha übersiedelt – mit einem »sehr elegant gekleideten jungen Mann, der mir sofort als der schönste Mensch erschien, den ich je gesehen hatte«, und der, wie sich herausstellte, ein recht bekannter Schauspieler namens John Lane O'Connor war. Als der ihm resigniert eröffnete, daß man in ganz Omaha keine menschenwürdige Wohnung und Verpflegung bekomme – und was für ein glücklicher Junge er doch sein müsse, da er ein so schönes Zuhause habe, schaltete Harold schnell und empfahl den Akteur als Untermieter an seine Mutter:

»Er hatte damit nicht nur ein schönes Zimmer und einen guten Mittagstisch, sondern auch einen in jeder Hinsicht ergebenen Diener gewonnen.

Von da an war des jungen Schauspielers Garderobe das Zentrum meines Daseins. Tagtäglich saß ich dort und sah zu, wie er sich schminkte. Ich war stolz, seine Kleider bürsten zu dürfen, seine Garderobe und sein Zimmer in Ordnung zu halten, seine Botengänge zu erledigen. Ich saß dabei, wenn er lernte und wenn er probte. Ich hätte mich jederzeit für ihn totschlagen lassen.

Endlich fand ich den Mut, ihm meinen eigenen Ehrgeiz anzuvertrauen und ihm von meinen spärlichen Versuchen auf den weltbedeutenden Brettern zu erzählen. Und als seine Truppe ein neues Stück mit einer großen Kinderrolle herausbrachte, vertraute man mir auf O'Connors Empfehlung diese erste große Rolle meines Lebens. Er lernte und probte mit mir, zeigte eine Engelsgeduld und freute sich aufrichtig, wenn ich Fortschritte machte.«

Als Harold 18 war, ging er mit seinem (inzwischen geschiedenen) Vater, der nach einem Unfall eine Entschädigungssumme ausbezahlt bekommen hatte, nach Kalifornien: Es traf sich, daß sein Freund O'Connor in San Diego Theater spielte und dort auch eine Bühnenschule leitete. Lloyd besuchte eine Zeitlang die Hochschule, trat in Studentenaufführungen auf und unterstützte nebenbei O'Connor als Hilfslehrer.

»In San Diego war es auch, wo ich zum ersten Male in meinem Leben eine Filmkamera sah. Ein kleiner Schauer lief mir den Rücken entlang, und ich hatte das bestimmte Gefühl, daß ich von diesem kleinen Kasten noch eine ganze Menge zu sehen bekommen würde.

Damals hatte die *Edison-Filmgesellschaft* gerade in Long Beach (Kalifornien) ein Atelier errichtet, und die Truppe kam des öfteren nach San Diego, um dort Außenaufnahmen zu machen. Einmal brauchte sie Komparsen, und der Regisseur wandte sich an die Theaterschule. Ich erklärte mich sehr großmütig bereit, einige meiner Schüler hinzubringen, und am nächsten Tag erschien ich mit meinem kleinen Trupp zu der ersten Filmaufnahme, die ich erlebt habe. Da ich aber grundsätzlich in alle Dinge meine eigene Nase stecken mußte, entschloß der Herr Lehrer sich, höchst persönlich bei dieser Aufnahme mitzuwirken. Und so geschah es.«

Für eine Gage von drei Dollar spielte Lloyd einen Yaqui-Indianer: »Ich mußte einem weißen Mann, der fast am Verhungern war, eine Kleinigkeit zu essen geben.«
Später, auf Vorschlag seines Vaters, versuchte Harold bei der *Universal-Filmgesellschaft* in Hollywood unterzukommen, aber erst einmal scheiterte er am Studiotor:

»Der Portier war freundlich, aber fest. Es war schwieriger, dort einzudringen als in das kaiserliche Schloß einer Monarchie. Heute erzählt sich das alles sehr leicht. Aber diese langen

Stunden endlosen und schier aussichtslosen Wartens, das Schwinden der letzten Hoffnung, wenn es dunkel wurde, der lange Heimweg zu unserem Zimmerchen, das monotone ›Es war wieder nichts, Papa‹ – das alles war schon genug, um einem das Herz zu brechen.

Hart am Rande des Ateliers war ein kleines Zigarettenge-schäft und eine Stehbierhalle, wo die meisten Komparsen ihr Mittagbrot verzehrten. Da stand ich herum und versuchte mit ihnen ins Gespräch zu kommen. Manchmal hatte ich genug Geld, um mir etwas zu essen zu kaufen, manchmal auch nicht. Inzwischen war es mir fast zur fixen Idee geworden, daß ich einmal, koste es, was es wolle, hinter jenes Tor kommen müsse, das sich, von den Argusaugen des Portiers bewacht, seit Wochen Tag für Tag fest geschlossen und höhnend vor mir aufrichtete. Endlich hatte ich die rettende Idee. Eines Tages brachte ich meinen Schminkkasten mit, das schöne, schwarze Lederköfferchen, das ich im Theater benutzt hatte. Hinter der Ateliermauer schminkte ich mich in aller Heimlichkeit, gab meinem Hut eine neue Form, und als die Komparsen nach dem Mittagessen ins Atelier zurückkamen, hatte ich mich un-erkannt unter sie gemischt. Als ich zum ersten Mal dieses Tor, das Ziel meiner Sehnsucht, passierte, klopfte mir das Herz so stark, daß ich glaubte, der Portier, der mich so oft abgewiesen hatte, müsse es hören; ich wagte nicht zu atmen, aber er rauchte ruhig und ohne etwas zu merken seine Pfeife.

Ich hatte es also geschafft. Ich war drin.

Das war auch alles. Und damit hatte ich noch lang keine Ar-beit. Immerhin merkte ich jetzt bald, daß der Mann, auf den es für mich besonders ankam, der Hilfsregisseur war. Er war es, der die Arbeit gab, der für mich das erlösende Wort spre-chen konnte. Tag für Tag schminkte ich mich jetzt, schwin-delte mich durch das Tor und belagerte sämtliche Hilfsregis-seure.«

Endlich zeigte seine Beharrlichkeit Erfolg. Harold wurde Mit-glied in jenem erlesenen, nicht eingetragenen »Club« der Film-statisten. Und er freundete sich mit einem Komparsen an, mit dem er unter anderem 1913 in J. Farrell MacDonalds Version von SAMSON AND DELILAH vor der Kamera stand. Hal Roach war sein Name.

Hal (oder Harry Eugene, wie er getauft wurde), geboren am 14. Januar 1892 in Elmira im Staate New York, hatte irisches Blut in seinen Adern. Mit 17 zog er aus, etwas von der weiten Welt zu sehen, jobbte in Alaska, verlor in Seattle eine Stelle als Eiscremefahrer, weil sein Fahrstil zu rasant war. 19jährig kam er nach Los Angeles und erfuhr durch ein Zeitungsinserat, daß für einen Film Statisten in Wildwestkostümierung gesucht wurden. Also zog er sich seine Cowboystiefel an, setzte sich einen Stetson-Hut auf und fuhr mit dem Bus zur *Bison Company*. Landete bei der *Universal*. Statisterie zusammen mit Lloyd und George Marshall, der 1939 den herrlichen Western DESTRY RIDES AGAIN mit Marlene Dietrich und James Stewart drehte. Schließlich Regieassistent. Und Hersteller seiner eigenen Filme. Harold wurde überredet, als Darsteller mit von der Partie zu sein:

»Unser erster Film kostete 200 Dollars und bestand nur aus Außenaufnahmen. Ein Atelier hatten wir nämlich nicht, und die Miete konnten wir nicht bezahlen. Die liebe Sonne aber konnten wir nach Herzenslust und ohne jegliche Spesen ausnutzen. Auch die öffentlichen Parks wurden uns ein willkommenes Aufnahmegelände. Schließlich entdeckten wir sogar ein leerstehendes Haus und arbeiteten darin fast eine Woche lang, bis der Eigentümer davon Wind bekam und uns herauswarf. Schließlich fanden wir ein anderes altes und fast unmöbliertes Häuschen, wo ein paar kleine Firmen Büroräume gemietet hatten. Der Treppenaufgang und die Halle dieses alles andere als palastähnlichen Gebäudes boten uns sämtliche ›Interieurs‹, die wir benötigten.

Nach diesem ersten Film ging unsere Karriere in schöner Zick-Zack-Kurve auf und ab, meistens aber aufwärts. Wir engagierten den damals schon recht bekannten Schauspieler Roy Stewart und auch einen weiblichen ›Star‹, die heute nicht minder bekannte Jane Novak.

Wir arbeiteten ein richtiges Produktionsprogramm aus. Erst kam ein Lustspiel, in dem ich die Hauptrolle und Roy meinen Partner spielte. Dann machten wir ein Drama, in dem Roy die Hauptrolle und ich so ziemlich sämtliche anderen Rollen spielte: den Intriganten, den Jugendlichen, den alten Vater und gelegentlich auch die Mama. Das war mein erster und einziger Versuch, eine Frau zu spielen. In den Lustspielen versuchte ich jedesmal eine neue Type, fast für jeden Film mußte ich eine neue Maske erfinden.

Eines Tages bekam ich heraus, daß Hal dem Roy 10 Dollars pro Tag bezahlte, während ich doch nur 5 bekam. Ein paar Tage lang trug ich das mit mir herum, und mir war gar nicht wohl. Dann begann sich mein alter Dickschädel bemerkbar zu machen. Ich ging also in aller Freundschaft zu Hal und sagte ihm, ich hätte gehört, daß er Roy 10 Dollars pro Tag bezahlt. Hal erklärte, daß er ihn unter diesem Preis nicht bekommen könne, und mir auch so viel zu zahlen, sei ihm beim besten Willen nicht möglich. Das Geld sei knapp.

›Gut‹, meinte ich, ›ich hätte auch für 5 Dollars gearbeitet, wenn Du keinem von uns mehr bezahltest. Aber wenn Du ihn nicht für weniger als 10 Dollars bekommen kannst, dann kannst Du mich auch nicht billiger haben.‹ Und damit ging ich.

Während Harold zu *Keystone* ging, wo er vor allem lernte, wie ein richtiger Komiker auf den Hosenboden zu fallen, zog sich Roach, nachdem er mit nur mäßigem Erfolg versucht hatte, Lloyd durch Richard Rosson zu ersetzen, für eine Weile aus dem Produktionsgeschäft zurück und inszenierte Einakter für *Essanay.* Bis ihm ein Verleihvertrag mit *Pathé Exchange,* die über einen Mittelsmann an seine ersten »Werke« gekommen war, die Möglichkeit eröffnete, auf der soliden Basis der zusammen mit Partner Dan Linthicum gegründeten *Rolin Film Company* weitere Komödien zu produzieren.

Am 7. Februar 1916 unterschrieb Harold Lloyd bei *Rolin.* Immerhin konnte Roach ihm jetzt 50 Dollar die Woche bieten: »Und das war eine Menge Geld.« Lloyds erste Comedy-Figur nannte sich Willie Work, dann kam Lonesome Luke: »Mein Vater half mir bei dem neuen Kostüm. Bei einem Schuhmacher in Los Angeles fand er ein Paar extrem großer Schuhe. Hinzu kamen ein schwarzweiß gestreiftes Hemd, eine Jacke, die er bei einem Damenschneider aufgestöbert hatte, eine sehr enge, kurze Hose sowie eine Weste, die viel zu klein war, ein schmaler Kragen und ein zurechtgeschnittener Hut. Zwei Tupfen, die einen Schnurrbart markieren sollten, vervollständigten das Kostüm des ›einsamen Lukas‹.«

Lloyd war ein wahrer Meister der Maskenkunst: »Schon als klei-

Harold Lloyd war zunächst ein wahrer Make-up-Fanatiker, doch am Ende bestand das ganze Make-up lediglich aus seiner Brille.

ner Junge war ich verrückt nach Make-up. Ich kann mich noch gut daran erinnern, wie ich Stunden vor dem Spiegel zubrachte und mir Augenbrauen und Schnurrbärte mit Kohle zog, irgendwas auf mein kleines Gesicht schmierte. Ich experimentierte auch mit all den anderen Jungen in der Nachbarschaft. In den wildesten Kostümierungen tollten wir auf den ruhigen Straßen herum.« Um so erstaunlicher war, daß Groteskkomiker Lloyd nach einer Weile nichts mehr von Masken wissen wollte. Er suchte nach einer ganz anderen, völlig unkomplizierten Figur:

»All die Zeit, in der wir 50 bis 60 Einakter machten, bemühte ich mich darum, eine neue Type zu entdecken. Selbst als *Pathé* uns gestattete, Zweiakter zu machen, wollte mir die Sache immer noch nicht gefallen. Ich war diesen ›einsamen Lukas‹ so satt, daß ich kaum noch spielen konnte. Was mir vorschwebte, war irgend etwas viel Natürlicheres, eine Art Mensch, wie ihn jedermann kennt. Ich wollte Lustspiele machen, in denen das Publikum sich selbst und seine Nachbarn sehen sollte. Und ganz plötzlich hatte ich eines Tages die Idee, ohne Maske, aber mit Hornbrille zu spielen.«

Die Hornbrille war seinerzeit bei der Jugend ein beliebtes Requisit. Harold nahm nur die Gläser heraus, damit sie bei der Aufnahme nicht reflektierten.

»Ich war froh, eine Figur zu finden, die ganz und gar mir gehörte, eine, die sich von allen anderen Komikerfiguren auf der Bühne und auf der Leinwand unterschied. Meine Figur hatte Persönlichkeit. Hinter der Brille mochte man zwar eher einen Studiosus vermuten, aber durch ihre Verhaltensweise relativierte die Figur diesen Eindruck. Vor allem war es ein Wesen aus Fleisch und Blut. Einer, in dem sich die Leute wiedererkannten.

Ich repräsentierte mehr oder weniger den Arbeiter, die Masse. Es konnte die niedrige Masse sein oder jemand, dem es schon etwas besser ging, denn mein Typ änderte sich. Jedenfalls symbolisierte ich einen Jungen, der immer gegen Widrigkeiten anzukämpfen hatte und gegen Vorgesetzte; aber wenn er genügend Entschlossenheit, Ausdauer und Hoffnung in sich hatte, dann blieb er Sieger. So hatte ich eine riesige Gruppe, für die ich mehr oder weniger ein Symbol war. Und auf diese Weise bekam ich eine große Schicht von Leuten, die bis zu einem gewissen Grad fühlten, daß ich Dinge tat, die sie selbst gern getan hätten.«

Der erste Film des Jünglings mit der Hornbrille, OVER THE FENCE, kam am 9. September 1917 heraus. Und bald kam auch ein festes Ensemble zustande: Dazu gehörten der Australier Harry »Snub« Pollard (alias Harry Fraser), dessen Markenzeichen ein umgedrehter Kaiser-Wilhelm-Schnauzer war (und der später von Roach seine eigene Filmserie bekam), Gus Leonard, Noah Young und, als erste Partnerin, Bebe Daniels.

HAROLD LLOYD-

BRILLEN

Eine Brille wird zum Kultgegenstand

»Und dann hatte ich meinen Unfall. Es sollten ein paar lustige Reklamephotos gemacht werden, und eines davon sollte mich darstellen, wie ich gerade an einer Bombe eine Zigarette anstecke. Ich schickte einen der Jungen in die Funduskammer, wo eine Kiste mit Papiermaché-Bomben lag. Durch irgendeinen unglückseligen Zufall waren aus dem Explosionsmaterial drei richtige Bomben in diese Kiste gelangt. Der Junge brachte eine der richtigen Bomben.

Nur dem Zufall, daß ich im entscheidenden Moment den Kopf senkte, um dem Photographen irgendeine Anweisung zu geben, – nur diesem Zufall verdanke ich es, daß mir nicht der ganze Kopf in Stücke gerissen wurde. Die neun Monate, die jetzt folgten, waren die traurigste Zeit meines Lebens. Heute noch kann ich kaum davon reden, ohne daß mir ein kalter Schauer über den Rücken läuft. Ich hoffe, mich damals äußerlich wenigstens mehr oder minder als Mann gezeigt zu haben, aber weiß Gott, wenn ich allein war, hatte ich Stunden unbeschreiblicher Verzweiflung.

Bis zu dieser Zeit hatte ich manches Schwere durchgemacht. Ich hatte viele Enttäuschungen erlebt, ich hatte Sorgen gehabt, ich hatte Not gelitten, und ich hatte schwer arbeiten müssen. Aber all das war leicht zu ertragen, solange man an eine herrliche Zukunft glauben durfte. Ich war jung und stark, und alle Not war ein Kinderspiel.

Durch dieses Unglück aber lernte ich zum ersten Mal, was es heißt, zu leiden. Mein Gesicht war zerfetzt und verbrannt, entstellt und unkenntlich.

Kein Mensch weiß, wie er sich in einer großen Krisis seines Lebens benehmen wird. Aber so viel ist sicher: Die Elastizität der menschlichen Seele ist grenzenlos, und in der schlimmsten, allerschlimmsten Not sucht der ewig hoffende Mensch nach dem leisesten Schimmer von Licht. – Schon begann ich wieder Pläne zu schmieden. Wenn mein Gesicht dauernd entstellt bleiben würde, ich könnte doch wenigstens Regisseur werden, wenn ich auch nur etwas sehen könnte. Und wenn ich das Augenlicht ganz verlöre, so blieb ein letzter Hoffnungsanker: ich würde Manuskripte diktieren.«

Nach neun Monaten konnte Harold das Hospital verlassen: Weder war sein Gesicht entstellt, noch war er blind geworden – lediglich einen Handschuh mußte er tragen, der eine geschickt konstruierte Prothese kaschierte, welche ihm Daumen und Zeigefinger der rechten Hand ersetzte. Und mit größerem Tatendrang denn je ging er wieder ans Werk.

Berühmt wurde Harold Lloyd durch seine sensationellen *Thrill Comedies* oder, wie sie das LIBERTY-Magazin nannte, *Comedies of Terror:* LOOK OUT BELOW (1919), HIGH AND DIZZY (1920), NEVER WEAKEN (1921), vor allem aber SAFETY LAST (1923), mit Harold als unfreiwilligem Fassadenkletterer, der in einer scheinbar halsbrecherischen Szene in schwindelnder Höhe hilflos am Zeiger einer Turmuhr hängt. Wie das bewerkstelligt wurde? Da die Rückprojektion als Laufbild noch nicht entwickelt war, hatte man auf einem Hochhausdach eine entsprechende Fassaden-Attrappe errichtet und die Kamera so positioniert, daß sie die Straße unten mit erfaßte. Perspektive entschied die Sache. In Totalen wurde Harold selbstverständlich von einem Stuntman gedoubelt.

Am besten wurde Lloyds Typ jedoch in einem weniger waghalsigen Streifen beschrieben: GRANDMA'S BOY (1922). Zunächst einmal war dieser Fünfakter – laut Wolfram Tichy – »eine ernsthafte Studie über einen Feigling, der schon seit früher Jugend immer von anderen gehänselt und verprügelt wurde, weil er sich nicht zurückzuschlagen traute. Auch als Erwachsener ängstigt er sich vor jeder Konfrontation; das geht so weit, daß das von ihm verehrte Mädchen, obwohl es ihn mag, Zweifel an ihm bekommt und auf die Nachstellungen seines Rivalen, eines rücksichtslosen groben Kerls, eingeht. Als gar nichts mehr zu helfen droht, erzählt ihm seine Großmutter von einem Talisman, der seinen einst ebenso feigen Großvater so mutig gemacht hätte, daß er einer der meistdekorierten Soldaten des Bürgerkrieges wurde. Mit dem Talisman in der Hand gelingt es ihm tatsächlich, ein neuer Mensch zu werden; er schafft es sogar, einen gefürchteten Gangster dingfest zu machen. Erst danach teilt ihm die Großmutter mit, daß sein Talisman nichts weiter als ein simpler Regenschirmknauf ist. Seine Stärke kam allein aus seinem Selbstvertrauen. Nach leichten Zweifeln davon überzeugt, vermag Harold schließlich aus eigener Kraft den Rivalen zu schlagen und das Mädchen zu erringen. Diese moralische Geschichte wurde trotz ihrer Einbettung in ein liebevolles Zeitgemälde vom Landleben im hintersten Amerika durch das Testpublikum abgelehnt. Roach kritisierte Lloyd, er solle lieber wieder anfangen, Komödien zu drehen, und auch Lloyd akzeptierte erneut die Einstellung des Publikums. Man entwarf eine Zeichentrickfigur namens Icky, die das Gewissen Harolds verkörpern sollte, und stattete den Film mit zusätzlichen Gagsequenzen aus. Icky bewirkte nichts als Kosten, aber die Gagsequenzen halfen; sie halfen so sehr, daß Lloyd noch einige weitere komische Szenen nachdrehte und so nahtlos wie die ersten in den Film einfügte. Das fertige Werk ließ nichts von dieser Stückwerkarbeit spüren, was vor allem der Tatsache zu danken ist, daß Lloyd wie besessen an seinem Thema festhielt und es zu keinem Zeitpunkt aus dem Blickfeld verlor.« Lloyd beschäftigte, um seine Geschichten aufzumöbeln, einige der besten Gagmen der Filmindustrie:

*Harold Lloyd war für seine aberwitzigen Fassadenklettereien berühmt.
Mit ›Safety Last‹ stellte er alles bis dahin dagewesene in den Schatten*

Fred Newmeyer (der ursprünglich Requisiteur war), Ted Wilde, Tim Whelan (der später Teile von Alexander Kordas THIEF OF BAGHDAD inszenierte), Sam Taylor, Buster Keatons Clyde Bruckman, Jean Havez, Johnnie Grey, Tommy Gray und Frank Terry. Ihnen zahlte er die höchsten Löhne weit und breit, zwischen 500 und 800 Dollar die Woche. Auch wenn nicht gedreht wurde, blieb die Mannschaft unter Vertrag: »Die waren besser ohne als mit Gewerkschaft dran.«

Mit Lloyd wuchs auch das Image seines Produzenten Hal Roach. Er wurde ein ernst zu nehmender Herausforderer Mack Sennetts, ja, seine Maschine lief schließlich besser als die des alten King of Comedy. Begonnen hatte Roach in einem einfachen Büro in Los Angeles' Bradbury-Haus, dann nahm er das *Norbig Studio,* einen halben Block von Sennett entfernt, in Beschlag, um 1919 in Culver City mit dem Bau eines eigenen Ateliers zu beginnen: *Hal Roach Studios.* Hier produzierte er, neben Lloyd und Snub Pollard, Will Rogers, Clyde Cook, Rex (King of Wild Horses) und, ab 1922, eine ungeheuer erfolgreiche Reihe mit kleinen Strolchen: OUR GANG.

Lloyd blieb bei Roach bis 1923. WHY WORRY? war ihr letzter gemeinsamer Film. Ab dann fühlte er sich stark genug, auf eigenen Füßen zu stehen, auf eigene Rechnung zu produzieren: Mit einem Streifen, der den programmatischen Titel GIRL SHY trug (1924), wurde die neue *Harold Lloyd Corporation* eingeführt (Verleiher war erst noch die *Pathé,* dann *Paramount*). Lloyd wurde Präsident der Gesellschaft, Vater Lloyd Vizepräsident, Onkel William R. Fraser Geschäftsführer. Bald galt Harold als einer der vermögendsten Männer Hollywoods.

1925 stellte er seinen gefeiertsten Stummfilm, THE FRESHMAN, her, dessen Inhalt wir einem Programm der deutschen *Parufamet*-Verleihbetriebe entnehmen, die die Komödie als HAROLD LLOYD, DER SPORTSTUDENT offerierten:

»Harold Lamm träumt in dem kleinen Städtchen seiner Heimat davon, der erste Student der Universität Tate zu werden. Er bereitet sich auf diese Würde in eigenartiger Weise vor, hält vor dem Spiegel exaltierte Reden, und seine inartikulierten Rufe werden von dem einen Stock tiefer den Lautsprecher abhorchenden Vater für Darbietungen eines chinesischen Senders gehalten.

Endlich ist es soweit, daß Harold Lamm die Universität beziehen kann. In der Eisenbahn lernt er im Speisewagen ein hübsches Mädchen kennen, dem er bei der Auflösung eines Kreuzworträtsels mehr oder weniger passende Tips gibt. Es ist Peggy, die berühmte Filia Hospitalis von Tate, welche die gleiche Fahrt macht, um in ihren Wirkungskreis wieder einzutreten. – Die Studenten spielen gleich bei dem triumphalen Eintritt Harolds im Weichbilde von Tate dem jungen ›Fuchs‹ einen Streich. Sie bereden ihn dazu, das Auto des Rektors zu benutzen; dieses bringt den nach Ruhm und Popularität lüsternen Studenten zur Bühne des Festsaales, wo eben der Rektor erwartet wird, um seine Antrittsrede zu halten. Nicht genug an dem, wird Harold Lamm noch aufgefordert, eine Rede zu schwingen, wobei es nicht ohne ulkige Zwischenfälle abgeht.

Harold fühlt sich in seinem Element. Er bildet sich ein, auf dem besten Wege zur Popularität zu sein, und in dieser Freude lädt er die Genossen zu einer ausgiebigen Kneiperei ein.

Das Loch, das dadurch in seinen Geldbeutel gerissen wird, zwingt ihn, ein bescheidenes Zimmerchen als Wohnung zu mieten. Er wird aber für sein Mißgeschick dadurch entschädigt, daß er in der jungen Dame des Hauses, der Tochter der Vermieterin, seine Reisebekanntschaft wiedererkennt, und Peggy, die seine weiteren Schicksale in Tate nun mit großem Interesse verfolgt, ist die einzige, die von einem Gefühl der Teilnahme für den braven jungen Mann gepackt wird, wo ihn die anderen zum Narren halten.

Harold Lamm gibt einen Ball. Da der Schneider nicht rechtzeitig mit dem Abendanzug fertig wird, passiert ihm mehr als einmal ein unangenehmes Malheur. Die Nähte des Smokings gehen auseinander, und da auch die Nähte der Hose die gleiche Tendenz verraten, steht unser guter ›Fuchs‹ am Ende seines Festes in Unterhosen da. – Inzwischen ist Harold Mitglied der Fußball-Riege geworden. Er ist sehr stolz darauf, trotzdem er eigentlich nur als Balljunge angekommen ist. Es ist ihm bei diesem Debüt sehr schlecht gegangen. Da die Puppe, mit der die Fußballer trainierten, zufällig kaput war, wurde unser braver Fuchs Harold Lamm als solche benutzt, wobei er arg zu Schaden kam. – Nun gilt es, das große Match der Tate-Universität mit Union State zu gewinnen, und da geschieht das Unwahrscheinlichste von allem: Harold, der mißvergnügte Balljunge, sieht erbittert zu, wie ›seine‹ Mannschaft ein Tor nach dem anderen erhält. Die Halbzeit ist abgelaufen, und das Match steht mit 0:3 zugunsten der Fremden. Ein Fußballer nach dem anderen wird ausgeknockt, und da alle Ersatzleute der Tate-Mannschaft schon erschöpft sind, wird schließlich auch der Balljunge herangezogen; da, in den letzten Minuten, schießt Harold Lamm 6 Tore. Das Match endet mit einem Sieg der Tate-Leute, und Harold Lamm ist nun wirklich der ›populärste‹ Student der Universität. Peggy kritzelt auf das Programm das Geständnis ihrer Liebe.«

Schicksalsergeben

Als besonderen Gimmick zur deutschen Premiere des Films ließ die *Parufamet* Harold-Lloyd-Brillen an die Kinobesitzer ausliefern:

»Die Originalität Harold Lloyds besteht darin, daß er keine Maske, sondern nur eine Hornbrille trägt. Diese Hornbrille kennt heute jedes kleine Kind in der alten und der neuen Welt. Wir haben nun derartige Brillen aus Pappe herstellen lassen. Sie können sie bei uns beziehen.
Diese Harold-Lloyd-Brillen verteilen Sie dann geschickt im Publikum. Der Titel des Films ist darauf gedruckt.
Lassen Sie diese Harold-Lloyd-Brillen von Leuten verteilen, die Fußball-Dreß tragen, selbst die Brille auf der Nase sitzen haben und auf dem Kopf die Sturmhaube der amerikanischen Rugby-Spieler tragen. Die Leute sollen auf der Brust ein Schild führen, auf dem der Titel des Films und der Name Ihres Theaters angebracht sind.«

Ein großer Erfolg für Lloyd wurde auch der Film SPEEDY (1928), und 1929 gab er mit WELCOME DANGER sein Tonfilmdebüt.

Es war aber nicht der Tonfilm, der Lloyd schließlich seinem Publikum entfremdete. Eher war es die Tatsache, daß er auch im Tonfilm so weitermachte wie auf der stummen Leinwand – ohne auf die Zeitläufte zu achten, wie Filmhistoriker William K. Everson feststellte:

»Die Zeit der Depression machte keinen offensichtlichen Eindruck auf Lloyd, und von daher schlug sie sich auch nicht in seinen Filmen nieder. Chaplins Vagabund dagegen war genau die Verkörperung des Durchschnittsmenschen in dieser Zeit, der ziellos und mittellos herumirrte und nach Hoffnung suchte. Und auch Laurel und Hardy wandelten ihre Charaktere so, daß sie der Zeit angepaßt waren. Lloyd hingegen ignorierte die Depression total. Wenn man sich seine Rollen in den Filmen der damaligen Zeit ansah, konnte man denken, daß es eine wirtschaftliche Krise nie gegeben hatte. Den Leuten mußte dieser Umstand sehr befremdlich vorkommen, denn ihre Sorge galt der nackten Existenz im Alltag, und so konnten sie sich nicht mit einem Mann identifizieren, der nur seine persönlichen Ziele und seinen individuellen Erfolg suchte.

Es mag wie Ironie erscheinen, daß dieses Selbstbewußtsein von Lloyd, sich immer treu zu bleiben, seinen Fall in den dreißiger Jahren beschleunigte, aber gleichzeitig ein Grund dafür war, warum er in den zwanziger Jahren einen solchen Erfolg gehabt hatte.«

Besonders mit FEET FIRST (1930) wollte Lloyd an seine früheren Erfolge anknüpfen und zitierte darin sogar ausgiebig seine alte Hochhausakrobatik, wenn diesmal auch in manchen Einstellungen unter Benutzung der Rückprojektion. Alles war wie früher, die Qualität der Gags eingeschlossen.

»Was Lloyd jedoch nicht erwartete [so Wolfram Tichy, der Eversons Analyse beipflichtete], war die Tatsache, daß er den Kontakt mit seinem Publikum verloren hatte. Es war einfach nicht mehr möglich, in einer Zeit, in der jeder froh war, wenn er überhaupt arbeiten konnte, die Geschichte eines jungen Mannes zu erzählen, der unbedingt Karriere machen will. Mit

FEET FIRST versuchte Lloyd, sich seinem Publikum anzubiedern, indem er es an die alte Gemeinsamkeit erinnerte. Gerade dies erinnerte das Publikum jedoch daran, wie sehr Lloyd zu der Welt der Illusionen gehörte, die so furchtbar in Scherben gegangen war. Wenn man aber schon das wenige Geld, das man hatte, dafür opferte, um ins Kino zu gehen, dann wollte man von den Leiden des Alltags abgelenkt werden. Dies war die Zeit der aufwendigen Revuen oder exotischer Phantasien wie Josef von Sternbergs MOROCCO, der in Marlene Dietrich und Gary Cooper einen neuen Startypus kreieren half. Nicht mehr Realitätsnähe war Trumpf, sondern Weltgewandtheit, Stoizismus und Souveränität, Qualitäten also, die das Publikum in seiner neuen Lebenslage so gut hätte gebrauchen können, aber nicht genügend zu haben schien. FEET FIRST war zwar immer noch ein Achtungserfolg, für Lloyd, dessen Hoffnungen weit größer waren, kam dies jedoch einem ersten Fehlschlag gleich.«

Harold Lloyd als gefeierter Star – im Film hatte er noch den Kontakt zu seinem Publikum, den er im wirklichen Leben zunehmend verlor

Zwischen 1932 und 1938 drehte Lloyd noch vier weitere Ton-filme – MOVIE CRAZY, THE CAT'S PAW, THE MILKY WAY (den er nicht selbst produzierte, Regie: Leo McCarey) und PROFESSOR BEWARE –, danach war seine Karriere als Darsteller beendet. Kurze Zeit war er als Produzent für *RKO* tätig (A GIRL, A GUY AND A GOB und MY FAVORITE SPY), um nach dem Krieg ein letztes Mal vor die Kamera zu treten, als gealterter Titelheld in Preston Sturges' THE SIN OF HAROLD DIDDLEBOCK, den Produzent Howard Hughes 1950, drei Jahre nach Drehschluß, in einer ge-änderten Fassung und mit neuem Titel (MAD WEDNESDAY) in die Kinos brachte.

Ansonsten widmete sich Lloyd seiner Familie. 1923 hatte er seine Partnerin Mildred Davis geheiratet. Die beiden hatten zwei Kinder, Gloria und Harold jun., sowie eine Adoptivtoch-ter, Peggy, und bewohnten einen üppigen Landsitz (Greenacres, mit einer Fläche von fast acht Hektar) in den Bergen von Beverly Hills. Lloyd war voll beschäftigt mit einer Vielzahl von Hobbies, der Stereofotografie zum Beispiel, und wurde, 1949 bis 50, als erster Unterhaltungsstar nationaler Präsident aller Freimaurer-logen *(Supreme Potentate of the Shriners)*. Als solcher stellte er sich besonders karitativen Anlässen zur Verfügung. 1952 wurde ihm ein Ehren-Oscar zuerkannt: »To Harold Lloyd, master co-median and good citizen.« Nach außen hin schien sein Leben wohlgeordnet, stinkreich war er auch noch, doch in seinem Her-zen hat er den Abschied von der Leinwand wohl nie ver-schmerzt. Ab und an hätte es ihn schon gereizt, wieder einzustei-gen ins Filmgeschäft, mit einem der jüngeren Komiker, vor allem Dick Van Dyke, zusammenzuarbeiten: »Ich habe viele der modernen Komödien gesehen, besonders die Slapstick-Spekta-kel. Der Nachteil dabei ist, daß die Gags nicht genügend Form haben. Ich werde mal erklären, wie ich das meine: Wie eine Ko-mödie aufgebaut ist, wie das Publikum auf einen bestimmten Gag vorbereitet wird, das haut alles nicht mehr hin – und wenn dann endlich die Gags kommen, machen sie zu wenig draus. Sie überbieten nicht gleich einen Gag mit dem nächsten, um einen noch größeren Lacher zu kriegen. Natürlich, gelacht wird immer noch – und oft sind auch ein paar wirklich originelle Gags darun-ter. Trotzdem könnte in meinen Augen alles um Klassen besser sein!« Um zu zeigen, wie er sich Komödien vorstellt, und um sich gleichzeitig wieder in Erinnerung zu rufen, brachte er Anfang

›Selten so gelacht‹

der 60er Jahre im *Columbia*-Verleih zwei Filmkompilationen heraus: HAROLD LLOYD'S WORLD OF COMEDY (SELTEN SO GE-LACHT) und THE FUNNY SIDE OF LIFE (SPASS MUSS SEIN), in dessen Mittelpunkt, fast ungekürzt, THE FRESHMAN stand.

Aber es half alles nichts. Lloyd vereinsamte inmitten seines schönen Anwesens. Wolfram Tichy: »Viele seiner Freunde waren gestorben oder anderen Beschäftigungen nachgegangen, und das öffentliche Interesse an ihm war weitgehend zum Erliegen gekommen. Immer öfter geschah es, daß er sich allein oder zusammen mit einem einzelnen Besucher seine alten Filme vorführen ließ und sich dabei amüsierte, als sähe er sie zum ersten Mal. In der Tat waren für ihn diese Filme in seinen letzten Jahren wohl die einzige Brücke zu seinem Ich. Einer seiner Freunde erzählte mir, daß es nicht selten geschah, daß Kinder aus der Nachbarschaft unentdeckt auf seinem Grundstück spielten – er hätte wohl auch nicht viel dagegen eingewendet, wenn er es bemerkt hätte. Die Vorstellung, daß er sich vielleicht gerade einen seiner Filme ansah und sich wünschte, es würde jemand an diesem Erlebnis teilhaben, während auf dem Rasen über ihm Kinder spielten, die von dem alten Mann nur wenig wußten und sich vielleicht sogar gefreut hätten, hätten sie diesen Vorführungen beiwohnen können, gibt einiges von der Melancholie wieder, die Lloyds Leben in seinen letzten Jahren offenbar geprägt hat.«

Harold Lloyd starb an Krebs – anderthalb Jahre nach dem Tod seiner Frau, am 8. März 1971.

Baby Face: Harry Langdon

Auf die Frage, wen er für den größten Komiker halte, den der
Film hervorgebracht habe, nannte Mack Sennett ihn an erster
Stelle. Für Stan Laurel war er ein »großer Komiker, der das
Zeug zu einem großen Schauspieler in sich hatte, wie Chaplin«.
Im Pantheon der Stummfilmkomiker, das James Agee in seinem

Harry Langdon

Essay über COMEDY'S GREATEST ERA zusammengestellt hat, residiert er gleichberechtigt neben Chaplin, Keaton und Lloyd. Für mich war er stets die komisch geborene Figur schlechthin – und entsprechend tief ist er auch gefallen, nachdem er kurze Zeit ganz oben war.

Harry Langdon wurde am 15. Juni 1884 in Council Bluffs, Iowa geboren. Seine Eltern arbeiteten für die Heilsarmee. Die Familie lebte am Rande der Armut. Als Junge verkaufte Harry Zeitungen in den Straßen von Omaha und ließ sich – Gleichaltrige mieden den Kurzsichtigen als Sonderling – magisch anziehen von der bunten Traumwelt der Penny-Arkaden und Showbühnen. Bemüht, wenigstens durch die Hintertür an diesem Zauber teilhaben zu dürfen, wurde er Requisitenjunge und Platzanweiser, was ihm, wenn schon kein Geld, so doch die Möglichkeit brachte, die Show mitzuerleben. Als er 13 war, erbat er den elterlichen Segen, sich »Dr. Belcher's Kickapoo Indian Medicine Show« anzuschließen. Seine Mutter packte ihm eigenhändig die Sachen. In dieser tourenden Arzneishow entpuppte sich Harry als wahres Naturtalent: Minstrel mit schwarzgefärbtem Gesicht (totaler Gegensatz zum später weißgepuderten Mondgesicht), Gaukler und Banjospieler. Doch da es mit der Bezahlung haperte, kehrte Harry nach Omaha zurück und trat in Mickey Mullin's Music Hall auf. Auch als Karikaturist bewies er Talent (auf der Leinwand ist seine zeichnende Hand in der Eröffnungsszene des Films THE FLYING DEUCES zu sehen, wie sie Laurel & Hardy karikiert). Aber immer wieder packte ihn die Wanderlust: Im Zirkus bewährte er sich als Clown und Akrobat, sogar auch mal als Trapezkünstler. Er war ein guter Bauchredner und, hinter den Kulissen, ein erstklassiger Zimmermann.

Seinen Platz in Vaudeville und Burleske eroberte er sich mit einer komischen Nummer, die er in mehreren Variationen zusammen mit einer festen Partnerin fast 20 Jahre erfolgreich spielte. Der Name der Partnerin war Rose Frances Mensolf, mit der er 1903, als er 19 war, durchgebrannt war und die seine erste Frau wurde. Wesentlicher Bestandteil war ein streikender Wagen, in dem der hilflose Harry Rose chauffierte und der vor einem Café oder einem Hospital Stück für Stück zusammenbrach. Die gängige Version der Nummer, die später abgefilmt wurde (JOHNNY'S NEW CAR), beschreibt Frank Capra in seinen Memoiren wie folgt:

»Harry Langdon, der Fahrer, war ein babygesichtiger, pausbäckiger kleiner Mann, der einen kleinen runden Hut mit hochgezogener Krempe trug und einen Mantel, der oben zu eng und unten zu weit war. Seine Hände und sein Gesicht waren mehlig weiß. Er wirkte ganz wie ein zu groß geratenes Kind. Neben ihm im Automobil saß seine Frau, aufgeputzt als dominierende, geiergesichtige Xanthippe, mit Federn und Rüschen. Harry agierte pantomimisch langsam. Nur die Frau plapperte und stieß schrille Schreie aus. Das vor Wut schäumende Weib warf Harry einen tödlichen Blick zu und krächzte: ›Idiot! Was hast du dir denn da für ein neues Auto andrehen lassen?‹ Harry lächelte verlegen und stieg aus, um das kochende Gefährt in Augenschein zu nehmen. Langsam – sehr langsam – wie ein Kind, das einen launischen Hund zu beruhigen sucht – streichelte er den Kühler, ganz zärtlich. Da spuckte die ordinäre Blechkutsche und schien nach ihm zu schnappen. Harry rannte um sein Leben, wobei er seine Hutkrempe mit den Händen festhielt. Aber noch im Lauf traf ihn ein schrilles Kommando: ›Harry! Du kommst sofort zurück!‹ Schüchtern tat Harry, wie ihm geheißen. Er drehte an der Kurbel – nichts. Er drehte kräftiger – nichts. Ungeduldig hob er den Zeigefinger, um das ungezogene Automobil zu tadeln – wie ein Kind eine Puppe, die nicht artig war. Plötzlich sprang der Wagen an. Der Motor ratterte. Harry also wieder rein. Schenkte seiner Frau ein breites, siegreiches Lächeln. Griff ins Lenkrad. Und – der Motor verstummte. Ernüchtert stieg Harry wieder aus und hielt die Wagentür in Händen. So ging es zehn Minuten weiter. Der kleine Elf Harry – eingezwängt zwischen einer teuflischen Nuckelpinne und dem Schiß vor seiner keifenden Alten.«

Die Kritiken waren die ganze Zeit über euphorisch. 1911 prophezeite der NEW YORK TELEGRAPH, der Sketch werde einen Sonderplatz in der Geschichte der Vaudeville-Komödie einnehmen. Im BILLBOARD wurde er als »eine der komischsten Nummern im heutigen Vaudeville« gefeiert. Und noch 1920 sprach VARIETY von der »zugkräftigsten kleinen Komödie, die das Vaudeville zu bieten hat« – kurz: ein Vaudeville-Klassiker.
Die Langdons traten in den größten und bedeutendsten Häusern der *Keith*- und *Orpheum*-Kette auf – im *Palace* in New York, im

Majestic in Chicago, den *Orpheums* in San Francisco und Los Angeles. In Los Angeles war es, daß Harold Lloyd die Nummer auffiel: »Ich erzählte Hal Roach, daß er ein guter Filmkomiker werden könnte. Und so ging auch Hal ins *Orpheum,* sah Harry und gab mir recht.« Doch Roach bot Langdon zu wenig. Statt dessen schloß Harry, der am Ende seiner Wanderjahre angekommen war (und vielleicht instinktiv fühlte, daß das Kino Vaudeville und Burleske endgültig verdrängte), einen Vertrag mit dem Produzenten Sol Lesser *(Principal Pictures Corp.),* der diesen aber schon nach kurzer Zeit, samt einigen Filmen, an Mack Sennett abtrat. Der wollte der Welt offensichtlich beweisen, daß er immer noch in der Lage war, einen Komiker vom Format Chaplins zu kneten. Entsprechend berichtete der LOS ANGELES MORNING TELEGRAPH in seiner Ausgabe vom 20. Dezember 1923: »Mack Sennett sagt, er habe einen neuen Komiker entdeckt, der das Potential eines Chaplin habe.« Und in einer Presseankündigung, die das Studio ein paar Monate später für den Kurzfilm SHANGHAIED LOVERS vorbereitete, hieß es: »Mack Sennett, immer auf der Suche nach neuen Typen und Gesichtern, war sofort beeindruckt von der Ausstrahlung Harry Langdons, als dieser in Los Angeles' *Orpheum* auftrat. Besonders angetan war der Comedy-König von dem positiven Comedy-Typ, den Langdon darstellte. Seine einfache Art, Dinge oft nur mit seinen Augen auszudrücken oder einem Schulterzucken oder Kopfnikken. Schon wie er geht ist lustig … Unter seinem gegenwärtigen Vertrag mit Mack Sennett wird Langdon in einer Serie von Komödien mitwirken, die seiner unnachahmlichen Persönlichkeit auf den Leib geschrieben sind. Die Filme, in denen er auftritt, werden humorige Situationen den lauten, sogenannten Slapstick-Gags vorziehen.« Sennetts Produktionschef Dick Jones pflichtete seinem Chef bei: »Meiner Meinung nach ist Harry Langdon einer der größten Vertreter der Pantomime, den die Leinwand seit langer Zeit hervorgebracht hat. Er ist die Natürlichkeit in Person, der geborene Komiker.«

Doch anfangs war es den Sennett-Schreibern schier unmöglich, geeignete Sujets für das pantomimische Naturtalent zu finden, so gefangen waren sie in ihren konventionellen Gag-Klischees. Nur Dick Jones, der überzeugt war, daß Sennett noch immer den richtigen Riecher hatte, mochte nicht aufgeben und kam mit dem Autorenduo Frank Capra/Arthur Ripley ins Gespräch,

Einer der größten Pantomimen der Filmgeschichte: Harry Langdon

nachdem sie sich den Film, der von Harrys Autonummer ge-
macht worden war, angesehen hatten. Ripley versank in seinem
Sitz. Obwohl ein Theoretiker mit geradezu ausschweifenden
Gedankengängen, wollte auch er die Flinte ins Korn werfen:
Was Langdon angehe, könne ihnen nur noch Gott helfen. Dieser
Satz war es, der Capra angeblich auf die rettende Idee brachte:
Genau! Allein Gott könne einem Elfen wie Harry helfen. Gott
sei sein Verbündeter. Und Harry meistere alle Situationen mit
Güte. Wie der brave Soldat Schwejk.
Daraufhin kriegte Langdon ein ständiges Team, Ripley und
Capra als Schreiber sowie den empfindsamen Harry Edwards als
Regisseur, und diese drei verbrachten Stunden damit, Sennetts
erste Langdon-Filme sorgfältig zu studieren. Dabei fiel ihnen
auf, daß immer dann, wenn das Tempo zufällig mal etwas langsamer war, Harry mehr Gelegenheit hatte, sich pantomimisch zu
entfalten. Kurz: Harry brauchte Zeit, um eine Situation auszu-

spielen. Eine solch unvergeßliche Situation finden wir in Harry Edwards' erstem Kurzfilm mit Langdon, der den sinnigen Titel THE LUCK O' THE FOOLISH trägt. Harry rasiert sich im fahrenden Zug, Gesicht zur Kamera, über die Schulter eines anderen Reisenden, der gar nicht mitansehen mag, wie sein Hintermann mit der scharf geschliffenen Klinge umgeht – ohne sich zu schneiden. Das Glück ist mit den Doofen. Das und nichts anderes ist die Devise der frühen Langdon-Filme.

Bald war Harry der König der *two-reelers,* der zwei Akte kurzen Grotesken. Und auch sein Honorar war kometenhaft gestiegen: Mit 250 Dollar die Woche hatte er beim Film angefangen, jetzt kassierte er eine Viertelmillion im Jahr. Mack Sennett muß gespürt haben, daß er ihn, wie andere Stars vor ihm, nicht mehr lange würde halten können: »Wie Chaplin hatte er seine eigenen Ideen. Er duldete keine Einmischung, obwohl er natürlich unter Vertrag war und dementsprechend seine Weisungen von anderen zu beziehen hatte.« 1925 bot *Pathé,* seinerzeit der Verleiher von Hal Roach *und* Mack Sennett, Langdon einen hochdotierten Vertrag. Mit Langdon wollte man Harold Lloyd ersetzen, der zum *Paramount*-Verleih gewechselt war. Doch gaben Langdons Berater, Bill Jenner und Anwalt Jerry Geisler, einer Offerte von John McCormick und *First National* den Vorzug. Dieser Verleih orderte von der eigens gegründeten *Harry Langdon Corporation* wenigstens drei Spielfilme zu 150.000 Dollar Produktionskosten und nahm eine Option auf drei weitere Filme zum gleichen Budget – plus 6000 die Woche für Langdons Dienste, plus 25 Prozent von den Einspielerlösen. (Seitens *First National* wurde der Kontrakt übrigens von keinem Geringeren als Sol Lesser gegengezeichnet.) Zu Harrys Troß, der im Oktober 1925 im Burbank-Studio einzog, gehörten Harry Edwards, Capra und Ripley sowie Elgin Lessley, der jahrelang Buster Keatons Kameramann gewesen war.

Langdons erster Film unter dem *First National*-Banner hieß TRAMP, TRAMP, TRAMP. Sein Co-Star war eine junge Schönheit, die man von *MGM* ausgeliehen hatte, Lucille LeSuer, besser bekannt als Joan Crawford. TRAMP, TRAMP, TRAMP war erfolgreich genug, um in Loew's State Theater in Los Angeles mit einer Kasse von 31.500 Dollar in der ersten Woche den Rekord zu brechen. Langdon habe die Prüfung bestanden, lobte *Photoplay* – dieser Film sei sein Diplom. Edwards und Langdon trennten sich nach diesem Streifen in Freundschaft (sie arbeiteten später noch mal zusammen) – es hatte Komplikationen mit dem Budget gegeben. Jetzt war endlich Frank Capra an der Reihe, im Regiestuhl Platz zu nehmen, der auf eine solche Chance schon lange gelauert hatte. Ihr Film THE STRONG MAN ließ die Rezensenten allerorten frohlocken. Der kleine Streifen, 60 Minuten lang, wurde zu einem der zehn besten Filme des Jahres 1926 gekürt.

Will man Capra Glauben schenken – und warum sollte man es in diesem Falle nicht? –, stieg der Ruhm dem armen Harry arg zu Kopf. Während der Dreharbeiten zu LONG PANTS soll es vorgekommen sein, daß Langdon »mehr Pathos« verlangte – und als ihm Capra auseinandersetzte, das Pathos liege doch in seiner Komik (»Bewußt nach Pathos zu streben wär Blödsinn, glaub mir«), blickte er ungläubig: »Ich glaub den New Yorker Kritikern. Oder weißt du mehr als die?«

Gertrude Astor, Harrys Partnerin aus THE STRONG MAN, beschreibt ihn noch als introvertierten Eigenbrötler: »Harry Langdon war ein spaßiger, kleiner, wortloser Mann. Am Drehort setzte er sich nie neben jemand anderen. Er ging in die Ecke und setzte sich allein auf eine Bank, bis Frank Capra ihn für eine Szene brauchte. Ein Star, agierte er gleichwohl wie ein Nichtwesen.« Eines Tages, als sie Harry wieder allein sitzen sah, beschloß sie, der Sache auf den Grund zu gehen: »Warum sitzen Sie hier nur so still für sich?« – Er sah sie an und sagte ganz ruhig: »Oh, ich mag das so. Ich mag Menschen nicht. Ich bin lieber allein für mich und denke.«

Plötzlich aber war er nicht mehr nur introvertiert, sondern wurde auch unnahbar. Capra:

> »Ich hatte noch eine letzte Szene (für LONG PANTS) zu drehen – ein Insert: eine Großaufnahme von Harrys Hand, die spitzbübisch nach einem Buch im Regal der Bibliothek greift, mit dem Titel GROSSE LIEBHABER. Die Crew und ich warteten und warteten. Ich ließ ihn mehrere Male rufen. Endlich kam er, in einem eleganten Morgenmantel mit dazu passendem noch eleganterem Halstuch, im Gefolge ein paar Blutsauger, die er sich frisch zugelegt hatte.
> ›Warum zum Teufel schickst du die ganze Zeit nach mir? Weißt wohl nicht, daß ich abgedreht bin!‹ Er hatte die Arroganz eines Napoleon, der einen Lakaien zurechtweist.

Harry Langdon in der Rolle des Paul Bergot: ›The Strong Man‹

›Tut mir leid, Harry. Ich brauch ein Insert von deiner
Hand ...‹
›Ein Insert von meiner Hand? Hast du sie noch alle? Regis-
seure holen Stars nicht für gewöhnliche Inserts. Dafür gibt es
Doubles.‹
›Harry, solche Hände wie deine gibt es nicht ein zweites
Mal – –‹
›Scheiß drauf. Du hast mein Interview mit zwei der größten
Kritiker New Yorks unterbrochen – für ein lausiges Insert!‹«

Der gedemütigte Frank Capra stellte seinen Star schließlich in
der Garderobe zur Rede, wo er auf der Couch lag und an die
Decke stierte:

›The Strong Man‹

»›Hi, Harry.‹ Er schaute nicht zu mir her und erwiderte auch nicht den Gruß.

›Harry, ich bin gekommen, um dir zu sagen, was dir schon viele von uns seit geraumer Zeit sagen wollen, nämlich daß du dich in einen unmöglichen, nur von sich selbst eingenommenen, eingebildeten, stelzenden Gecken verwandelt hast!‹ Er warf mir einen kurzen, gelangweilten Blick zu und drehte sich dann wieder um.

›Aus dem fröhlichen kleinen Kerl, den wir mal gekannt und geliebt haben, ist ein undankbarer Lump geworden. Aber trotzdem bist du immer noch einer der großen Künstler unserer Zeit – genauso groß wie Chaplin. Und du könntest noch größer werden, wenn du aufhörst, diesen kleinen Zinn-Jesus zu spielen. Und, ja! Mach Schluß damit, Chaplin kopieren zu wollen. Sicher, Chaplin schreibt sein eigenes Material und führt auch selbst Regie, aber er hat seine Figur auch selbst geschaffen. Er versteht sie, besser als jeder andere. Dagegen hast du deine Figur nicht selbst geschaffen. Du begreifst nicht, was du darstellst. Und jetzt, wo du deinen eigenen Interviews glaubst, wirst du es nie begreifen. Harry, was ich dir in aller Freundschaft mitzuteilen versuche, ist, daß du nicht gleichzeitig spielen, schreiben und Regie führen mußt, um größer zu werden als Chaplin. Alles, was du tun mußt, ist, die Hilfe von Leuten anzunehmen, die dich kennen – so wie Lloyd jede denkbare Hilfe akzeptiert, so wie Keaton. Noch eins, Harry. Liebe! Komiker müssen geliebt werden, um Lacher zu ernten – und im Augenblick bist du der einzige hier, der dich liebt. Denk mal drüber nach, Harry. Warum dankst du nicht einfach Gott für deinen Erfolg – und nicht dir selbst. Das war's.‹«

Ob es wirklich Capra war, der Langdons Figur kreiert hat, ist fraglich. Wie wir gesehen haben, war sie bereits im Vaudeville angelegt. Aber in jedem Fall hat er sie adäquat auf die Leinwand übertragen. Nach dem Bruch mit ihm ist Harry nicht mehr auf die Beine gekommen, hatte als sein eigener Regisseur drei schwere Mißerfolge zu verantworten: THREE'S A CROWD, THE CHASER und HEART TROUBLE, dessen sich die *First National* nur noch bediente, um zu verkünden, daß ab sofort alle Beziehungen zur *Harry Langdon Corporation* eingestellt seien. Während Capra bald in die Spitzenklasse der amerikanischen Filmregis-

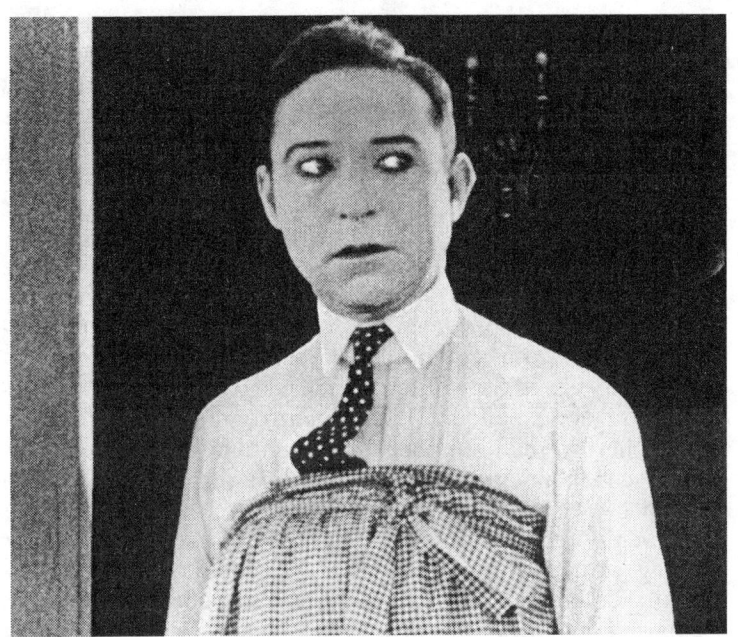

Selbst mit strenger Miene nicht ernstzunehmen: Harry Langdon

seure aufrücken sollte, mit Werken wie IT HAPPENED ONE NIGHT, MR. DEEDS GOES TO TOWN, ARSENIC AND OLD LACE und IT'S A WONDERFUL LIFE, ging es mit Harry stetig bergab: Auf der Leinwand mochte Gott sein Verbündeter gewesen sein, im Leben war er es nicht. Harry nahm Kontakt zu *United Artists* auf, Chaplins Firma – vergeblich. Er galt erst mal als Kassengift. Um zu beweisen, daß er immer noch sein Publikum zu faszinieren verstand, ließ er sich mit einer neuen Live-Nummer, die er eigens dafür geschrieben hatte, THE MESSENGER, für einen Monat ins *Palace* nach New York City buchen und signalisierte in einem Interview mit *Photoplay,* daß er sich sehr wohl Gedanken machte über neue Entwicklungen in der Filmkomödie: »Ich glaube, daß die Tage der langen Gag-Komödie, die mit dem Komiker in der Hauptrolle steht und fällt, im Film gezählt sind. Ein Tritt in den Allerwertesten ist heute nicht mehr so komisch wie vielleicht noch 1910. Das Spielfeld für Gags ist leergeräumt. Was heute und morgen zählt, ist die Story – der Lustspielfilm, der eine Geschichte erzählt. Kein lebender Komiker kann die Bürde einer sieben Akte langen Komödie auf sich nehmen und daraus einen einzigen Heuler machen. So komisch ist niemand. Er muß schon eine gute Story haben und zwei oder drei ansprechende Partner, die ihm helfen.«

Zurück in Hollywood, unterschrieb Langdon im Mai 1929 einen Vertrag bei Hal Roach. Jetzt war er wieder in Zweiaktern, mit dem Unterschied freilich, daß diese tönten. HOTTER THAN HOT, Langdons Tonfilmdebüt, kam am 17. August 1929 heraus. Seine Partnerin in diesem und fünf weiteren Kurzfilmen war die reizende Thelma Todd. Doch der Tonfilm machte den Pantomimen nicht nur sprechen, er veränderte irgendwie auch seine Bewegungen. Tonfilme wurden nämlich mit 24 Bildern pro Sekunde aufgenommen, die Bildfrequenz konnte nicht nach Belieben variiert werden wie noch im Stummfilm, wodurch ein Darsteller schneller oder langsamer – seine Bewegung auf jeden Fall künstlich – wurde. Hinzu kam, daß auch Roach, wie andere vor ihm, wenig Verständnis zeigte für Harrys ausgefallen langsames Timing: »Alle, wenigstens alle in meinem Studio, taten alles Erdenkliche, um ihn dazu zu bringen, sich schneller zu bewegen«, beklagte sich der Produzent 1974 in einem Interview. »Wenn er eine Szene probte, war sie genauso, wie man es haben wollte. Großartig! Aber sobald die Kamera lief, war alles nur noch zeitlupenhaft.« Nur zehn Monate hielt es Harry bei Roach in Culver City aus.

Auch sein Privatleben stand unter keinem günstigen Stern. Nachdem seine erste Ehe geschieden war, versuchte der frühere Mann seiner zweiten Frau Geld aus ihm herauszupressen, teilweise sogar mit Erfolg, indem er behauptete, sie sei ihm durch Langdon entfremdet worden. Als es auch mit dieser zweiten Ehe zu Ende war – beide Partner waren zwar keine charakteristischen Alkoholiker, aber tranken doch ganz gern –, verlangte Ex-Gattin Helen Unterhaltszahlungen von 1000 Dollar die Woche. Doch als Harry seine bescheidenen finanziellen Verhältnisse offengelegt hatte, gestand ihr das Gericht nur 25 die Woche zu. Und auch das nur bis 1938: In jenem Jahr war Harry gezwungen, den Offenbarungseid zu leisten.

Glücklicher verlief seine dritte Ehe mit Mabel Georgena Sheldon, die am 12. Februar 1934 geschlossen wurde. Und obwohl er in Spielfilmen nicht mehr Star war, sondern nur Nebenrollen

›Hallelujah! I'm a Bum‹

›Heart Trouble‹

oder Gastauftritte absolvierte – mit Al Jolson in HALLELUJAH! I'M A BUM oder in Lilian Harveys MY WEAKNESS –, gab er niemals auf und spielte unverdrossen in weitgehend belanglosen Zweiaktern für *Educational, Paramount* und *Columbia.* »Das ganze Brimborium, das man um große Tiere macht – ich habe erleben müssen, wie wenig das wirklich zählt. Noch vor ein paar Jahren strahlte mein Name auf der Leuchtreklame in Großbuchstaben. So was war natürlich schmeichelhaft. Ich kann nicht leugnen, daß es mir gefiel. Aber das Schicksal, oder wie immer man es nennen mag, machte mir einen Strich durch die Rechnung«, gestand ein einsichtiger Harry in einem Interview mit dem LOS ANGELES EXAMINER. Zwar mache er jetzt keine großen Spielfilme mehr, aber das habe nichts zu bedeuten: »Dafür haben sie mir die Lumpen weggenommen, die ein untrennbarer Bestandteil meiner Figur geworden waren, und mich ganz fein eingekleidet, fast so wie eine Schaufensterpuppe. Das ist auch nicht übel. Mir gefällt's. Und last but not least: wenn ich auch sonst keinen Grund hätte, mich zu freuen, so bleibt immer noch, daß ich bald Vater werde! Das reicht, um über all das Unglück hinwegzukommen.« Harry jun. kam am 16. Dezember 1934 zur Welt.

Später, nach einem Gastspiel in Australien und einer Zeit in England, wo er für *Fox-British* den Film WISE GUYS (1937) inszenierte und sogar Pläne für einen Hollywood-Nachtclub in London entwickelte, rettete ihn die Freundschaft mit Stan Laurel, einer verwandten Seele (beide waren Krebsgeborene), und Oliver Hardy, mit dem er gelegentlich Golf spielte. Als Gagman war er bei vier Spielfilmen des Paares dabei. Die Eröffnungssequenz von BLOCK-HEADS – Gefreiter Stan Laurel wacht in einem Schützengraben des Ersten Weltkriegs, ohne zu wissen, daß der Krieg seit 20 Jahren aus ist – erinnert an eine ähnliche Prämisse in dem Langdon-Film SOLDIER MAN, einer Mack-Sennett-Produktion von 1926. Zwischendurch, als es in der Beziehung von Produzent Hal Roach und seinem Star Stan Laurel wieder einmal kriselte, wurde sogar mal von einem Team Hardy – Langdon geredet. Doch nachdem der erste Film mit Oliver und Harry, ZENOBIA (ZENOBIA DER JAHRMARKTSELEFANT), ein Flop wurde, blies Hal Roach einen schon projektierten zweiten Streifen mit den beiden kurzfristig ab. Schließlich stand Langdon wieder in Kurzfilmen der *Columbia* vor der Kamera, und selbst in denen spielte er nur noch die zweite Geige. Seinen letzten Filmauftritt absolvierte er in der *Republic*-Produktion SWINGIN' ON A RAINBOW. Während der Herstellung dieses Films klagte er über heftige Kopfschmerzen. Zwei Wochen später, am 8. Dezember 1944, war er tot. Todesursache: Gehirnblutung. Für Frank Capra war er die »tragischste Figur, der ich im Showbusineß begegnet bin«.

Single, Duo, Trio infernal

Galle und Geifer: W. C. Fields

Egbert Sousé.
Larson E. Whipsnade.
Cuthbert J. Twillie.
Drei Filmfiguren, die eines gemeinsam haben: jene markante Knollennase, die mehr als einmal Anlaß zu Scherzen gab wie »Essen Sie gerade eine Tomate – oder ist das Ihre Nase?«
W. C. Fields revanchierte sich; aus seinem schiefen Maul, das nach Martini duftete, drangen beständig markige Gemeinheiten. »Was Galle und Geifer anlangt«, so sein Freund Bill Grady, »war er absolut unerreicht. Da er der felsenfesten Meinung war, daß jeder, der ihm nahe kam, ihn übers Ohr hauen wollte, haute er erst einmal sicherheitshalber jeden, der ihm nahe kam, übers Ohr!«

Galle: »Jemand, der kleine Hunde und Kinder haßt, kann nicht ganz schlecht sein.«
Geifer: »Frauen sind für mich wie Elefanten: Ich seh sie mir gerne an, aber zu Hause in der Wohnung möchte ich keinen haben ...«

Ein wenig haftete ihm das Image menschenverachtender Niedertracht an, doch tief in seinem Innern war er gutmütig. Er stach zwar ausgiebig zu, aber einen richtigen Stachel hatte er nicht –

»Mögen Sie Kinder?« – »Ja, geröstet!«
»Lieber zwei Mädels von 21 als eins von 42.«

Richtig sauer wurde er nur, wenn man ihm seinen Alkoholkonsum ankreidete. Einmal wehrte er sich sogar mit einer großen Anzeige im HOLLYWOOD REPORTER:

»In seinem Interview mit W. Ward Marsh vom CLEVELAND PLAIN DEALER (9. April 1945) gibt sich Eddie Cline, der Regis-

Der Mann mit der markanten Knollnase: W. C. Fields

seur, die größte Mühe, mich im Filmgeschäft zu ruinieren. Ich zitiere aus dem Interview: ›Fields war nicht in der Lage, von den harten Sachen runterzukommen‹, soll Cline gesagt haben. ›Das ist der Grund, warum er nicht mehr auftritt. Sie dürfen mich nicht falsch verstehen: Ich liebe ihn, er ist ein großartiger Bursche, aber in der Hinsicht tut er zuviel des Guten.‹ Außerdem behauptet er, daß ich mich nicht mehr an meinen Dialog erinnern konnte.

SELBSTVERTEIDIGUNG – Ich habe meine, oder sollte ich sagen ihre, Filme stets in kürzerer Zeit beendet als vorgesehen. Meistens improvisiere ich meinen Dialog.* Würde ich ihn mir merken, sähe es nicht gut für mich aus.

Bei *M-G-M*, in David Copperfield, war meine Rolle für zehn Drehtage angesetzt worden; ich schaffte sie in neun Tagen.

Auch bei *Universal* ging man von zehn Tagen aus; ich brauchte anderthalb.

Mack Sennett gab mir zwei Wochen, einen Zweiakter zu schreiben und darin die Hauptrolle zu übernehmen. Ich stellte den Film in anderthalb Tagen fertig. Ich habe für solch hervorragende Regisseure gearbeitet wie George Cukor, David Wark Griffith, Paul Jones, Gregory La Cava, Leo McCarey, Norman McLeod und Eddie Sutherland (in alphabetischer Reihenfolge).

Auf der Bühne arbeitete ich für Meister-Showmen wie Earl Carroll, Flo Ziegfeld (für den ich neun Jahre lang tätig war, ohne eine einzige Vorstellung zu versäumen), George White etc. etc.

Im Radio habe ich gearbeitet für Chase & Sanborn und die Lucky-Strike-Zigaretten und habe beide Engagements aus eigenem Entschluß beendet.

Nie bin ich zu spät gekommen oder habe eine Vorstellung versäumt, weder im Film noch auf der Bühne oder im Radio, und das seit über vierzig Jahren. Es ist wahr, daß ich gelegentlich einen kleinen Rum und Coca-Cola zu mir nehme oder einen Martini als Arznei, aber trotzdem bin ich stolz auf das, was ich geleistet habe. Die oben genannte erste Garde von Regisseuren benenne ich als Zeugen für die Richtigkeit dieser Darstellung.

Ich will hier kein Gift verspritzen. Ich liebe den Burschen. Aber ich habe schon seit geraumer Zeit nach einem Vorwand für eine ganzseitige Anzeige im Reporter gesucht, und dies hier endlich ist er. Das war, was ich zu meiner Verteidigung zu sagen hätte.

W. C. Fields
Komiker auf freiem Fuß ohne Geschäftsbereich«

* Ad lib.

Wundersames liest man mancherorts auch über Fields' Jugendjahre: Bernard Grun, in seinem Buch ALLER SPASS DIESER WELT,
beruft sich auf Alvah Johnston, wenn er behauptet, Fields sei mit
elf Jahren von zu Hause durchgebrannt und habe die folgenden
vier Jahre vom Falschspielen und Ausrauben von Geldschubla-
den gelebt. Beim Pokern habe er es verstanden, »so zu mischen,
daß er die Karte erhielt, die er brauchte, um einen elenden Groschen zu gewinnen – und schritt er an der Theke eines Delikates-
sengeschäftes vorbei, erreichte er, wenn er Glück hatte, den
Ausgang mit einer Ladung von Käse, Sardellen, Gurken, Herin-
gen und Sauerkraut in seiner Tasche. Hatte er Pech, dann endete
er im Kittchen. Er litt an chronischen Erkältungen, fror und
schlief in Haustoren, Ställen oder Verladewagen. Noch als Fünf-
zigjähriger bekannte er: ›Bis zum heutigen Tag freue ich mich,
wenn ich in ein frischgemachtes Bett krieche und mich zwischen
die reinen Laken lege: verflucht noch einmal – das ist eine
Wonne!‹«
Ganz so schlimm ist es dann doch nicht gewesen. Fields' Vater,
ein James C. Dukenfield, war in jungen Jahren mit Vater und
Brüdern aus England in die Vereinigten Staaten eingewandert
und kämpfte im Bürgerkrieg auf seiten der Nordstaaten. Sein
Bruder George fiel in der Schlacht von Gettysburg, und er selbst
büßte Teile von drei Fingern ein. James ließ sich in Philadelphia
nieder und legte sich ein Pferd zu, das auf den Namen White
Swan hörte und ihm den Obst- und Gemüsekarren zog. Er heiratete Kate Felton, die Tochter eines Nachbarn, und ihr später berühmter Sproß – sie hatten ihn nach seinem Onkel mütterlicher-
seits William Claude genannt – erblickte (mit letzter Sicherheit
läßt sich das allerdings nicht sagen) am 29. Januar 1880 das Licht
der Welt. Der Name Claude gefiel ihm gar nicht, seine Mutter
rief ihn immer so; man merkt es daran, daß manche Schurken in
seinen Stücken und Filmen Claude heißen.
Er mochte lieber Whitey gerufen werden, wegen seiner hellblon-
den Haare. Die Dukenfields hatten noch vier weitere Kinder –
zwei Söhne, LeRoy und Walter, und zwei Töchter, Elsie Mae
und Adele. Letzteren setzte er in seinem Film THE BANK DICK
ein zweifelhaftes Denkmal, indem er seiner kleinen Tochter in
diesem Streifen den Namen Elsie Mae Adele Brunch Sousé
gab.
»Sehen Sie, als Junge bin ich immer faul gewesen. Ich haßte es,

aufzustehen und zur Schule zu gehen. Ich bin lieber im Bett geblieben. Natürlich erfüllte mich der Gedanke, arbeiten zu müssen, um den Lebensunterhalt zu verdienen, mit Schrecken, weil ich wußte, daß Leute, die zur Arbeit gingen, noch früher aufstehen mußten als Jungs, die zur Schule gingen.«

Als W. C. 14 war, sah er bei einem Zirkusbesuch »einen Clown mit vier Bällen gleichzeitig jonglieren. Das spornte meinen jugendlichen Ehrgeiz an, und als ich heimkam, sah ich mich auf der Stelle nach etwas um, womit ich üben konnte. Unser Haus hatte einen großen Hof, und da wuchs ein stattlicher Apfelbaum. Mit drei Äpfeln, die ich darunter fand, begann meine Karriere als Jongleur. Ich probierte ein gutes Jahr lang.« Vater Dukenfield wußte von der Entscheidung seines Sprößlings, auf keinen Fall einer normalen Arbeit nachzugehen, »aber helfen, Jongleur zu werden, wollte er mir nicht. Hätte er mir Geld gegeben, um mich zu verbessern und ein paar Tricks zu kaufen, hätte ich eine komplette Nummer erworben, aber damit hätte ich wiederum nichts Originales gehabt. Er gab mir keinen Cent, so daß ich mir eine eigene Nummer ausdenken und meine eigenen Tricks entwikkeln mußte.«

Auf diese Weise wurde aus dem Amateur bald ein gefeierter Profi, der, da Vagabunden-Outfit im Varieté damals en vogue war, als Tramp-Jongleur auftrat. Zitat aus einer zeitgenössischen Kritik: »Kleidung – abgetragen, verschlissen, unordentlich und schäbig; Schuhe – klobig und ausgebeult; Hut – ein artistisches Wrack. Und das Gesicht erst – struppig und fleckig, mit einem drolligen Anflug von Kontenance ... Ein weiterer der offensichtlich sehr beliebten Tramptypen, die es sich in der amerikanischen Vaudeville-Unterhaltung bequem gemacht haben. Das Schema ist immer dasselbe: stoppeliges, blumiges Gesicht, schäbiges Gewand, groteske Art und Weise, sich zu bewegen.«

Das komische Talent scheint W. C., der seinen Nachnamen inzwischen in Fields verkürzt hatte, von der Mutter geerbt zu haben. Zur Jahrhundertwende heiratete er seine Assistentin Harriet Hughes – die beiden waren auch im Ausland auf Tournee –, und am 28. Juli 1904 wurde William Claude Fields jun. geboren, womit Hatties Karriere beendet war. Von da an war W. C. allein auf Achse; seiner Frau schrieb er nur noch und schickte Schecks für den Unterhalt, derweil sein eigener Stern immer heller erstrahlte: Verschiedentlich trat er sogar im selben

Programm mit Sarah Bernhardt auf, so am 11. Oktober 1913 in London vor dem englischen Königspaar.

Immer stärker brach in seinen Auftritten seine Neigung zum Komischen durch. Ein australischer Rezensent: »W. C. Fields wird zu Recht der Welt größter stummer Humorist genannt, ein Komiker, der ganz oben steht, und kein Freund des Vaudeville sollte sich irgendwann nachsagen lassen, daß er oder sie W. C. Fields versäumt hätte. Von dem Augenblick an, da der Vorhang aufgeht, bis zu dem Zeitpunkt, da er fällt, beschert er uns eine Orgie von Gelächter. Er gewinnt aber nicht nur als Humorist, sondern auch als Jongleur, seine Kunststücke und Tricks sind absolut verblüffend.« 1915 stieg Fields bei Florenz Ziegfeld ein, in die berühmten Ziegfeld Follies. Als bestbezahlter Jongleur der Welt teilte er die Bühne mit Fanny Brice, Bert Williams, Eddie Cantor (der seinen Freunden einmal erzählte, daß Fields Shakespeare, Chaucer, Milton plus Dickens las, während sie auf Tournee waren), Will Rogers und Ed Wynn.

Mit dem Film kam Fields schon sehr früh in Berührung. Im selben Jahr, als er bei Ziegfeld anfing, drehte er zwei Einakter: POOL SHARKS, für die *Gaumont,* brachte eine seiner größten Bühnennummern auf die Leinwand, einen trickreichen Billardtisch mit allen Schikanen, und vor den Kameras der *Mutual* erschien er in HIS LORDSHIP'S DILEMMA. Doch sollten noch rund zehn Jahre vergehen, bis der Film 1924 endgültig auf ihn aufmerksam wurde. In der von William Randolph Hearsts *Cosmopolitan Pictures* aufgelegten Marion-Davies-Kostümromanze JANICE MEREDITH hatte Fields einen vergleichsweise kleinen Part als betrunkener britischer Soldat. Dann gab er, an der Seite von Madge Kennedy, in dem rührseligen Stück POPPY am Broadway sein Schauspieldebüt; und als *Paramount* die Filmrechte erwarb, übernahm sie Fields gleich mit. Regie in der Filmversion führte Altmeister David Wark Griffith. Und obwohl Carol Dempster für die Rolle eines auf den Jahrmarkt verschlagenen Waisenkindes schon altersmäßig denkbar ungeeignet war, erfuhr sie als Griffith-Protegé in der weiblichen Hauptrolle des vom Verleih* SALLY OF THE SAWDUST (1925) umgetitelten Stoffs größere Aufmerksamkeit von seiten des Regisseurs als Fields, der die (schnurrbärtige) »Schießbudenfigur« des Professors Eustace

---

* Von Adolph Zukor an *United Artists* übertragen.

McGargle verkörperte. Trotzdem lobte er Griffith, der damals schon auf dem Weg nach unten war, gegenüber der Presse in den höchsten Tönen: »Ich halte Griffith für einen der feinsten Menschen, dem ich je begegnet bin. Es ist wunderbar, für ihn zu arbeiten, sehr inspirierend und nützlich. Geld interessiert ihn nicht, er lebt nur für seine Filme. Aber würde er einmal pleite sein, würde jeder, der mit ihm gefilmt hat, gern zurückkommen und umsonst für ihn arbeiten – und ich wär dann bestimmt der erste.« In Wirklichkeit ließ es sich Fields nicht nehmen, für seinen nächsten, in den *Paramount*-Studios in Long Island hergestellten und von Griffith wieder mit Carol Dempster besetzten Streifen, THAT ROYLE GIRL (1926) nach einer Erzählung von Edwin Balmer, gleich die doppelte Gage zu fordern. Er entschuldigte dies mit der Behauptung, in SALLY nur für halben Lohn gearbeitet zu haben, um des Vergnügens teilhaftig zu werden, »unter der meisterlichen Regie von D. W. Griffith spielen zu dürfen, den ich für den geduldigsten und größten, den für jeden Künstler, auch wenn er nur ein Schmierenkomödiant oder eine Schmierenkomödiantin sei, hilfreichsten lebenden Regisseur halte«. Er nannte Griffith einen »liebenswerten, großen Künstler«, einen »generösen und selbstlosen Charakter«. Dem Hörensagen nach hat sich in Griffith alles gesträubt, THAT ROYLE GIRL, bestimmt kein Ruhmesblatt in seiner durch THE BIRTH OF A NATION und INTOLERANCE gekrönten Laufbahn, zu machen: »Ich habe Mr. Lasky gebeten, mich aus der Pflicht zu nehmen, weil ich der Auffassung war, daß es für mich nicht die richtige Art Film sei« – doch übte Jesse Lasky, *Paramounts* oberster Produktionschef, der für das vorliegende Melodram schon von anderen Regisseuren einen Korb bekommen hatte, über seinen Supervisor William LeBaron Druck auf Griffith aus, bis der gänzlich in die Enge getrieben war. Die Kritiker ließen kein gutes Haar am Endprodukt, und in der Besprechung des NEW YORKER hieß es, wenn Fields seine Zusammenarbeit mit diesem Regisseur fortsetze, »würde ihn Mr. Ziegfeld bestimmt feuern lassen mit der Begründung, daß er kein Komiker sei«.

Dieser LeBaron war übrigens Fields' großer Förderer geworden. Ein weltgewandter Mann, der Bühnenstücke geschrieben und COLLIER'S WEEKLY herausgegeben hatte, war LeBaron durch Hearst zum Film gekommen und hatte eine Zeitlang die *Cosmopolitan* gemanagt, bevor er zu *Paramount* ging. »Ich weiß aber gar nichts über Filme«, hatte er Hearst bei seiner Einstellung gestanden, doch der hatte abgewinkt: »Das tun die Leute, die sie machen, auch nicht.« LeBaron hatte den guten Einfall, Fields nach Abschluß des Edward-Sutherland-Films IT'S THE OLD ARMY GAME (1926) mit Gregory La Cava zusammenzubringen. La Cava (1892–1949) war Karikaturist und Zeichenfilmer gewesen, der für Hearsts *International Film Service* Comic-Serien wie KATZENJAMMER KIDS und JERRY ON THE JOB animiert hatte, bevor er Filmregisseur wurde.

Am Ende des ersten Drehtages von SO'S YOUR OLD MAN (1926) kam LeBaron ins Atelier und wollte von La Cava wissen, wie er mit Bill Fields zurechtkäme. »Ein ziemlich gemeiner Mensch ist das«, lautete La Cavas lakonisches Urteil. Darauf fragte LeBaron Fields, was er von La Cava halte. Der Komiker rümpfte die Nase: »Ein Spaghetti.« Zwei Wochen später machte LeBaron noch einmal die Runde: »Was hältst du jetzt von ihm, Greg?« – »Er ist mir zuwider, aber er ist der größte Komiker, den es je gegeben hat.« Und von LeBaron jetzt auf La Cava angesprochen, gab sich auch Fields für seine Verhältnisse vergleichsweise freundlich: »Ich kann diesen Bastard zwar nicht ausstehen, aber er ist der beste Regisseur im Geschäft.« Beide machten noch einen zweiten Film miteinander, RUNNING WILD (1927), und blieben zeitlebens Freunde.

Einmal sollte Fields vor der Kamera mit einem Bären ringen. Das soll aber gar nicht nach Bills Geschmack gewesen sein. »Was ist das?« fragte er, als ein Dompteur mit einem Bären an der Kette aufkreuzte.

»Der Mann bringt den Bären, mit dem du ringen sollst«, erklärte La Cava.

»Teufel auch! Das mach' ich nicht!«

»Seien zahmer Bär«, versuchte, mit leichtem Akzent, der Dompteur, der auf die ihm verheißenen 30 Dollar Tagesgage nicht verzichten wollte, den schlotternden Star zu beruhigen. »Bär hat noch nie Mensch weh getan. Sieh, wie man Bär schlagen kann. Ganz fest auf Schnauze.« Worauf er dem Bären einen Kinnhaken versetzte. Das Tier schüttelte den Kopf und konterte mit einem Schlag, der den Dompteur auf die Matte streckte.

»Raus hier! Weg mit diesem verdammten Bären!« brüllte Fields. »Ich kann ihn nicht riechen.«

Noch ziemlich groggy, stand der Dompteur auf und murmelte

was wie »Na warte, in der nächsten Runde pack' ich ihn schon«, dann versuchte er wieder auf Fields einzureden: »Dieser Bär keine Gefahr. Seien großes Kind.«

Doch da sich Fields nicht beruhigen ließ, verfiel der Dompteur auf die Idee, selbst ein altes Bärenfell anzulegen und so kostümiert den Bären im Ringkampf zu mimen. Fields war einverstanden. Leider agierte der Mann im Bärenfell noch grimmiger, als es der echte Bär hätte tun können, und warf den Komiker kraftvoll zu Boden.

Der flüsterte La Cava etwas ins Ohr, worauf der Regisseur kundtat: »Mr. Fields bittet, das Bärenfell nach Hause zu schicken und statt dessen wieder den Bären zu holen.«

Nach einigen weiteren Stummfilmen für *Paramount* in New York, darunter Eddie Sutherlands Neuverfilmung von TILLIE'S PUNCTURED ROMANCE (1928, mit von der Partie Mack Sennetts alte Mitstreiter Louise Fazenda, Chester Conklin und Mack Swain), und einem Broadway-Vertrag bei dem ehemaligen Ziegfeld-Mann Earl Carroll (VANITIES) – für beachtliche 6500 Dollar die Woche – kam Fields Anfang der 30er Jahre nach Hollywood, wo er nicht unbedingt mit offenen Armen empfangen wurde. Die größten Erfolge waren seine New Yorker Stummfilme nämlich nicht gewesen.

Einer der ersten, der in der Filmmetropole was mit ihm machen wollte, war Mack Sennett. Und will man dem alten Fabulanten Glauben schenken (die Dummen sterben schließlich nicht aus), dann sollte Fields in seinem ersten Kurzfilm für ihn einem noch größeren Ungeheuer als dem La Cavaschen Bären über den Weg laufen – oder besser: schwimmen.

Hier ist das Seemannsgarn, das Sennett seinem Biographen Cameron Shipp (KING OF COMEDY) unter der Überschrift HERR FIELDS BEGEGNET EINEM WAL auf die Nase band – und das einfach zu versponnen ist, um an dieser Stelle nicht darüber zu stolpern: »Ich traf Bill Fields zum erstenmal in New York, als er in den Ziegfeld Follies auftrat. Wie jeder andere hielt auch ich seine Nummer für irrsinnig komisch. Später ging er nach Hollywood, wobei er in verschiedenen Ortschaften, die auf der Route lagen, Zwischenstation machte, um geheime Bankkonten unter fiktiven Namen einzurichten. (Auf diese Weise hielt er sein Geld zusammen. Als er starb, kostete es allerdings ein Vermögen, seinen Nachlaß zu ordnen.) Am Anfang zeigten die Studios kein In-

Den Übergang vom Stumm- zum Tonfilm schaffte W. C. Fields nahezu problemlos. Hier mit Alisa Skipworth in ›If I had a Million‹

teresse für sein Talent, und so vertrieb er sich die Zeit mit Golf-spielen. Ich lief ihm in Lakeside über den Weg.

›Mack‹, sagte er, ›ich hab die Nase gestrichen voll von diesem fri-volen Dasein. Kann ich nicht zu dir ins Atelier kommen und etwas Nützliches tun – was auch immer es sein mag? Gags ausdenken, schreiben, Regie führen – es muß nichts Großes sein. Geld ist kein Hinderungsgrund. Ich will nur einfach was tun.‹

Da Geld keine Rolle spielte, vereinbarte ich ein Treffen für den nächsten Vormittag.

›Du bist noch nicht beim Film gewesen, Bill‹, begrüßte ich ihn. ›Vergessen wir also die Gags und das Schreiben und Regieführen und geben dir lieber eine Rolle in einer Komödie.‹

›Prima, Mack, das kommt mir sehr gelegen. Mein reguläres Gehalt als Schauspieler beträgt $ 5000 die Woche.‹

Ich war wie benommen von der Höhe seiner Forderung, aber unerbittlich fuhr Bill fort, mich zu bearbeiten. Er bramarbasierte, schüchterte mich ein, schmeichelte mir, beschwatzte mich, spielte Komödie und gab sich ganz charmant – und verließ mein Büro mit einem $-5000-die-Woche-Vertrag: 2500 im voraus am Beginn einer Woche und die restlichen 2500 jeweils Mitte der Woche.

›Als Feuerversicherung sozusagen‹, erklärte er mit einer beiläufigen Geste. Worauf er hinaustänzelte und sich ein Martinifrühstück genehmigte. Bei Geschäftsbesprechungen war er stets stocknüchtern.

Derweil zerbrachen sich George Marshall, Arthur Ripley, Del Lord und ich den Kopf über eine Filmgeschichte, die geeignet wäre für Herrn Fields. Unsere erste Storykonferenz dauerte geschlagene drei Stunden. ›Um Gottes willen‹, grölte ich. ›Beeilt euch mit der Story. Der Kerl hat bis jetzt schon $ 312 verdient.‹ Da hatte Del Lord einen Einfall:

›Das wär DIE Sache für Fields. Er springt mit einem Fallschirm über dem Ozean ab und landet auf einer vermeintlichen kleinen Insel. Die aber entpuppt sich als Rücken eines toten Wales, der soeben von gefräßigen Haien verspachtelt wird. Nun, da Fields weiß, wo er ist – – –‹

Wir waren uns sofort einig, daß diese Idee, was Spannung anging, brandneue Perspektiven öffnete. Alle waren begeistert davon – außer Fields. Er meinte nur, er sei sicher, Mr. Sennett, dieses große Komödiengenie, und sein Brain-Trust könnten Lustspiele auch ohne diesen aufwendigen Firlefanz machen. Oder sei mir der Titel König der Komödie am Ende zu Unrecht verliehen worden?

Wir ließen uns nicht beirren. Wir mieteten die ›San Clemente‹, ein 25 Meter langes Schiff, und wenig später sichtete die Crew

170

auch schon einen Wal in der Nähe der Santa Barbara vorgelagerten Inseln. Bill nahm gerade in der Studiokantine sein Mittagsmahl ein, als ihm die frohe Botschaft überbracht wurde. Er war gerade mit einem saftigen Steak beschäftigt. Von einem Moment auf den andern wurde sein Gesicht bleich und grün. Er wankte aus dem Raum und telefonierte. Dann kam er zu mir: ›Mack, ich hab grad meinen Doktor angerufen. Er hat mich drin-

gend gewarnt, weil ich eine schlimme Allergie hab. Ich bin nämlich allergisch gegen Wasser – besonders gegen Salzwasser.‹
Aber ich ließ mich nicht erweichen: Wenn die Geschichte verlangte, daß dieser Mann, der mich $ 5000 die Woche kostete, auf
dem Wasser spielte, dann war es so – basta! Für $ 5000 hätte ich
sogar erwartet, daß er auf dem Wasser wandelt.
In der Nacht hatte Fields eine Zusammenkunft mit der Ginfla-
sche und ließ sich am nächsten Morgen erst spät blicken. (...)
Mit der Verheißung fortwährender Erfrischungen an Bord der
›San Clemente‹ gelang es uns endlich, Herrn Fields auf offene
See zu befördern. Del Lord ermahnte unseren Skipper, den Wal
nur ja vorsichtig zu harpunieren und ihn auf keinen Fall zu töten.
Es dauerte nicht lange, bis wir ein 30-Meter-Säugetier getroffen
hatten, und was folgte, war eine Verfolgungssequenz, wie man
sie auf Film noch nicht gesehen hatte. Unermüdlich-urgewaltig
fegte der Wal übers Meer, verspritzte Wasserfontänen und zog
unser 25-Meter-Boot hinter sich wie eine Nußschale. Das ging so
den ganzen Tag und die ganze Nacht, und ich glaube, wir haben
während der wilden Fahrt alle Häfen zwischen San Francisco
und Ensenada passiert.
Unsere Kameramänner benutzten kleine, batteriegetriebene
Brie-Kameras, die auf ihre Brust geschnallt waren, und bekamen einige bemerkenswerte Aufnahmen in den Kasten, allerdings nicht von W. C. Fields.
Herr Fields lag in seiner Koje, trank Martinis und sonderte sie
wieder aus. Nur einmal kam er nach oben und lehnte sich ent-
kräftet über die Reling, just in dem Moment, als wir die Leine
kappen und unseren allzu lebhaften Wal freilassen mußten.«
20.000 Dollar soll das Walfiasko laut Sennett gekostet haben –
und hinterher habe ihm Fields auch noch Vorhaltungen gemacht, daß er den Film nicht abgedreht habe:
»Das Studio hat mich hängenlassen. Es wäre die größte Komödie geworden, die die Welt je erblickt hat. Ich kann mich förmlich sehen, wie ich mit der Geschicklichkeit eines Athleten und
der Grazie eines Toreadors auf dem Rücken dieses gigantisch
sich aufbäumenden Bewohners der Tiefe balanciere inmitten
der hohen, ehrfurchtgebietenden Wellen des wunderbaren
Ozeans.«
Ins Reich Sennettscher Phantasie dürfte mit an Sicherheit grenzender Wahrscheinlichkeit auch die folgende animalische Epi-

sode gehören, die Robert Lewis Taylor in sein Buch W. C. Fields: His Follies & Fortunes aufgenommen hat:

»In einer Szene sollte Fields über einen Hof sprinten, dicht gefolgt von ein paar Löwen. Sennett hatte zu diesem Zweck bei einem Tierbändiger drei alte, zahnlose Löwen bestellt, aber die Bestien, die eintrafen, schienen in ziemlich munterer Verfassung, und große, starke Beißer zierten in eindrucksvoller Weise ihr Antlitz. Erwartungsgemäß protestierte Fields gegen das, was er für sicheren Suizid in unangenehmster Form hielt; die Aktion wurde gestoppt, während sie jede Kleinigkeit noch mal durchgingen.

›Es ist nur ein kurzer Sprint, Bill‹, meinte Sennett. ›Und schon bist du durch diese Tür zu deiner Rechten, während die Löwen den Ausgang links nehmen. Selbst wenn es brenzlig werden sollte, können sie dich unmöglich erwischen.‹

›Liebenswürdig sehen sie aber gerade nicht aus, die Löwen‹, hielt Fields entgegen. ›Ich spür das, sie sind ausgehungert und werden alles in ihrer Reichweite verschlingen.‹

Aber irgendwie – wie ist Sennett entfallen – konnte er doch überredet werden, es zu wagen. Und wie er den Hof betrat, was Bewunderung unter Männern, die halb so alt waren wie er, auslöste, schubste der Dompteur die Löwen in seine Richtung und versetzte ihnen einen ermunternden Tritt. Augenblicklich stürzten sie sich auf Fields, als wäre er das letzte Stück Wild an einem alten Wasserloch. Der drehte sich um, las in ihren Fratzen so etwas wie Kohldampf und beschleunigte sein Tempo. Aber als er sich dem ihm angewiesenen Ausgang näherte, vernahm er von dahinter ohrenbetäubendes Gebrüll: ›Wer zum Teufel hat diese Türe zugeschlossen?‹ Und mit einem Aufschrei, der einem das Blut in den Adern gefrieren ließ, brach der Komiker krachend durch die splitternde Tür. Vor den Trümmern maulten niedergeschlagen die Löwen und trotteten dann, wie vorgesehen, durch die Tür auf der linken Seite.«

Einer anderen Version zufolge soll sich diese Geschichte übrigens während der Dreharbeiten zu Fields' Neuauflage von Tillie's Punctured Romance ereignet haben, mit der Sennett nichts am Hut hatte. Sennett selbst produzierte mit Fields insgesamt vier Zweiakter, 1932 und 1933, die kaum oder gar nichts mit Tieren zu tun hatten, dafür jedoch zum erstenmal Fields' ureigene Handschrift auf der Leinwand erkennen ließen:

- THE DENTIST
- THE BARBER SHOP (Fields in der Rolle des Kleinstadtbarbiers O'Hair)
- THE FATAL GLASS OF BEER
- THE PHARMACIST

Ansonsten war Sennett aber nicht das, was Fields sich erträumt hatte – wie aus einem Brief hervorgeht, den W. C. am 18. Dezember 1932 an den »lieben Freund Mack« richtete und in dem es unter anderem heißt:

> »Mack, ich möchte mich nicht in die Leitung Deines Studios einmischen oder eine Idee von Dir verfälschen. Du hast einen Riesenerfolg mit Deiner Formel gehabt, aber für mich ist sie neu, und in diesem späten Stadium kann ich meine Arbeitsweise einfach nicht mehr ändern. Wenn im Atelier von mir alles für einen Fields-Film vorbereitet ist und Du reinkommst und alles nach den Regeln eines Sennett-Films umbauen läßt, dann siehst Du mich hilflos dastehen. Du hast mir versichert, mich im Vorspann als Autor zu nennen und mir völlig freie Hand zu lassen, solange ich keinen Fehler mache. Sollten die Filme, die ich gemacht habe, nicht nach Deinem Geschmack sein, kannst Du unseren Vertrag zerreißen. Du weißt, daß ich nicht an so einem Stück Papier klebe. Wir sind Freunde.
> Bitte, Mack, nimm das, was ich jetzt sage, freundlich auf. Ich bin der Auffassung, daß sich unsere Geschäftsverbindung nicht unbedingt erfolgreich gestaltet. Ich möchte, daß Du einer vorzeitigen Beendigung des Vertrags zustimmst – und wir bleiben dann Freunde, ja?«

Was darüber hinaus Tiere angeht, hat Fields stets dem Alkohol den Vorzug gegeben. Er veröffentlichte sogar ein satirisches Traktat, wonach es dem Whisky geglückt war, den Hund als des Menschen bester Freund zu verdrängen: In den letzten Jahren habe der Hund so viel unverdientes Lob von seiten gedankenloser Zeitgenossen erfahren, daß er, Fields, sich genötigt sehe, dem Dämon Alkohol eine gleichermaßen freundliche – und geziemendere – Laudatio zu halten.

> »Was ist denn überhaupt ein Hund? Ausdruck eines Minderwertigkeitskomplexes. Wir befehlen ihn herum, sagen ihm,

was er tun soll: sitz, leg dich, roll – lauter nutzlose Manöver, einfach um Umstehenden zu beweisen, daß wir jemanden kommandieren können. Kein Mann ist der Boß in seinem eigenen Haus, aber er könne wenigstens so tun, denkt er, indem er einen Hund nach seiner Pfeife tanzen und sich tot stellen läßt. Wieviel besser wäre es, würde er einen Drink nehmen und sich dann für seine eigenen Rechte einsetzen.

Es ist gar keine Frage, wer des Menschen bester Freund ist – Whisky oder Hund. Finden verwandte Seelen in einer freundlichen Zusammenkunft zueinander, sitzen sie dann etwa da und herzen ihre Hunde? Nun, das tun sie wenigstens in keinem der Zirkel, die ich mit meiner bescheidenen Präsenz beehrt habe. Glücklicherweise mußte ich noch nie auf eine Hundeschau, aber das ist die einzige Art Veranstaltung, die ich mir vorstellen kann, auf der jemand einen Hund streichelt anstatt zu trinken. Einmal abends hätte ich fast die Gelegenheit ergriffen, einer Hundeschau meine Aufwartung zu machen, aber eine vorhergehende Verpflichtung in einer Brauerei hielt mich dann vom Besuch ab.

›The Barber Shop‹ – Beim Barbier

Die Vorzüge von Whisky gegenüber Hunden sind Legion. Whisky muß nicht periodisch entwurmt werden, nicht gefüttert, braucht keine spezielle Hütte, hat keine Krallen, die ihm geschnitten, oder Fell, das gekämmt werden müßte. Whisky sitzt ganz ruhig in seiner Ecke, bis Sie ihn brauchen. Gewiß, Whisky hat die Angewohnheit auszugehen, aber beim Hund ist das genauso.

Einen Hund muß man erziehen, aber haben Sie jemals davon gehört, daß man eine Flasche Rum erziehen muß? Ein Hund kommt angerannt und leckt Ihre Hand. Keine Flasche Alkohol würde das tun. Und sollte sich einmal der Whisky durch Nässe auf ihrer Hand bemerkbar machen, rate ich, für eine Weile von ihm abzulassen, sagen wir fünf oder zehn Minuten.

Kann ein Mann beides lieben, Whisky *und* Hunde? Selbstverständlich. Ein Mann kann viele Lieben haben. Er kann Whisky lieben, Hunde, Zigarren, Pferde und seine Sekretärin, um nur einige Möglichkeiten aufzuzählen. Zum Glück sind nicht viele Männer gezwungen, unter den Dingen, die sie lieben, zu wählen. Aber stünde ein Mann vor der Entscheidung, sagen wir, seinen Hund aufzugeben oder den Whisky – wie, denken Sie, würde sie wohl ausfallen? Darauf dürfte sich jede Antwort erübrigen.«

Es ist nicht auszuschließen, daß William LeBarons Rückkehr zur *Paramount* (er war eine Zeitlang zu Joseph P. Kennedy und *RKO* gewechselt) Fields zu einem neuen Engagement bei dieser Firma verhalf, das sich zwischen 1932 (IF I HAD A MILLION sowie die MILLION DOLLAR LEGS, mit Partnern wie Jack Oakie, Andy Clyde, Ben Turpin, Hugh Herbert) und 1938 (THE BIG BROADCAST OF 1938) in insgesamt 14 Filmauftritten manifestierte. Seine spezielle Nemesis in mehreren dieser Beiträge (der erste war 1933 TILLIE AND GUS) – ein Wickelkind, das auf den Namen Baby LeRoy hörte. Fields erinnerte sich in diesem Zusammenhang an Außenaufnahmen am Malibu-See. Seine Aufgabe bestand darin, den Säugling auf den Arm zu nehmen und an der Kamera vorbeizutragen.

»Baby LeRoy sollte seinem Gefühl in dieser Szene Ausdruck geben, indem er der Kamera einen Blick zuwarf. Ich hielt ihn also auf dem Arm. Die Gummiwindel war zu diesem Zeit-

W. C. Fields in der Rolle des Commodore Orlande Jackson in
›Mississippi‹

punkt noch nicht erfunden. Und jedesmal, wenn der kleine
Racker die Kamera sah, hatte das eine schockartige Wirkung
auf seine Nierentätigkeit. Wieder und wieder nahmen wir die
Szene auf: Stunden ohne Ende. Dann reichten sie dem Kind

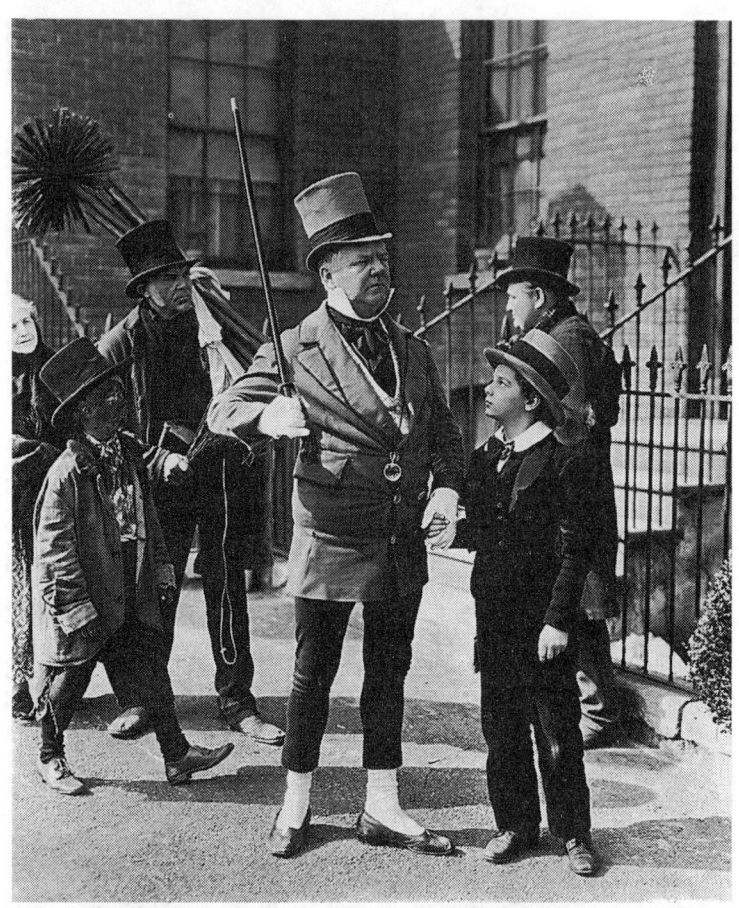

W. C. Fields und Freddie Bartholomew in ›David Copperfield‹

auch noch ein Glas Wasser. Und schließlich gaben sie ihm
seine Milchflasche. Damit versuchte es meinen Kopf zu treffen. Ich duckte. Bat sein Kindermädchen, mir ein Rennmaga-
zin zu besorgen, derweil ich auf den Kleinen aufpassen würde,
bis sie zurückkäme. Ich nutzte sodann die günstige Gelegenheit, nahm den Nippel von Baby LeRoys Flasche, träufelte
einen Schluck Gin hinein und gab das Ganze Baby LeRoy.
Nachdem er einige Minuten genuckelt hatte, wankte er durch

die Szene wie ein (Alkohol-John) Barrymore. Wieder einmal hatte Alkohol triumphiert über Milch und Wasser.«

Erstaunlich viele seiner *Paramount*-Tonfilme waren übrigens Remakes seiner Stummfilme für diese Gesellschaft:

Aus SO'S YOUR OLD MAN (1926) wurde YOU'RE TELLING ME (1934).
Aus IT'S THE OLD ARMY GAME (1926) IT'S A GIFT (1934).
Aus TWO FLAMING YOUTHS (1927) THE OLD-FASHIONED WAY (1934).
Aus RUNNING WILD (1927) MAN ON THE FLYING TRAPEZE (1935).
Und aus SALLY OF THE SAWDUST (1925) POPPY (1936).

Sein Privatleben (und nacheinander seine Häuser in Bel Air und am De Mille Drive) teilte er unterdessen mit einer Kleindarstellerin bei *Paramount,* Carlotta Monti, die mit ihm in MILLION DOLLAR LEGS und MAN ON THE FLYING TRAPEZE war.
Zweimal wurde es für ihn in dieser Zeit literarisch:
Einmal war er, wie andere Berühmtheiten kaum zu erkennen unter der schweren Maske – aber in seinem Fall leicht an der unverkennbaren Stimme zu identifizieren, Humpty Dumpty in *Paramounts* Verfilmung von Lewis Carrolls ALICE IN WONDERLAND (1933), ein andermal spielte er den Micawber in David Selznicks großem *MGM*-Film DAVID COPPERFIELD (1935, nach Charles Dickens). Ursprünglich wollte Selznick ja Oliver Hardy für die Rolle haben, aber Regisseur George Cukor plädierte für den Briten Charles Laughton.

Mitte Oktober traf Charles Laughton im Studio ein, um den Micawber zu spielen, den er, wie Cukor sich entsinnt, »eigentlich nicht spielen wollte, zu dem er aber überredet worden war. Er kam auf den Set und hatte eine wunderbare Maske. Sein Kopf war rasiert, und er wirkte großartig. Wir drehten drei oder vier Tage lang, und dann warf er den Kram hin.« Für Selznick kam das nicht völlig überraschend, denn er war mit den Mustern von Laughton unzufrieden gewesen und hatte, wie (Editor) Hal Kern, das Gefühl gehabt, daß Laughton aussah, »als wolle er das Kind verführen«. Sobald kein Zweifel mehr bestanden hatte, daß er für die Rolle nicht geeignet war, hatte Selznick beim New Yorker *MGM*-Büro angefragt:

»Welchen Unterschied wird es kommerziell machen, wenn wir statt Laughton W. C. Fields nehmen? Fields würde einen besseren Micawber abgeben, aber wir waren immer der Meinung, wir brauchten diesen einzigen großen Namen in der Besetzung.« Nachdem ihm versichert worden war, daß die Differenz geringfügig sei, begannen die Verhandlungen, um Fields von *Paramount* auszuleihen. Cukor bemerkte später: »Er war eine wunderbare Verbindung aus seiner eigenen Persönlichkeit und seiner Rolle; er war für sie geboren.«
(Ronald Haver in DAVID O. SELZNICK'S HOLLYWOOD)

Fields' Partner waren Lionel Barrymore, Maureen O'Sullivan, Edna May Oliver, Lewis Stone, Elizabeth Allan, Basil Rathbone, Elsa Lanchester (im Privatleben Mrs. Charles Laughton) und, in der Titelrolle, Freddie Bartholomew.
Während der Dreharbeiten zu seinem nächsten Film (POPPY) verschlechterte sich Fields' Gesundheitszustand zusehends. Der jahrelange Alkoholkonsum forderte nun seinen Tribut. Doch Bill, der richtige Säufer verachtete, für den Trinken Kultur war und der echt besoffen so gut wie nie gesichtet wurde, mochte nicht lassen von dem Dämon, und als ein Arzt ihn warnte, wenn er fortfahre, Alkohol in so rauhen Mengen zu konsumieren, werde er nur noch einen Monat zu leben haben, winkte er ab: »Sie sind mir ja ein schöner Doktor. Dasselbe hat mir schon der Spezialist in Berlin vor fünfundzwanzig Jahren gesagt.« Zur selben Zeit hatte Fields auch noch den Tod von zwei engen Freunden zu beklagen: Sam Hardy (dessen man sich vielleicht noch aus KING KONG erinnert, wo er in der Eröffnungssequenz spielte) und Will Rogers, der bei einem Flugzeugabsturz ums Leben gekommen war. Körperlich geschwächt, wurde Fields mit einer Lungenentzündung, zu der noch andere Komplikationen traten, ins Riverside Hospital eingeliefert. Dort lag er unter einem Sauerstoffzelt, und eine Zeitlang sah es so aus, als müsse er sterben. Daran schlossen sich ein paar Monate im Las-Encinas-Sanatorium an, zeigten sich bei Fields doch die typischen Symptome von Delirium tremens: Halluzinationen, groteske Erscheinungen, nostalgische Evokationen. Besonders Carlotta Monti kümmerte sich in dieser Periode um ihn. Aber obwohl ans Bett gefesselt, verdiente Fields dennoch ganz schön im Showbusineß: Für eine Rundfunksendung zu Ehren des *Paramount*-Pa-

triarchen Adolph Zukor war auch seine Stimme aufgezeichnet worden. Und als er merkte, daß mit diesem seinem Organ alles in Ordnung war, unterschrieb er flugs beim Radio. Für die *Chase and Sanborn Coffee Company* machte er zusammen mit Bauchredner Edgar Bergen »Reklame«, für 6500 Dollar die Woche. Bergens Partner, das hölzerne Bengele Charlie McCarthy, titulierte er mit liebenswürdigen Freundlichkeiten wie »Snackbar für Spechte«. »Du Martini auf zwei Beinen«, konterte die Puppe. (In einem anderen Radioprogramm, dessen Sponsor der Hersteller der *Lucky-Strike*-Zigaretten war, erwähnte er in beharrlicher Boshaftigkeit einen Sohn namens »Chester Field« und wurde dafür auch noch mit 7500 Dollar die Woche belohnt.) Endlich fühlte er sich wieder fit genug für weitere Filme. Zwischen 1939 und 1941 machte er, für eine Gage von 125.000 Dollar je Streifen, vier Filme für *Universal*. Sie gelten als seine persönlichsten; und für die Stories, die er unter den Pseudonymen Charles Bogle, Mahatma Kane Jeeves und Otis Criblecoblis gekritzelt hatte, kassierte er jeweils weitere 25.000 Dollar Autorenhonorar: You Can't Cheat an Honest Man (mit Bergen/McCarthy), The Bank Dick, My Little Chickadee (Wildwest-Burleske mit Mae West, die sich ihre Szenen jedoch weitgehend selber schrieb) und Never Give a Sucker an Even Break, dessen Titel, der übrigens dem Dialog von Poppy entnommen war, Gib keinem Trottel eine Chance, die Absurdität dieses Beitrags profund unterstrich. Das Drehbuch, das Fields in diesem Film dem Produktionschef der *Esoteric Studios* (Franklin Pangborn) vorlegt, ist schierer Nonsens: Bei dem Versuch, eine Whiskyflasche zu retten, die aus einem Flugzeug geflogen ist, landet Fields mit einem Fallschirm auf einer Bergspitze, die eine russische Kolonie beherbergt. Dort muß er sich entscheiden zwischen der besitzergreifenden Mrs. Hemogloben (Margaret Dumont) und ihrer Tochter Ouliotta (Susan Miller); er wählt die Mutter, weil sie das Geld hat. Nachdem es während der Dreharbeiten für seinen ersten *Universal*-Film zu Meinungsverschiedenheiten mit Regisseur George Marshall gekommen war, holte er sich für seine Szenen in diesem Film wie auch für die drei weiteren Streifen den nicht minder lustspielerfahrenen Eddie Cline (»Herr Von Cline« hatte mit Keaton gearbeitet und mit Fields bereits die Million Dollar Legs gemacht), den er aber offensichtlich auch nicht für voll nahm: Er imitierte Cline, wenn der

Regieanweisungen gab, aufs grausamste und beschwerte sich häufig über ihn.

1942 filmte er für Regisseur Julien Duvivier (der später den DON CAMILLO machte) und *Twentieth Century-Fox* eine abgeschlossene 20-Minuten-Sequenz für den Episodenfilm TALES OF MANHATTAN, die dann jedoch aus dem fertigen Film, der zu lang zu werden drohte, entfernt wurde. In drei weiteren Spielfilmen

Zwei ganz Große Hollywoods: Mae West und W. C. Fields in ›My little Chickadee‹ – ›Mein kleiner Gockel‹

hatte er nur noch Gastauftritte, nämlich in FOLLOW THE BOYS, SONG OF THE OPEN ROAD und SENSATIONS OF 1945. Roy McCardle, einem Freund aus Ziegfeld-Tagen, gestand er, daß es schwer für ihn geworden sei, einen Filmdeal abzuschließen. Die Produzenten hatten bemerkt, daß es mit ihm endgültig bergab ging. Er litt unter Polyneuritis, war unsicher auf den Beinen, fiel des öfteren hin, seine Finger waren arthritisch, seine Nächte unruhig. Schließlich gab er sein Haus am De Mille Drive auf, weil er nicht bereit war, einen erhöhten Mietzins dafür zu zahlen. Auf die Frage seiner Sekretärin Magda Michael, ob er ein anderes Haus mieten wolle, schüttelte er den Kopf: Er müsse jetzt wieder ins Sanatorium. Frau Michael: »Wir wußten beide, was das zu bedeuten hatte. Dies war sein letztes Haus gewesen – er würde das Sanatorium lebend nicht mehr verlassen.« Ein paar Minuten nach Mitternacht, Weihnachten 1946, wurde W. C. Fields ein

›Never give a Sucker an even Brake‹ – ›Gib keinem Trottel eine Chance‹

›The Bank Dick‹ – ›Der Bankraub‹

Opfer des – von ihm so genannten – »Mannes im weißen Nacht-
hemd«.

Seine Freunde schalteten im HOLLYWOOD REPORTER (27. Dezember) eine ganzseitige Todesanzeige:

Die mit den meisten Vorurteilen bedachte, ehrlichste und
beliebteste Figur unserer sogenannten »Kolonie« ist von uns
gegangen an einem Tag, den er, so sagte er jedenfalls, verab-
scheute – »Weihnachten«.

Wir haben ihn geliebt und er seltsamerweise uns auch.

Auf den glaubwürdigsten Humoristen seit Mark Twain, auf
das größte Herz, das seit dem Mittelalter geschlagen hat –

W. C. Fields, unseren Freund.

Dave Chasen
Billy Grady
Eddie Sutherland
Ben Hecht
Grantland Rice
Greg La Cava
Gene Fowler

Requiescat in Pace

Dick und Doof: Laurel und Hardy

Zusammengeführt hat jenes so einprägsame Gegensatzpaar – die sprichwörtliche Berliner Schnauze taufte die beiden treffend Dick und Doof – das Schicksal. Es gibt keine andere Erklärung. Nachfolgende Zeitungsnotiz vom 24. Juli 1926 hat Randy Skretvedt in seinem brillant recherchierten LAUREL AND HARDY-Buch abgedruckt:

>»Eine der seltsamsten Pechsträhnen in den Annalen von Hollywood hat Hal-Roach-Komiker Oliver Hardy und seine Frau diese Woche gemeinsam aufs Krankenlager geworfen.
>Mrs. Hardy, die eine Freundin in Laurel Canyon besuchte, wanderte gerade auf einem Pfad rund 300 Meter von der Hauptstraße entfernt, als sie auf eine zusammengerollte Klapperschlange trat. Erschrocken machte sie kehrt und nahm Reißaus, wobei sie zwei- oder dreimal auf dem steilen Abhang stolperte und sich eine Zerrung im rechten Bein zuzog, die sie die kommenden Wochen auskurieren muß.

In der nächsten Nacht – sie war ans Bett gebunden und nur mit Hilfe von Krücken fähig herumzuhumpeln – ging Hardy in die Küche, um der Kochkunst zu frönen, derweil die Köchin Krankenschwester spielte. Dabei entglitt ihm der Griff der Bratpfanne, und er bekam das siedende Bratfett über seine rechte Hand und das Handgelenk. Sehr schmerzhaft, das Ganze. Er wollte nicht, daß seine Frau etwas davon mitbekam, und zur Hintertür rausrennen, da rutschte er aus und renkte sich das Bein aus. Seine Hand wird mehrere Wochen bandagiert bleiben, und so kann er nicht mehr mitspielen in einer geplanten Mabel-Normand-Komödie.«

Regisseur des Mabel-Normand-Projekts, RAGGEDY ROSE (es war der letzte Film mit der großen Komikerin des stummen Kinos), wie auch eines bereits begonnenen Harry-Myers-Zweiakters mit dem Titel GET 'EM YOUNG, in dem Hardy den Part eines Butlers übernommen hatte, sollte kein anderer als Stan Laurel sein. Damit der Kurzfilm nicht abgebrochen werden mußte, sprang Laurel für Hardy ein und überließ Fred Guiol die Regie. Dann war Hardy wieder einsatzbereit, und in 45 MINUTES FROM HOLLYWOOD sah man ihn zusammen mit Laurel auf der Leinwand, in einer einzigen Szene, ganze 45 Sekunden kurz.
Mehr miteinander zu tun hatten die beiden dafür in einem anderen Roach-Film, DUCK SOUP, den Stan nach einem Sketch von Arthur J. Jefferson (HOME FROM THE HONEYMOON) entwickelt hatte. Ganz nebenbei war dieser Mr. Jefferson, »A. J.«, wie er im Kollegenkreis ehrfürchtig genannt wurde, oder einfach »Jeff«, ein um die Jahrhundertwende in Nordengland und Schottland sehr bekannter Theaterpächter, Stückeschreiber, Komödiant und – Stans Vater. In Ulverston, Lancashire, nahe der schottischen Grenze, einer kleinen Fabrikstadt etwa 30 Meilen nördlich von Blackpool, erblickte Arthur Stanley Jefferson am 16. Juni 1890 das Licht der Welt. Seine Mutter – eine geborene Metcalfe, Madge, war so etwas wie eine Theda Bara auf den Bühnen im Norden Englands. Fünf Kinder brachte sie zur Welt. Nach der Geburt des vierten ging es ihr gesundheitlich viele Jahre sehr schlecht, und das fünfte starb schon früh.
»Als Stan älter war«, so »A. J.« in seinen unveröffentlichten Erinnerungen, »wurde zunehmend deutlich, daß sein junger Geist besessen war von der Idee, eines Tages in die Fußstapfen

seines Vaters zu treten; sein ganzes Taschengeld gab er für Spiel-
zeugtheater aus, Punch and Judy Shows, Marionetten, Schatten-
spiele, Zauberlaternen etc. – einfach alles, was es gab in der Welt
der Unterhaltung.«

»Dan Leno war klein, dünn und unansehnlich«, beschrieb Bernard Grun Stans großes Music-Hall-Idol. »Sein Antlitz hatte
einen ausgehungerten, traurigen Ausdruck, und nur der weite,
grinsende Mund, die Kulleraugen und die weitbogigen Augenbrauen verrieten den Spaßmacher. Seine Kleidung war ein un-
vorstellbares Sammelsurium von lächerlichen Hüten, verschnit-
tenen Mänteln, Westen und Hosen, herausspringenden Pla-
strons, Gipsverbandkragen, Eisenschlipsen und unmöglichen
Schnallenschuhen, Gummischuhen und Pantoffeln. Ein Trick,
der immer wieder den Jubel der Zuschauer auslöste, war sein
verzweifeltes Suchen nach einem bestimmten Wort: mitten im
Satz verlor er den Faden und begann nachzudenken. Er gestiku-
lierte, kniff Daumen und Mittelfinger zusammen, konzentrierte
sich, sann angestrengt – und hielt die Menschen (die genau wußten, was er sagen wollte) in Atem. Plötzlich löste sich die Spannung: Dan lächelte selig – er hatte das fehlende Wort gefunden,
und natürlich war es ein ganz anderes als das erwartete. Oft kam
er bis ans äußerste Ende der Rampe, zog das vollbesetzte Haus
in sein Vertrauen und erzählte ihm im strengen Vertrauen von
seinen häuslichen Bedrängnissen, seinen Geldverlegenheiten
und Seitensprüngen – wobei er nicht ahnte, daß seine bessere
Hälfte hinter ihm drohte und alles mitanhörte. Von Natur ernst,
nachdenklich und – getreu der alten Komiker-Tradition – melan-
cholisch, konnte Dan das Wesen seiner eigenen Komik nicht
verstehen. ›Bin ich wirklich ein solcher Idiot‹, fragte er einmal
einen Freund nach einem besonders belachten Auftreten – und
in seinen Augen standen die Tränen.«

Als er 16 war – ein guter Schüler ist Stan nicht gewesen (und be-
reute den Umstand geringer Schulbildung später bitter) –, stellte
er eine gemischte Song-, Ulk- und Tanznummer für sich zusammen und trat damit bei Alfred E. Pickard auf, der der Mr. Showbusineß von Glasgow war und außerdem ein alter Freund von
»A. J.«. Sodann führte ihn ein Empfehlungsschreiben seines
Vaters bei Levy and Cardwell ein, einer Pantomimen-Truppe,
die mit dem Stück SLEEPING BEAUTY auf Tournee war. Schließlich kam Stan zu Fred Karnos Komikern: »Der wichtigste Komi-

ker in der Truppe war Charlie Chaplin. Ein paar Monate später schickte Karno ein Skript für eine neue Show, die er mit der Company am folgenden Montag in London herausbringen wollte. Wir kriegten unsere Rollen zugeteilt – Chaplin war natürlich der Star – und begannen unverzüglich mit den Proben. Gegen Ende der Woche kam Karno selbst vorbei, um sich das Resultat anzuschauen. Die Produktion hieß JIMMY THE FEARLESS. Plötzlich, in letzter Minute, erklärte Chaplin Karno, daß er die Show nicht möge und sich weigere, sie zu eröffnen. In seiner Not wählte Karno mich aus und gab mir die Rolle, die ich Sonntag und Montag einstudierte, und Montagnacht fand dann in London die Premiere statt. Charlie saß bei der Premiere vorne im Publikum, und gleich nach der Aufführung sagte er zu Karno, daß er einen Fehler gemacht habe. Er wollte Jimmy doch spielen. Und er spielte ihn. Nein, ich habe es ihm nicht übelgenommen. Für mich war und ist Charlie der größte Komiker der Welt, und er wird es auch immer bleiben. Meiner Meinung nach hätte er die Rolle gleich von Anfang an spielen sollen. Aber später habe ich ihn immer aufgezogen – immer ganz stolz –, daß ein einziges Mal in meinem Leben Charlie Chaplin mein Ersatzmann war. Charlie liebte die Rolle des Jimmy, und ich glaube, er behielt diese Rolle und diese Produktion sein Leben lang in Erinnerung. JIMMY THE FEARLESS schimmert an allen Ecken und Enden in seinen Filmen durch ...«

Bei Karnos folgenden Produktionen sowie den US-Tourneen 1910 und 1912 rangierte Laurel nach Chaplin. Und blieb, wie dieser, in den Vereinigten Staaten. Mit zwei Partnern, die Mabel Normand und Chester Conklin gaben, hob er das Keystone-Trio aus der Taufe und legte eine Imitation von Chaplins Tramp auf die Bretter: »Ich hatte wenig Schwierigkeiten, Charlie nachzumachen. Seine Bewegungen und sein Gang saßen mir förmlich in den Knochen.« Es folgte das Stan-Jefferson-Trio: zusammen mit Alice und Baldwyn Cooke, die später zu seinen engsten Freunden gehörten und für die er immer wieder kleine und kleinste Rollen in seinen Filmen fand. Bis dann eine Australierin namens Mae Charlotte Dahlberg Cuthbert seine Partnerin wurde, mit der er nicht nur in Sketchen auf der Bühne stand, sondern mit der ihn, den Blauäugigen, auch der Sketch einer Gewohnheitsehe verband. Ein einziges Mal hat sich Maes dominante Präsenz für Stan positiv ausgewirkt: als sie ihm seinen wohlklingenden

Künstlernamen verpaßte. Stans Biograph John McCabe hat Mae 1969, ein Jahr vor ihrem Tod, in einer Klinik in New York interviewen dürfen: »Ich kann mich noch ganz genau erinnern, wie Stan zu dem Namen Laurel kam. Es war kurz nachdem wir ein Team geworden waren. Manchmal traten wir mit unserer Nummer als Stan und Mae Jefferson auf; meistens jedoch wurde Stan allein angekündigt, und ich war nur seine Assistentin. Stan grübelte die ganze Zeit, weil der Name Stan Jefferson aus dreizehn Buchstaben bestand, und meinte, wir sollten nach einem neuen Namen suchen. Eines Nachts, nachdem die Show vorbei war, saß ich in der Garderobe – ich weiß nicht mehr, in welchem Theater – und blätterte in einem alten Geschichtsbuch, das offensichtlich jemand aus der letzten Show auf dem Garderobentisch liegengelassen hatte. Ich fand darin eine Radierung oder Zeichnung eines berühmten römischen Generals. Scipio Africanus Major. Den Namen werd ich nie vergessen. Um seinen Kopf trug er einen Lorbeerkranz [Lorbeer, engl.: *laurel*]. Das Wort blieb haften. Ich sagte es laut zu mir: ›Lorbeer. Laurel. Stan Laurel.‹ Stan blickte auf: ›Was?‹ Ich: ›Laurel. Stan Laurel. Wie findest du den Namen?‹ Er wiederholte: ›Stan Laurel. Klingt sehr gut.‹ Auf diese Weise bekam er seinen Namen. Ganz einfach.« Weniger einfach spielte sich das Privatleben der beiden ab. George Burns: »Wann immer ich in einem Pantages-Theater mit ihnen im selben Programm war, schienen sich die Laurels zu streiten, Tag und Nacht. Dünn, wie die Wände der Garderoben waren, konnte man sie überall mühelos hören. Aber wenn die Garderobentür aufging, lächelten beide einander nur an, als ob nichts gewesen wäre. Zurück in der Garderobe, ging der Kampf weiter. Sie hatte ein lautes Organ, er das Talent.«

Stan und Mae waren noch nicht lange zusammen, als sie im Hippodrome Theater in Los Angeles gastierten. Der Besitzer, Adolph Ramish, war der Ansicht, daß Stan unbedingt zum Film sollte, und versprach, einen Pilotfilm auf die Beine zu stellen. Bobby Williamson, der als Komiker und Regisseur in *Kalems* Studio in Florida gearbeitet hatte, sollte sich mit Stan was Passendes ausdenken. Heraus kam NUTS IN MAY, in dem Laurel einen entlaufenen Irren darstellte, mit Sakko und Napoleonhut. Zur Vorpremiere des kleinen Films lud Ramish auch Chaplin und *Universal*-Chef Carl Laemmle ins Hippodrome. Chaplin zeigte sich interessiert, neben seinen eigenen Filmen auch eine

Laurel und Hardy

Gemeinsam sah man oft von diesen
Die allertollsten Zicken,
Doch immer muß der Laurel büßen
Die Fehler unseres Dicken!
Zeichnung: Metro-Goldwyn-Mayer

Serie mit anderen Komikern zu produzieren, doch gab er den
Plan rasch wieder auf, sich seine eigene Konkurrenz zu züchten.
Dafür kam es mit Laemmle zu einem Abschluß über Filme mit
einem sehr ländlichen Charakter namens Hickory Hiram. Es
erinnert sich Joe Rock, der bei *Vitagraph* in Brooklyn als Stuntman angefangen hatte, jetzt in Hollywood Komiker werden
wollte und später Produzent: »Stans frühe Filme, diese Hickory-
Hiram-Zweiakter, litten bis zu einem gewissen Grad unter Maes
Präsenz. Treu, wie er nun einmal war, bestand Stan darauf, daß
seine Partnerin stets mit von der Partie war. Das war ein Fehler.
Mae war älter als Stan – oder sah wenigstens so aus. Überdies
war sie in diesen Hickory-Hiram-Streifen ausgesprochen vul-
gär.«
1924 bis 25, als er selbst eine Serie von zwölf Laurel-Filmen produzierte, entledigte sich Rock Maes auf die harte Tour: »Stan

kam zu mir, und ich erklärte ihm, daß ich nicht wüßte, ob ich in der Lage sein würde, eine Comedyserie mit ihm zu verkaufen, ihm aber trotzdem einen Vorschuß geben würde, damit er sich neu einkleiden könnte et cetera. Derweil würde ich zur Ostküste reisen und die Verleiher fragen, ob sie an einer Stan-Laurel-Serie interessiert wären. Aber ich sagte Stan klipp und klar, daß ich mein Geld nur riskieren würde, wenn er davon abrückte, Mae in seinen Filmen dabeizuhaben. Er begriff sofort und war einverstanden. Er hatte Flicken im Gesäß seiner Hose, und als er aufstand, zog er sein Jackett runter, damit ich es nicht bemerkte. In seinen Schuhen waren Kartonstücke, um die Löcher zu kaschieren, und er gab zu, daß es ihm im Leben noch nie dreckiger gegangen sei. Ich gab ihm 1000 Dollar und fuhr dann nach New York. Dort versuchte ich die Verleiher davon zu überzeugen, daß Stan ein anderer geworden sei. Mir war klar, daß ihnen nicht entgangen war, daß Stan wegen Mae mal ein kleines Alkoholproblem hatte, aber ich erklärte ihnen, daß keine Gefahr bestand, solange Stan an einer Sache arbeitete, die er liebte. Trotzdem warnten mich die Verleiher. Ich entschloß mich, keine Rücksicht auf sie zu nehmen und die Filme auf eigene Faust zu machen. Der erste Streifen, den wir für September 1924 planten und von dem eine Menge abhing, hieß DETAINED. Stan half den Autoren bei der Vorbereitung, auf dem Universal-Gelände wurden Kulissen gebaut, Darsteller und Darstellerinnen verpflichtet, Kostüme angefertigt – der erste Drehtag rückte heran.

Einen Tag vor Drehbeginn kam Stan in mein Büro, und obwohl er neben der Tür stehenblieb, konnte ich drei, vier tiefe Kratzwunden erkennen, auf der linken Backe, vom Ohr bis zum Mund. Ich konnte es nicht fassen. Stan behauptete, er habe mit der Katze gespielt und sie zu nah ans Gesicht gehalten.Ich sah ihm eine Minute in die Augen und fragte ihn: ›Wie heißt die Katze – Mae?‹ Er blieb dabei, daß seine Geschichte wahr sei, wenigstens einige Minuten, dann gab er zu, daß ich mit meinem Verdacht richtig lag. Mae wolle wissen, fuhr er fort, was für ein Kostüm sie in dem Film tragen würde. Mae hatte ihm eine Szene gemacht und ihn die ganze Nacht bearbeitet, bis er klein beigab. Sie sei bereit, zur Kostümprobe rüberzukommen und ab morgen vor der Kamera zu stehen. ›Stan‹, sagte ich, ›du weißt, daß ich nicht so doof bin, Mae oder auch nur dir zu gestatten, euch in meine Geschäfte einzumischen! Wir haben einen Vertrag, und ihr wart beide einverstanden. Seit mindestens drei Wochen haben wir jetzt an der Story gefeilt, Dekorationen gebaut, Leute angestellt – nie war die Rede von Mae. Und jetzt, einen Tag vor Drehbeginn, das!‹

Stan meinte, diese Investition könne ich doch nicht so mir nichts dir nichts abschreiben, und schickte noch einmal flehend das Ultimatum hinterher: ›Wenn Mae in dem Film nicht mitmachen darf, spiel ich auch nicht.‹ Ich ließ mich nicht aus der Ruhe bringen und wies darauf hin, daß ich gut und gern ein halbes Dutzend anderer Komiker auftreiben könnte, die bereit wären, seinen Platz einzunehmen – wenn auch nicht gleich am nächsten Tag, aber ich könnte ja mit Szenen anfangen, in denen sie nicht gebraucht würden.

Nach ungefähr zehn Minuten merkte ich, wie Stan der Mut verließ, wie er hoffte, ich würde einen Vorschlag machen, der ihm aus der Klemme half. Also sagte ich, daß ich gern bereit sei, mit Mae persönlich über die Angelegenheit zu sprechen. Das fand er in Ordnung, glaubte aber nicht, daß sie nachgeben würde. Ich rief also Mae an: ›Mae, Stan meint, du hast noch kein Kostüm für morgen. Warum kommst du nicht gleich rüber, und wir reden darüber.‹

Fünfzehn Minuten später kam sie in mein Büro gefegt wie Gloria Swanson in SUNSET BOULEVARD. Ich bat sie, Platz zu nehmen (denn ich hatte Angst, sie könnte in Ohnmacht kippen, wenn sie die schlechte Nachricht erfuhr). Stan saß neben ihr. Stan habe erklärt, begann ich, er würde ohne sie den Film nicht machen: ›Ist das so?‹ – ›Richtig.‹ – ›Was würdest du denn dazu sagen, Mae, wenn ich dir erkläre, daß ich – solange Stan dabei bleibt, den Film ohne dich nicht zu machen – ihn eben durch einen anderen Komiker ersetze?‹ – ›Das kannst du nicht tun. Stan hat einen Vertrag, und außerdem sind die Dekorationen fertig, du hast Leute angestellt, du *mußt* den Film mit Stan machen!‹ – ›Mae, du bist für Stan doch nur ein Mühlstein, den er seit Jahren am Hals hat. Du behauptest, du liebst ihn, aber was du jetzt tust, hält ihn davon ab, für euren Lebensunterhalt zu sorgen. Ich hab ihm Geld gegeben für Nahrung und die Kleidung, die du trägst, und du hast nichts getan als gewartet, bis du dir sicher warst, daß ich keinen anderen Komiker mehr kriegen würde. Aber dein raffinierter kleiner Plan funktioniert nicht.‹ – ›Und was ist mit Stans Vertrag?‹ – Ich öffnete die Schreibtischschublade, zog Stans

Vertrag heraus und riß ihn in Stücke. Ich sagte Stan, wie leid mir das täte, daß ich auf eine gute Zusammenarbeit gehofft hätte, allein schon wegen der gegenseitigen Achtung, die uns verband, und im Vertrauen darauf hätte ich ihm die 1000 Dollar gegeben. ›Ich will das Geld aber nicht zurück‹, fügte ich schnell hinzu. ›Wir verrechnen es mit der Produktion. Aber ehrlich, Stan, ich hab gedacht, Maes Liebe würde ein bißchen weiter gehen.‹ Stan saß da und brachte kein Wort heraus. Auch Mae schwieg verblüfft, dann begann sie zu weinen: Natürlich liebe sie ihn, ohne sie wäre er verloren, sie wären wie füreinander geschaffen und so weiter und so fort. Ich gab zu, daß eine berufliche Trennung für beide hart käme, aber sie sei notwendig – und schließlich hätten sie doch noch einander. Am Ende gab sie nach, und beide gingen in besserer Laune, als ich vermutet hätte. Stans Kratzwunden behandelten wir mit dünnem Pflaster und Make-up.« Sie waren schon mitten in der Serie, als Joe Rock sogar das Unmögliche gelang. Für ein Handgeld von 1000 Dollar konnte er Mae vollends nach Australien abschieben: »Stan stieß einen Freudenschrei aus und machte, mit der Grazie eines Balletttänzers, einen Luftsprung. Er umarmte mich und (meinen Bruder) Murray, Tränen in den Augen – und sagte, wir beide seien die besten Freunde, die er je gehabt hätte, stünden ihm näher als sein Vater oder seine Brüder. Und er versprach, für mich die besten Komödien zu machen, die sich denken ließen.« Resultat waren Filme wie DR. PYCKLE AND MR. PRYDE, der – da Rock bei Carl Laemmle wohlgelitten war – in den imposanten Kulissen von *Universals* HUNCHBACK OF NOTRE DAME entstand, und der auf Catalina Island gedrehte HALF A MAN: ein »jungfräulicher« Stan Laurel unter mannstollen »Amazonen«.

Am Rande ganz interessant, wenn auch nicht nachprüfbar, ist Joe Rocks Hinweis, daß er, obwohl er nicht vorhatte, aus ihnen ein Team zu machen, Babe Hardy für ein paar seiner Stan-Laurel-Komödien haben wollte – »aber Stan war dagegen. Das ist ganz verständlich, denn kein Topkomiker tut sich gern mit einem anderen Komiker zusammen, es sei denn, dieser andere Komiker ist gewillt, entweder den Prügelknaben zu spielen oder nur im Hintergrund zu agieren oder als *straight man*. Wann immer solches Teamwork – ich meine jetzt ein gleichwertiges Team – Komikern aufgezwungen wurde, haben Ego-Probleme oder Neid unweigerlich zur Trennung des Teams geführt. Stan lehnte meinen Vorschlag nicht etwa ab, weil er Babe nicht leiden konnte. Aber er kannte Babe noch aus *Vitagraph*-Tagen, als sie in Larry-Semon-Komödien auftraten. Und ihm war aufgefallen, daß Babe Hardy ein rechter Szenenklau war und die Aufmerksamkeit des Publikums vom Star weg auf sich selbst lenkte. Das machte Semon, der bei den Dreharbeiten nichts bemerkt hatte, ganz wild, aber er konnte Babe nicht herausschneiden, ohne sich selbst zu entfernen, weil sie beide in derselben Szene waren. Später, als sie doch noch ein Team geworden waren, teilte Stan nicht nur die Lacher mit Babe, sondern half ihm in seiner Komik, wo es nur ging – und eben darum wurden sie das größte Komikergespann der Filmgeschichte.«

Zwischen seinen Filmen für *Universal, Vitagraph* und Joe Rock stand Stan überwiegend auf der Bühne. Daneben fand er noch die Zeit, etwas für G. M. Anderson zu tun, der längst nicht mehr der wohlhabende »Broncho Billy« war und dessen *Essanay*-Empire, das seine und Chaplins Filme hergestellt hatte, nicht mehr existierte. Aus Anderson war ein eher unbedeutender Produzent geworden, aber aufgeben mochte er nicht. Wenige Monate vor Andersons Tod im Jahr 1971 konnte John McCabe mit ihm ein Gespräch im Motion Picture Country House in Woodland Hills führen: »Stan war ein wunderbarer Kerl – stets gut gelaunt, wenn er das Atelier betrat, und ansteckend in seiner Heiterkeit die Minute, in der er kam. Aber das war nicht alles. Er half, wo er konnte, damit der Film ein voller Erfolg wurde, auch wenn das mit Überstunden verbunden war und sonstigen Unannehmlichkeiten. Stan beklagte sich nie.« Der Pilotfilm, den Anderson mit Stan im November 1919 auf dem Gelände von Colonel Seligs Filmzoo produzierte, hieß THE LUCKY DOG. Als Regisseur hatte er sich einen Freund aus seiner *Essanay*-Zeit geholt, Jess Robbins, der inzwischen bei *Vitagraph* untergekommen war – und der brachte gleich noch einen bekannten Nebendarsteller mit, der in LUCKY DOG die kleine Rolle eines maskierten Schurken übernahm – Oliver Hardy. Laurel und Hardy zum erstenmal gemeinsam auf der Leinwand, ohne daß dies jemandem aufgefallen wäre – bis Robert Youngson 1962 Ausschnitte aus dem Film in seine Kompilation 30 YEARS OF FUN aufnahm.

Am 24. Mai 1918 – er gastierte gerade im Care Portola Theater in Santa Barbara – erreichte Stan ein denkwürdiges Telegramm einer anderen Filmgesellschaft:

»KÖNNEN SIE ES EINRICHTEN HEUTE ABEND NACH LOS
ANGELES ZU KOMMEN UM TEST MIT HARRY POLLARD
ZU MACHEN DEN WIR ZWECKS PRÜFUNG EINES PERMA-
NENTEN ENGAGEMENTS BEI UNS ZU *PATHE* NACH NEW
YORK SCHICKEN WOLLEN. SIE KÖNNEN RECHTZEITIG
ZUR SAMSTAGSMATINEE WIEDER ZURÜCK SEIN. UM-
GEHEND TELEGRAFIEREN ODER ANRUFEN.«

Der Unterzeichner war ein Harry Burns, Manager der *Rolin
Film Co.* Und dahinter steckte kein anderer als Hal Roach.
Roach produzierte damals gerade eine Serie von Einaktern, in
deren Mittelpunkt Toto, ein Zirkusclown, stand, den es jedoch
nicht lange beim Film hielt. Um die Serie vollständig beim *Pathé*-
Verleih abliefern zu können, benötigte Roach dringend einen
Ersatz – und einer seiner Regisseure, Alf Goulding, schlug Stan
Laurel vor, den er im Vaudeville gesehen hatte. »Permanent«
konnte man Stans Engagement nicht nennen, es dauerte genau
von 15. Juni bis 13. Juli 1918: »Für Einakter brauchte man nicht
mehr als eine Idee, keine Story. Es reichte völlig, eine kleine Be-
gebenheit zu erzählen. Ich hatte keine bestimmte Figur. Mal war
ich ein Bäcker, mal ein Metzger – und entsprechend angezogen.
Und nach fünf Filmen war ich durch.«

Dann, am 2. März 1923, unterzeichnete Stan einen Vertrag über
weitere Einakter für Roach, und ab Mai 1925 war er wirklich
»permanent« im Roach-Atelier, als Regisseur und Autor –
womit wir wieder bei GET 'EM YOUNG wären. »In dieser *All-Star*-
Komödie sollte Babe Hardy einen Butler spielen«, berichtet
Gagman Frank Butler. »Stan hatte schon ein wenig gedreht. Es
kam das Wochenende. Und Babe, der ein hervorragender Hob-
bykoch war, wollte eine Lammkeule zubereiten. Dabei passierte
das Malheur mit dem Bratfett. Dick Jones – ich meine F. Richard Jones, den Produktionschef unseres Studios – versuchte
fieberhaft, einen Ersatzmann für Babe zu finden, aber in so kurzer Zeit war kein geeigneter aufzutreiben. Also bat er Stan, die
Rolle zu übernehmen. Stan war Dick zu großem Dank verpflichtet, da der ihm viel beigebracht hatte – wie man Filmaufnahmen
plant, die besten Kameraeinstellungen wählt, Sachen wie diese.
Aber trotzdem wollte Stan nicht zurück vor die Kamera. Ihm

machte seine neue Rolle als Autor-Regisseur einfach mehr Spaß. Dick bot ihm darauf eine Gehaltserhöhung, und Stan gab nach. GET 'EM YOUNG markierte neben Stans Rückkehr zur Schauspielerei auch die Einführung eines seiner komischen Markenzeichen: Wimmern. Die Crew im Studio lachte sich schief darüber, und so behielt es Stan bei. Nach GET 'EM YOUNG wollte sich Stan wieder hinter die Kamera zurückziehen und Regieaufgaben wahrnehmen, aber Dick Jones hatte da eine neue Dimension in Stans Spiel bemerkt, die vorher noch nicht zum Durchbruch gekommen war. Man könnte es als besonders ausgeprägtes Gefühl für Verrücktheit beschreiben. Und er bat Stan, wieder Komiker zu werden. Stan sträubte sich – bis ihn Roach mit einer noch saftigeren Gehaltsaufbesserung köderte.«

»My dear madam«, hören wir Oliver Hardy in THICKER THAN WATER, einem Kurzfilm von 1935, sagen, »being a true Southener, chivalry is my middle name, to say nothing of the hospitality.« Was soviel heißt wie: »Meine liebe, gnädige Frau, wie es sich für einen wahren Südstaatler gehört, ist Ritterlichkeit mein zweiter Vorname, von der Gastfreundschaft ganz zu schweigen.« Ein waschechter Südstaatler alter Schule war er ganz ohne Frage. Sein farbiges Kindermädchen nannte er Mama, während seine Mutter für ihn lange Zeit Miß Emily blieb. Natürlich hat er den Südstaatler später in seinen Filmen bewußt dick aufgetragen: »Aber meinem Wesen nach empfinde ich wirklich so.« Hardy, der am 18. Januar 1892 in Harlem, Georgia zur Welt kam, war stolz auf seinen Namen – und ließ sich das auf der Leinwand auch anmerken, wenn er sich mit großer Geste als Oliver Norvell Hardy einführte. Eigentlich hieß er ja nur Norvell Hardy. Norvell war der Mädchenname seiner Mutter, den Oliver fügte er zu Ehren des Vaters Jahre später hinzu: »Mein Vater, Oliver Hardy, war Anwalt; er starb, als ich noch klein war. Seine Vorfahren kamen aus England, einer von ihnen stand Admiral Nelson sehr nahe. Vielleicht erinnern Sie sich an die letzten Worte Nelsons, die er, an Bord seines Schiffes, sterbend, an seinen Adjutanten richtete: ›Küß mich, Hardy.‹ Ich kann meine Ahnentafel direkt zu diesem Hardy zurückverfolgen.« Nach dem Tod ihres Gatten, der auch ein angesehener Politiker war, übernahm Mrs. Hardy, deren Familie aus Schottland kam, das Baldwin Hotel im nahegelegenen Madison. Stundenlang konnte der kleine Oliver Norvell dort in der Lobby sitzen und den Gästen zusehen: »Es macht mir Freude, Leute zu beobachten. Immer wieder werde ich gefragt, wie Stan und ich unsere Filmfiguren erfunden hätten, so als ob die beiden keinerlei Ähnlichkeit mit lebenden Personen hätten. Gewiß, sie sind *dümmer* als jeder andere, aber trotzdem gibt es eine Menge Laurels und Hardys auf der Welt. Wenn ich auf Reisen gehe, habe ich immer noch diese alte Angewohnheit, in der Lobby zu sitzen und Leute zu studieren – und ich kann Ihnen versichern, daß viele Laurels und Hardys darunter sind. Mir sind sie schon im Hotel meiner Mutter aufgefallen: der unbeschreiblich Doofe, dem nie etwas wirklich Schlimmes zustößt – und der andere, der sich für so unheimlich patent hält, aber in Wirklichkeit noch doofer ist.« Ein weiterer Quell der Inspiration sei HELPFUL HENRY gewesen: »HELPFUL HENRY war eine Cartoonfigur, die damals in Georgia in der Zeitung erschien. Er gab sich stets die größte Mühe, hilfreich zu sein, aber irgendwie brachte er immer alles durcheinander. Er war sehr groß und tat sehr geschäftig und wichtig, aber im Kern war er ein gutmütiger Charakter.«

»Im Hotel seiner Mutter«, ich zitiere aus dem Schriftwechsel von Oliver Hardys Witwe mit John McCabe, »logierten auch viele Theaterleute – und Babe war ganz fasziniert von ihnen. Sie konnten Geschichten erzählen, die so herrlich waren, daß der achtjährige Babe es nicht mehr zu Hause aushielt und sich Coburn's Minstrels anschloß!« Selbstverständlich waren viele dieser Geschichten reine Übertreibung, und nach einer Weile begann der schöne Schein des Theaters zu bröckeln. Seine Mutter, die wußte, wo er war, korrespondierte mit Mr. Coburn, dem Leiter der Minstrels (es war ein Charles Coburn – nicht der Schauspieler Charles Coburn, sondern ein weitläufiger Cousin), und Mr. Coburn versprach Mrs. Hardy, ein väterliches Auge auf Norvell zu werfen. Sie ging davon aus, daß er auf diese Weise am besten vom Showbusineß kuriert werden und nach Hause kommen würde, wenn er genug hätte. So verhielt es sich dann auch, aber obwohl er sich so mutterseelenallein gefühlt hatte auf der Landstraße und seine Familie vermißt hatte, ist damals der Funke auf ihn übergesprungen. Die nächsten paar Jahre erfüllte er brav seine häuslichen Pflichten, half im Hotel und war in allem ein gehorsamer Sohn, freilich nur nach außen, denn insgeheim trieb er sich immer noch bei den Darstellern herum und machte Botengänge für sie, um ein bißchen Geld dazuzuverdienen und die »großen« Shows in Atlanta sehen zu können. Manchmal hatte er nur das Geld für eine einfache Fahrkarte und eine Eintrittskarte für den Rang, aber keinen Penny, um wieder heimzukommen – aber wenigstens hatte er die Show gesehen, das allein war ihm wichtig. Er begann, die Schule zu vernachlässigen. Und schließlich ließ ihn seine Mutter in Atlanta Gesangsstunden nehmen. Jetzt müßte er doch zufrieden sein – hoffte sie –, aber als sie später nach Atlanta kam, um die Lage zu checken, stellte sich heraus, daß er schon seit Wochen den Musikunterricht geschwänzt hatte. Sein Lehrer, Professor Peterson, meinte, der Junge habe zwar eine wunderschöne Stimme – aber überhaupt keinen Ehrgeiz! Sie fand Babe in einem Filmtheater, wo er eine Diavorführung mit seinem Gesang begleitete, für 50 Cent am Tag.

Jetzt half nur noch das strenge Regime einer Militärschule, und zufällig war Mrs. Hardy mit dem Direktor einer solchen bekannt. »Norvell war der Liebling der Familie«, entschuldigte Halbschwester Elizabeth die lange währende Nachsicht der Mutter, »und natürlich war er für uns das süßeste Baby der Welt. Er war ein ganz reizendes Kind und hatte so ein hübsches Gesicht. Wenn ich es recht bedenke, sah er sein Leben lang gut aus, obwohl er dick war. Er aß schon als Kind gern. Ich kann mich noch erinnern: als er 14 war, wog er 250 Pfund. Das war, als er nach Milledgeville auf die Militärschule mußte, wo es ihm aber überhaupt nicht gefiel, denn seine Kameraden hänselten ihn, weil er so dick war. Gutmütig und Sportsmann, der er war, ließ er es über sich ergehen. Er verstand Spaß – aber er konnte auch wütend werden, wenn es ihm zu bunt wurde. Einmal lief er weg, weil er meinte, auf der Militärschule gäben sie ihm nicht genug zu essen. Er weigerte sich zurückzugehen, bis seine Mutter zwanzig Biskuits machte, die er auf einen Sitz verdrückte! Ich denke, sein großer Appetit kam daher, weil er den Vater so vermißte.«

Als der ältere Bruder ertrank, entschloß sich Norvell, seiner Mutter zu Gefallen in die väterlichen Fußstapfen zu treten, doch merkte er, daß ein Jurastudium nichts für ihn war. Bald war er wieder in einer Minstrel-Show, schließlich, 1910, eröffnete er das erste Kino von Milledgeville. Und bewarb sich, Ende 1913, bei *Lubin Motion Pictures* in Jacksonville, Florida. Für fünf Dollar am Tag spielte er überwiegend Schurken mit grotesken

Schnurrbärten – *heavies,* so genannt wegen ihrer buschigen (heavy) Augenbrauen und wild wuchernden (heavy) Barttracht. In Jacksonville kam Norvell auch zu seinem Spitznamen Babe. Der örtliche Friseur, ein Italiener, rieb seine Wangen stets mit der melodischen Floskel »Nice-a bab-ee. Nice-a bab-ee« ein. Das saß – und Hardy hatte nichts dagegen, im Gegenteil. Zwischendurch arbeitete Babe auch schon mal in New York und wurde der bevorzugte Gegenspieler von Chaplin-Imitator Billy West, einem gebürtigen Russen. Im Dezember 1918 ging er endgültig nach Kalifornien. Er war Partner von Jimmy Aubrey, Earl Williams und nicht zuletzt Larry Semon, der ein »guter Komiker« gewesen sei und ein »sehr guter Akrobat«: »Vor allem wußte er einen Gag, wenn er gut war, zu schätzen. In seiner Gesäßtasche trug er immer so ein kleines schwarzes Buch, das bestimmt mehrere tausend Dollar wert war, denn darin notierte er sich all seine Comedy-Ideen. Ich habe nie wieder jemand mit solcher Ausdauer an einem Gag feilen sehen, außer vielleicht Stan.« Rainer Dick in einem Artikel zum 100sten Geburtstag von Larry Semon am 16. Juli 1989: »Er wurde in West Point, Mississippi geboren und war der Sohn eines Zauberkünstlers. Von Kindheit an mit den Gegebenheiten der Bühne vertraut, arbeitete er nach einem kurzen Kunststudium als Cartoonzeichner für New Yorker Zeitungen. Gleichzeitig nahm er Schauspielunterricht und knüpfte 1916 erste Kontakte zum Film. *Vitagraph* nahm ihn schließlich als Regisseur und Clown unter Vertrag. Von Anfang an drehte Larry Semon rasante, turbulent-abenteuerliche Slapstickfilme, in denen sich seine Erfahrungen als Cartoonist niederschlugen. Auch das Äußere der von ihm dargestellten Figur erinnert in vielerlei Hinsicht an klassische Kasperl-Charaktere: er hatte eine reine Clowns-Figur geschaffen, die einen viel zu großen Hut und Latzhosen trug, die ihm fast bis unter die Schultern reichten. Abstehende Ohren, kurzärmeliges Hemd und ein völlig weiß geschminktes Gesicht mit einer dikken, waagerecht gemalten Unterlippe komplettierten das Outfit des Clowns. Und entsprechend war auch die Dramaturgie seiner zahllosen Kurzfilme. Er war ein unverschämter, mitunter äußerst brutaler Tölpel, auf den die Widrigkeiten des Schicksals gleichsam im Bombardement herunterprasselten. Er plazierte einen Gag neben dem anderen, ohne sich viel um Logik oder Psychologie zu kümmern, und schuf so Slapstick in Reinform.

Autos durchbrachen Häuserwände, Motorräder mit und ohne Beiwagen stürzten in Schluchten, Züge entgleisten, und Häuser flogen in die Luft. Und der Bösewicht, dessen perfider Hinterlist Semon permanent ausgesetzt war, wurde von Oliver Hardy mit impertinenter Boshaftigkeit dargestellt.« Unter Semons Regie spielte Hardy u. a. 1924 in einer stummen Version des WIZARD OF OZ: Larry gab die Vogelscheuche, Oliver diesmal keinen Schurken, sondern den Zinnmann. Trotz aller Publikumsgunst sei Semon leider selbst schuld gewesen an seinem Niedergang: »Ich kann mich noch an eine Sache erinnern, die typisch für ihn war. Wir drehten einen Zweiakter mit dem Titel THE SAWMILL. Ein ganz gewöhnlicher Zweiakter mit dem dafür üblichen Budget, das nicht hoch war. Dennoch ließ sich Larry nicht davon abbringen, mit uns auf *location* zu gehen, also natürliche Drehorte zu wählen. Da es sich in diesem Fall um einen North-Woods-Streifen handelte, nahm Larry ein sehr großes Team mit in die Wildnis der kalifornischen Berge. Ob Sie es glauben oder nicht: er ließ da oben dauerhafte Blockhäuser und Quartiere für die ganze Mannschaft bauen, und zwar mit allem Komfort. So um die drei Monate brauchten wir für dieses Filmchen. Das ging eine Weile gut, bis *Vitagraph* darauf bestand, daß er sein eigener Produzent würde, denn sie hatten keine Lust mehr, für so hohe Rechnungen wie diese aufzukommen. Und als dann die Rechnungen bei ihm hereinschneiten, bekam er es mit der Angst zu tun – Sorgen hatte er sich ja schon immer gemacht –, und das Komische daran ist, er konnte nicht verstehen, warum es nicht mehr so lief wie früher. Wir hatten jede Menge Spaß miteinander, und ich hab sehr gern für Larry gearbeitet – aber viel Spaß haben und viel Geld machen, beides zusammen geht nicht, jedenfalls nicht unter den vorherrschenden Bedingungen.« Semons Produktionsgesellschaft ging pleite, er selbst hielt sich mit ein paar Filmrollen über Wasser (so spielte er 1927 in Josef von Sternbergs UNDERWORLD den Gangster Slippy) und starb, hoch verschuldet, am 6. Oktober 1928 an Tuberkulose; er war erst 39.

1923 stieß Hardy zum Roach-Team. Dick Jones bezeichnete ihn als einen der vielseitigsten Komiker überhaupt, trotz seiner 284 Pfund Lebendgewicht. Dann das erneute, quasi schicksalhaft arrangierte Zusammentreffen mit Stan Laurel.

Und endlich der Beginn der Laurel-und-Hardy-Streifen, so zum Beispiel THE SECOND HUNDRED YEARS aus dem Jahr 1927, der vielen als der erste richtige Film der »Jungs« gilt: Die zwei sind zu 100 Jahren verurteilt, verkleiden sich als Anstreicher und fliehen aus dem Knast. In einer fremden Limousine bemächtigen sie sich gewaltsam der eleganten Kleidung hochrangiger französischer Kriminal(!)beamter und werden gegen ihren Willen zu einem Empfang zu Ehren der Franzosen in ihr Stammgefängnis chauffiert. Der Werbeslogan der PR-Abteilung von *Metro-Goldwyn-Mayer,* die kurz vorher den Verleih der Roach-Grotesken von *Pathé* übernommen hatten, spricht im Zusammenhang mit diesem Film übrigens nicht von einem Duo, sondern von einem Trio, und zwar in dieser Reihenfolge: Oliver Hardy, Stan Laurel, Jimmy Finlayson. Letzterer, mit unverkennbarer Halbglatze und angeklebtem Schnauzbart, der sprichwörtliche Mister Double Take, der bei Überraschungen das linke Auge zukniff und das rechte verdrehte – »ewig sah er so aus, als ob ihn ein Magenleiden peinigte oder als ob er soeben eine verfaulte Gurke gegessen hätte« (Werner Schwier) –, letzterer also spielte bei dem denkwürdigen Empfang den perplexen Gouverneur Browne Van Dyke. Tatsächlich war Finlayson bereits vor Hardy eine Zeitlang Laurels ständiger Partner – und als dann der Dicke auf den Doofen traf, war er häufig der Dritte im Bunde: in LOVE 'EM AND WEEP, als Titus Tillsbury, respektabler, glücklich verheirateter Geschäftsmann, wird er von einem ruchlosen Frauenzimmer erpreßt; sein Freund Stan Laurel versucht, ihm aus der Patsche zu helfen, während Oliver Hardy einen Gast der Runde mimt. WITH LOVE AND HISSES ist eine Militärklamotte mit Fin als Hauptmann Bustle, Ollie als Hauptfeldwebel Banner und Stanley als Rekrut Cuthbert Hope. In DO DETECTIVES THINK? sind Laurel und Hardy ihren zukünftigen Leinwandcharakteren schon sehr nahe (sogar ihr Standardgag des Hütevertauschens ist voll entwickelt), nur tragen sie noch andere Namen, nennen sich Ferdinand Finkleberry (Laurel) und Sherlock Pinkham (Hardy). (Ab dem Zeitpunkt, als sie ihren Figuren ihre eigenen Namen gaben, konnte man sie eigentlich nicht mehr auswechseln.) In ihrer Funktion als Privatdetektive erhalten sie den riskanten Auftrag, Richter Foozle (Finlayson) vor der Rache eines wahnsinnigen Schlitzers zu schützen. In FLYING ELEPHANTS »bekeulen« sich die drei als Steinzeitmenschen. Und in SUGAR DADDIES wird Finlayson, in der Rolle des Millionärs Cyrus Brittle, einmal mehr von Noah Young, dem Schlitzer aus DO DETECTIVES

THINK?, verfolgt, der das Jawort, das Cyrus seiner Schwester im Suff gegeben hat, einklagen will. Hardy, als sein Butler, und Laurel, als sein Rechtsbeistand, helfen ihm zu entkommen. Daß es dann doch nicht beim Trio blieb, hat vermutlich damit zu tun, daß Finlayson Roach Ende September 1927 verließ. Zwar kehrte er Mitte 1928 wieder zurück, aber da hatte sich das Duo endgültig durchgesetzt. Dennoch sollte James Henderson Finlayson den Jungs noch so manches Mal auf der Leinwand, in kleinen wie großen Rollen, über den Weg laufen. Was über ihn bekannt ist, hat Rainer Dick wie folgt zusammengefaßt: »Am 27. August 1887 im schottischen Falkirk als Sohn eines Eisenhüttenbesitzers geboren, besuchte James Finlayson kurz die Universität von Edinburgh mit dem Ziel, den väterlichen Betrieb zu übernehmen. Doch schließlich ging er zum Theater und war, wie Kalton Lahue in seinem Buch WORLD OF LAUGHTER schreibt, Schüler des damals sehr bekannten Schauspielers John Clyde.*
Als Star des Musicals BUNTY PULLS THE STRINGS kam er 1912 in die USA, wo seine große Karriere erst anfangen sollte. Nach einem erfolgreichen Broadway-Gastspiel als BUNTY blieb er 1916 schließlich in Hollywood hängen. Zunächst sah man ihn in Kurzkomödien von Thomas Ince und L-KO, ehe er bei Mack Sennett einen Dreijahresvertrag unterschrieb. Sennett setzte ihn als Keystone Cop ein und spannte ihn auch mit dem schielenden Ben Turpin zusammen. Weitere Partner waren Louise Fazenda, Charley Chase, Mabel Normand, Snub Pollard und bereits zu der Zeit Stan Laurel. (...) Im Jahre 1923 nahm Hal Roach den Schurken-Komiker unter Vertrag und versuchte ihn zum Star seiner eigenen Filmserie aufzubauen. Dieser Versuch schlug jedoch fehl, weil er nicht genug eigenen Stil hatte. Statt dessen wurde Fin zum ewigen Widersacher von Laurel & Hardy. (...) Neben den Laurel & Hardy-Filmen wirkte Fin auch in zahllosen Filmen als komischer Nebendarsteller mit. In seinen letzten Lebensjahren arbeitete James Finlayson, von dem John McCabe behauptete, er sei im wirklichen Leben eine ähnlich skurrile Figur wie im Film gewesen, auch wieder in seiner schottischen Heimat. Da er seit seiner Jugend Freimaurer war, machte ihn eine schottische Loge zum Ehrenmitglied auf Lebenszeit. Aus

* Vater des bekannten Slapstick-Komikers und Finlayson-Freundes Andy Clyde.

gesundheitlichen Gründen mußte er sich 1951 nach einigen hundert Filmauftritten ins Privatleben zurückziehen.« *MGMs* Royal Wedding, mit Fred Astaire, war sein letzter Film. Gegen Ende seines Lebens soll er häufig unerkannt in Kindervorstellungen gesessen haben, in denen seine alten Streifen liefen. Am 9. Oktober 1953 erlag Jimmy im Alter von 66 Jahren in seinem Haus am North Beachwood Drive in Hollywood einem Herzanfall. Der Hollywood Reporter meldete, der Schauspieler, der der Bösewicht in vielen Laurel-und-Hardy-Filmen war, sei im Schlaf gestorben.

»Was die Person anbelangt, die mehr als jeder andere dafür verantwortlich war, daß Laurel und Hardy zu einem festen Team zusammenschmolzen, möchte ich mich unmißverständlich ausdrücken«, bemerkte Frank Butler. »Es war Leo McCarey und niemand sonst, der das Gespann Laurel und Hardy geschaffen hat. Als die *All-Star*-Komödien aufkamen, fiel Leo als erstem von uns auf, daß nicht nur ein hübscher Gegensatz entstand, wenn man den Dünnen mit dem Dicken zusammenbrachte, sondern ein ausnehmend komischer obendrein. Roach hat das Team Laurel und Hardy nicht selbst kreiert. Zu der Zeit, als Leo die Idee hatte, die Jungs in der *All-Star*-Reihe die erste Geige spielen zu lassen, befand sich Roach auf Weltreise. Als Hal zurückkam, war er natürlich voll und ganz damit einverstanden.« Thomas Leo McCarey, der mit leichter Hand herrliche Komödien inszenierte, zweimal mit dem Oscar für die beste Regie ausgezeichnet wurde und mit Größen wie den Marx Brothers, W. C. Fields, Harold Lloyd und Bing Crosby arbeitete, kam am 3. Oktober 1898 in Los Angeles zur Welt (und starb am 5. Juli 1969 in Santa Monica). Bei Mack Sennett qualifizierte er sich als »Scriptboy«, und bei Tod Browning war er Regieassistent (The Virgin of Stamboul). Möglicherweise war es Harley M. »Beanie« Walker, der für die Roach-Produktionen die Zwischentitel schrieb, der ihn 1920 dort unterbrachte. Walker war nämlich Sportreporter und als solcher mit dem alten McCarey, der Boxkämpfe veranstaltete, befreundet gewesen. Was alles in ihm steckte, bewies McCarey bei der Zusammenarbeit mit dem Komiker (und Regisseur) Charley Chase (= Charles Parrott, 1895–1940), der bei Mack Sennett in Chaplin-Filmen dabeigewesen war und der bei Roach eine Mischung aus Harold Lloyd und Max Linder gab – den Typ kleiner Angestellter, manchmal

Stan Laurel und Oliver Hardy, genannt Dick und Doof, in ›Way out West‹ – ›Zwei ritten nach Texas‹

bebrillt, immer mit flottem Dandy-Bärtchen. Einer der verrückten Filmstoffe, den die beiden ausheckten, hieß MIGHTY LIKE A MOOSE: Chase, mit enormer Cyrano-de-Bergerac-Nase, hat eine Frau mit mächtig vorstehenden Zähnen geheiratet, was beim Küssen natürlich ungeahnte Probleme mit sich bringt. 1927 übernahm der tüchtige McCarey bei Roach die Funktion des ausscheidenden Dick Jones. Ideen für Laurel-und-Hardy-Filme kamen McCarey allüberall und in den unmöglichsten Situationen: »Einmal, als ich mir einen Zahn ziehen ließ und andächtig darauf wartete, daß das Novocain seine Wirkung tat, fiel mein Blick auf eine Reproduktion des Gainsborough-Gemäldes BLUE BOY, die im Behandlungszimmer hing, und um mich, als es ans Ziehen ging, von dem Schmerz abzulenken, begann ich mir eine Geschichte um Stan, Ollie und den BLAUEN PAGEN auszudenken. Ich ließ die Jungs in einem Pferdestall arbeiten, wo sie hören, daß BLUE BOY gestohlen und eine hohe Belohnung ausgesetzt wurde. Was die Jungs natürlich nicht wissen: Es handelt sich um das Gemälde. Zufällig gibt es in besagtem Stall ein *Pferd* namens BLUE BOY, und natürlich denken sie, die Belohnung sei für eben dieses Pferd ausgesetzt. Also begeben sie sich in die prächtige Villa des Millionärs, dem das Bild gestohlen wurde. Der ist gerade oben, im Bad, und die Jungs rufen rauf, sie hätten BLUE BOY mitgebracht. Der Millionär bittet sie, ihn auf den Flügel zu stellen. Das wundert die Jungs natürlich ein wenig – und wie sie den Gaul auf den Flügel zu bringen versuchen ist wirklich lustig. Das alles [der ganze Film WRONG AGAIN, 1928] hatte seinen Ursprung in Zahnschmerzen. Aber auf diese Weise entstanden eine Menge Gags und Stories – aus einer kleinen Idee, die wir in die Gagsitzung einbrachten, aus einem Einfall, den wir mitbrachten und ausbauten.« Nicht zuletzt McCarey ist es zu verdanken, daß das Spiel der Jungs langsamer wurde, Gags richtig ausgespielt wurden: »Komiker neigen zur Übertreibung. Bei Laurel und Hardy machten wir jedoch das genaue Gegenteil. Wir versuchten sie dazu zu bringen, daß sie sich nichts anmerken ließen, keine Miene verzogen – und das Publikum, das es anders gewohnt war, lachte sich schief, weil wir todernst blieben. In einem Film [FROM SOUP TO NUTS, 1928] spielte Babe einen Aushilfsbutler, der eine Torte servieren sollte, und kaum war er zur Tür herein, rutschte er aus und lag mit dem Kopf in der Torte. ›Keine Bewegung!‹ schrie ich. ›Bleib so!‹ Also blieb Hardy ausgestreckt liegen, wütend, mit dem Gesicht in der Torte. Und anderthalb Minuten lang konnte sich das Publikum nicht beruhigen, obwohl es nur Hardys Rücken sah.«

Ansonsten, sieht man mal von Hardys gelegentlichen »Ausrutschern« ab, spielten Sahnetorten bei Laurel und Hardy keine große Rolle. Das heißt – einer ihrer Filme fällt da doch ein wenig aus dem Rahmen. Nein, nicht nur ein wenig – hier wird eine wahre Sahnetortenschlacht entfesselt. Selbst der berühmte Henry Miller, in einem Essay mit dem Titel THE GOLDEN AGE, erinnerte sich mit Vergnügen daran: »Nach tausend Sahnetortenwürfen in Mack-Sennett-Slapsticks, nachdem Charlie Chaplins Sack voll Tricks leer war, nach Fatty Arbuckle, Harold Lloyd, Harry Langdon, Buster Keaton mit ihrer spezifischen Komik kam das Chef d'œuvre der Slapstick-Torten-Festivals, ein Film, dessen Titel ich vergessen habe, aber es war einer der ersten Filme mit Laurel und Hardy. Meiner Meinung nach ist es das größte Lustspiel überhaupt – weil sich in ihm die Apotheose des Sahnetortenwurfs manifestierte. Es wurde nichts anderes geworfen als Sahnetorten, es ging in die Tausende, und keiner, der nicht mitmachte. Es war die ultimative Burleske ...« Sie hieß THE BATTLE OF THE CENTURY, entstand 1927, und für ihre Herstellung orderte man die gesamte Tagesproduktion der Los Angeles Pie Company: über 3000 Sahnetorten. Stan Laurel: »Aus irgendeinem Grund, der mir momentan entfallen ist, entschlossen wir uns, einen Fight-Film zu machen* – und deswegen und wegen der gigantischen Sahnetortenschlacht nannten wir es THE BATTLE OF THE CENTURY. Hardy ist mein Manager; ich spiele einen Preisboxer. Die Arena ist gerammelt voll. Gleich in der ersten Runde werde ich mit einem einzigen Schlag niedergestreckt. Abblende. Aufblende. Noch einmal die Arena, nur daß sie jetzt völlig leer ist. Ich liege immer noch auf der Matte. Hardy lehnt in den Seilen und gibt der Kamera einen müden Blick. Abblende. Am nächsten Tag – wir sitzen auf einer Parkbank und bieten ein erbärmliches Bild – kommt ein Versicherungsagent (gespielt von Eugene Pallette) des Wegs und macht Hardy den Vorschlag, für mich eine Unfallversicherung abzuschließen, denn wie leicht könne so einem wie mir etwas passieren – und auf diese Weise käme der Kunde schnell zu Geld. Für eine Zwei-Dollar-Prämie zahlt diese Versicherung für ein gebrochenes Bein oder einen gebrochenen Arm 500 Dollar. Die zwei Dollar borgt sich Hardy von *mir* und schließt die Versicherung ab (den Vertreter hat Hardy beiseite genommen, damit ich nichts höre). Dann geht Hardy mit mir spazieren und versucht mich auf verschiedene Weise in einen Unfall zu verwickeln. Als alles nichts hilft, kauft er an einem Stand mit Südfrüchten eine Banane, und wie wir so gehen, wirft er mir die Bananenschale vor die Füße, damit ich ausrutsche, aber ich trete nicht drauf. Er hebt die Schale auf, wirft sie hinter sich und führt mich zurück, wobei er natürlich selbst ausrutscht und hinfällt. Vor einem Bäckerladen parkt ein Lieferwagen, der Sahnetorten geladen hat. Und während mir Hardy noch mal die Bananenschale vor die Füße wirft, kommt der Fahrer mit einer großen Palette voll Torten und gleitet auf der Schale aus. Als er sich die Sahne aus den Augen wischt, kriegt er gerade noch mit, wie Hardy mir die Banane in

* Anlaß war der »Fight des Jahrhunderts« der Boxer Gene Tunney und Jack Dempsey am 22. September 1927 in Chicago.

die Hand drückt und mir die Schuld in die Schuhe zu schieben versucht. Der Fahrer klärt die Angelegenheit, indem er Hardy eine Torte ins Gesicht drückt. Das wiederum ärgert mich, und ich werfe dem Fahrer eine Torte an den Kopf. Der will mit einer anderen Torte kontern, verfehlt mich aber und trifft wieder den schadenfroh lachenden Hardy. Ein Fremder, der den Streit zu schlichten versucht, kriegt zum Dank gleich auch eine Torte ins Gesicht. Nach und nach beteiligen sich mehr und mehr Menschen an der Auseinandersetzung – bis schließlich die ganze Straße, der ganze Block tortenverrückt ist. Bald wirft jeder glücklich seine Sahnetorte. Die Kamera erfaßt all die Menschen, die werfen, werfen und nichts als werfen, in einer grandiosen Totale. Die Wurfgeschosse landen bei einem Zahnarzt, fliegen in Fenster und aus ihnen heraus. Nichts als Sahnetorten – Tausende. Schließlich verhaftet uns ein über und über mit Sahne bekleckerter Polizist, aber als er uns abführen will, rutscht er auf der Bananenschale aus – und fällt in einen Kanalschacht.« Regie führte Buster-Keaton-Freund Clyde Bruckman, und den Lieferanten spielte der kleingewachsene Engländer Charlie Hall (1899–1959), der wie Stan bei Fred Karno gewesen war und in 47 Laurel-und-Hardy-Filmen mit von der Partie war: als Bote, Briefträger, Straßenkehrer, Untermieter, Kellner, Portier, Zuschauer …

Was das Ausmaß aggressiver Kettenreaktionen angeht, dürfen zwei Laurel-und-Hardy-Komödien aus dem Jahr 1928 auf keinen Fall vergessen werden:

TWO TARS (Arbeitstitel: TWO TOUGH TARS) sind zwei Matrosen auf Landurlaub, die mit ihren Girls einen Autoausflug unternehmen und an einer Baustelle in einen Stau geraten, der in einer regelrechten Autovernichtungsschlacht endet.

YOU'RE DARN TOOTIN' handelt von zwei Musikanten (Arbeitstitel: THE MUSIC BLASTERS), die eine Kettenreaktion aus Schienbeintritten und zerrissenen Herrenhosen provozieren.

YOU'RE DARN TOOTIN' wie auch FROM SOUP TO NUTS wurde von einem E. Livingston Kennedy inszeniert, den Darsteller Rolfe Sedan als einen wunderbaren Menschen beschreibt, der sein Handwerk als Regisseur verstand. Bekannter wurde er aber als Komiker vor der Kamera: Edgar Kennedy (1890–1948), der als Boxer gegen Jack Dempsey im Ring gestanden hatte und über Mack Sennett zum Film kam, war einer der von den TWO TARS

›You're Darn Tootin'‹

gemarterten Autofahrer und ist unvergessen als Wachtmeister in
Leave 'em Laughing, The Finishing Touch und anderen Filmen mit Laurel und Hardy. Vor allem war Ed Kennedy ein Meister des *slow burn:* Unter *slow burn,* so Nastvogel und Schatzdorfer in ihrem Lexikon Der komische Film, verstehe man »das
Verhalten, auf eine Aggression nicht sofort zu reagieren, sondern abzuwarten, wie weit der Gegner wohl gehen wird, und erst
nach Abschätzung des entstandenen Schadens zur Vergeltung zu
schreiten«. Nicht zuletzt Laurel und Hardy entwickelten diese
Technik zur Perfektion. Paradebeispiel ist der Kurzfilm Big
Business, dessen Motto einer von »Beanie« Walkers launigen
Eröffnungstiteln auf den Punkt brachte: »Die Geschichte eines
Mannes, der die andere Wange hinhielt – und eins auf die Nase
kriegte.« Überall, wo sie mit ihrem klapprigen Wagen vorfahren, blitzen Stan und Ollie, Hausierer in Sachen Weihnachtsbäumen, ab. Auch als sie dem Hausbesitzer Jimmy Finlayson einen

209

Weihnachtsbaum andrehen wollen, haben sie keinen Erfolg –
doch plötzlich, aufgrund einer Reihe von Mißverständnissen,
entledigt sich der cholerische Fin mit einer Heckenschere des an-
gebotenen Baums und bringt schlummerndes Aggressionspo-
tential zur Gärung: Während die Jungs in der Folge seinen Bungalow samt Inneneinrichtung zu Kleinholz verarbeiten, zerlegt
Jimmy ihr Auto und sprengt den traurigen Rest in die Luft. Auf
den Film angesprochen, erzählte Hal Roach gern folgende Geschichte: »Auf der Suche nach einem geeigneten Bungalow fuhr
der Aufnahmeleiter raus und machte Fotos von fünf oder sechs
Gebäuden. Einer dieser Bungalows gehörte zufällig einem Burschen, der bei uns im Studio arbeitete. Ich traf eine Vereinbarung mit ihm und schickte ihn in Urlaub. Das Haus wurde näch-
tens bewacht und tags zerstört, wobei wir natürlich hoch und hei-
lig versprechen mußten, alles wieder in Ordnung zu bringen und
eine angemessene Summe zu bezahlen. Eine ganze Autokolo-
lonne folgte dem Regisseur*, der ein Foto von dem Haus hatte,
Richtung Drehort. Nun sah ein anderer Bungalow ganz in der
Nähe zufällig genauso aus wie der auf dem Bild. ›Hier ist es, alles
anhalten‹, befahl der Regisseur, worauf der Requisiteur feststellte, daß der Schlüssel nicht paßte. ›Scheiß drauf‹, winkte der
Regisseur ab. ›Wir müssen die Tür sowieso aufbrechen!‹ Also
brachen sie die Tür auf. Und taten mehr, als das Skript verlangte, fällten mit einer Axt die ganzen Bäume vor dem Haus.
Was soll's, dachten sie, der Typ arbeitet doch im Studio und
kriegt alles ersetzt. Am vorletzten Drehtag fuhr ein Mann mit
seiner Frau und zwei Kindern vor dem Haus vor. Die Frau fiel
fast in Ohnmacht. Wir hatten das falsche Haus erwischt. So mußten wir für zwei Häuser berappen – für das, in dem wir gewütet
hatten, und das, welches nicht benutzt worden war.« Stan Laurel
hat diese Mär in einem Brief an einen Fan dementiert: »Die Anekdote, die Hal Roach sen. in der Les Crane Show von sich gegeben hat, entspricht nicht der Wahrheit – der Bursche, dem das
Haus gehörte, war nicht nur im Studio angestellt, er war auch die
ganzen Dreharbeiten dabei.« Das hat Roach allerdings nicht
davon abgehalten, die Geschichte weiter zu verbreiten. (Laurel
und Roach, wie wir noch sehen werden, waren nicht unbedingt
befreundet.) Die Dreharbeiten nahmen eine Woche in An-

* James Wesley Horne.

spruch, und es war tatsächlich die Weihnachtswoche, 19. bis 26. Dezember 1928, so daß auch die hübsche Fabel, Laurel und Hardy versuchten mitten im Sommer durch Verkauf von Weihnachtsbäumen das große Geschäft zu machen, jeglicher Grundlage entbehrt. Zwei Tage nach Drehschluß lief übrigens Leo McCareys Vertrag aus (obwohl sein Name noch bis Hog Wild, Mai 1930, im Vorspann der Laurel-und-Hardy-Filme auftauchte – warum ist strittig).

Damals habe die Arbeit echt Spaß gemacht, auch wenn es verdammt hart war, denn auf dem Team lastete kein Druck, wenigstens kein wirklicher Druck, wie Stan Laurel wehmütig meinte: »Wir hatten zwar einen ungefähren Drehplan, aber am meisten beschäftigte uns, ob ein Film gut werden würde oder nicht. Das Studio nervte uns nur selten oder überhaupt nicht mit Anfragen, ob wir auch den Drehplan einhielten. In der Regel wirkten in unseren Filmen ja auch nicht viele Leute mit. Es gab keine Gewerkschaften, und alles arbeitete, bis wir hatten, was wir wollten. Manchmal änderten wir eine Gagsituation, und das bedeutete unter Umständen, daß wir auch an der Dekoration was verän-

›Two Tars‹

dern mußten. Dann warteten wir eben ein paar Tage, bis die Bauarbeiten ausgeführt waren. Im Grunde kümmerten wir uns nicht darum, wie lange wir für einen Film brauchten. Es hing davon ab, was wir gerade machten. Verlangte ein Motiv mal Außenaufnahmen bei Tag und Nacht, ackerten wir halt bis in die frühen Morgenstunden, um einen Streifen fertigzustellen. Wenn der Film montiert war, gab es eine Voraufführung – und wenn nichts nachgedreht werden mußte, begannen wir mit der nächsten Story. Dafür benötigten wir gewöhnlich drei oder vier Wochen, manchmal mehr, manchmal weniger. Wollte Roach einen neuen Film unverzüglich anfangen, legten wir gleich los und arbeiteten nebenher am Skript. Alles, was wir hatten, war dann eine vage Idee, die wir im Verlauf der Dreharbeiten weiter ausschmückten oder von der wir nicht selten auch abwichen.«

Gegen Ende der Stummfilmzeit war das Gespann Laurel und Hardy bestens entwickelt: »Stan war dünn und schmächtig, er war unschuldig dumm und jederzeit bereit, über das Unrecht dieser Welt in Tränen auszubrechen. Er konnte trotzig und manchmal auch übermütig wie ein Junge sein. Dann war sein Gang federnd leicht, und im Übermut praktizierte er seinen typischen Doppelsprung. War er verlegen, kratzte er sich mit hoher Hand auf der Mitte des Kopfes. Oliver dagegen war dick und mächtig, aber trotzdem sehr beweglich. Er war ein Mann von Welt, von Würde und Vornehmheit. Pony-Frisur und Schnurrbart sollten diesen Eindruck noch betonen. Gegenüber Stan nahm er stets die ›Laß mich nur machen‹-Haltung ein, und dann dauerte es auch nicht mehr lange, bis die Katastrophe da war. Berühmt wurde sein ›Kamerablick‹ und sein ›tie twiddle‹, das Winken mit dem Schlips.« (Aus: FILM Nr. 8/1964) Dazu Oliver Hardy: »Während der Aufnahmen zu dem Film WHY GIRLS LOVE SAILORS erhielt ich von irgendwoher einen unerwarteten Kübel Wasser ins Gesicht, ich war völlig verdattert, wollte irgend etwas Spontanes tun, um meine Verlegenheit ins Komische zu kehren: in die Krawatte schneuzen, fiel mir ein, dann dachte ich – nein, das wär ein bißchen zu arg, aber ich hielt die Krawatte schon in der Hand, so begann ich eben an ihr herumzuschnicken und herumzuschnacken – und das blieb für die Zukunft meine beliebteste Reaktion in Momenten des Zwiespalts, der Ratlosigkeit oder Schwäche.«

Nur kam das »tie twiddle« nicht in WHY GIRLS LOVE SAILORS auf, sondern erst ein paar Monate später in dem Film SAILORS, BE-WARE! (1927).

1929 traf in den *Hal Roach Studios* ein Lkw mit *Victor*-Tongerät ein. Elmer R. Raguse, der neue Toningenieur, war bei *Bell Telephone* gewesen, bevor er zu *Victor* gekommen war. »Raguse war ein mächtiger Mann«, beschreibt ihn Thomas Marvin Hatley, Roachs musikalischer Leiter von 1930 bis 1939 und als solcher verantwortlich für die Coo-Coo-Tonfolge (die Laurel, ab dem Kurzfilm BRATS, als Erkennungsmelodie des Teams übernahm). Denn Roach, der selbst keine Ahnung von Tonaufzeichnung hatte, sei in diesen elementaren Fragen total von Raguse abhängig gewesen. – Ein Tontechniker: »Anfangs arbeiteten wir im Roach-Studio sowohl mit Licht- wie Nadelton [Schallplatte]; wir verwendeten beide Verfahren nebeneinander, um sicherzugehen – hatten wir in dem einen System mal eine schlechte Aufnahme, konnten wir auf die Parallelaufnahme in dem anderen Verfahren zurückgreifen.«

Im Mai dieses Jahres kündigten Anzeigen Laurel und Hardys ersten Tonfilm an (sieht man mal davon ab, daß ein paar ihrer stummen Filme nachträglich mit Musik und Toneffekten synchronisiert worden waren):

STAN LAUREL – OLIVER HARDY

in ihrem ersten
Sprechfilm-Schrei

UNACCUSTOMED AS WE ARE

Der Arbeitstitel war ironischer: THEIR LAST WORD. Tatsächlich war zumindest Stan Laurel nicht ganz sicher, ob ihr erster nicht auch ihr letzter Tonfilm sein würde. »Stan hatte eine Heidenangst vor dem Ton«, berichtete Requisiteur Thomas Benton Roberts, »und dachte, daß dies möglicherweise das Aus für ihn wäre.« Aber Hal Roach war mit dem Resultat durchaus zufrieden: »Als der Ton kam, verloren wir eine Menge Komiker, aber Laurel und Hardy waren gleich von Anfang an wie geschaffen für den Tonfilm.« In UNACCUSTOMED AS WE ARE wurde mit Dialog wirklich nicht gegeizt. Man ging damals sogar dazu über, zwei Manuskripte zu erstellen: ein Action-Manuskript, das Laurel mit Gagspezialisten wie Charley Rogers ausarbeitete, und

»Beanie« Walkers ergänzendes Dialogbuch. Partner in Laurel und Hardys erstem Tonfilm waren Mae Busch, Thelma Todd und Edgar Kennedy. Busch, eine in Melbourne geborene frühere Sennett-Badeschönheit, die mit Stroheim (FOOLISH WIVES) und Lon Chaney (THE UNHOLY THREE) gefilmt und in LOVE 'EM AND WEEP den Vamp gespielt hatte, erschien zum erstenmal als Mrs. Hardy, die es leid ist, immer für Mr. Laurel mitzukochen, und die beiden Gentlemen sitzenläßt. Todd ist eine freundliche Nachbarin, die hilfreich einspringt. Gemeinsam mit ZaSu Pitts und, später, Patsy Kelly hatte Thelma Todd bei Roach eine eigene Comedy-Serie – bis, am 16. Dezember 1935, ihre Leiche in der Garage ihres Geliebten und Geschäftspartners Roland West aufgefunden wurde. (West war Filmregisseur gewesen und hatte geholfen, »Thelma Todd's Café« zu eröffnen.) Eine Autopsie ergab Kohlenmonoxydvergiftung. Aber noch heute schließen Bekannte einen Unfall oder gar Selbstmord aus. Anita Garvin, eine andere Laurel-und-Hardy-Partnerin: »Sie wurde ermordet.« In UNACCUSTOMED ist es Todds Mann, Polizist Kennedy, der das harmlose Tête-à-tête unwirsch unterbricht.

Ein paar der folgenden Tonfilme basierten auf stummfilmerprobten Ideen:

Aus DUCK SOUP wurde ANOTHER FINE MESS, der Ollies verzweifelte Standardfeststellung »Well, here's another *nice* mess you've gotten me into« einführte: Einen schönen Schlamassel habe Stan ihm da wieder eingebrockt.

SLIPPING WIVES wurde zu THE FIXER-UPPERS. LOVE 'EM AND WEEP zu CHICKENS COME HOME. ANGORA LOVE – eine Ziege, die Stan gefüttert hat, läuft den Jungs nach und wird von ihnen in der Wohnung versteckt – wurde gleich doppelt verwertet: in LAUGHING GRAVY mit einem kleinen Hund und in THE CHIMP mit einem von Gorilladarsteller Charles Gemora verkörperten Affen.

Im November 1927, in dem als verschollen geltenden Kurzfilm HATS OFF, sah man die beiden, nachdem sie ihren Job als Tellerwäscher verloren hatten und »Vertreter« geworden waren, eine Waschmaschine zu einer potentiellen Kundin raufwuchten, deren auf einer Anhöhe gelegenes Heim nur über eine endlose Folge von Stufen zu erreichen war. Ende 1931 nahmen sie, am gleichen Ort, einen neuen Anlauf; diesmal probierten sie, ein Piano zu liefern, getreu dem unvergänglichen Mythos von Sisy-

Stan Laurel, Jean Harlow und Oliver Hardy in ›Double Whoopee‹

phos – rauf und wieder runter. Der Dreiakter THE MUSIC BOX
bescherte den Boys einen Oscar für die beste Kurzfilmkomödie
1931/32.* (Wer zum Drehort pilgern will: er befindet sich im Sil-
ver-Lake-Distrikt von Los Angeles, zwischen 923 und 937 Ven-
dome Street. Randy Skretvedt hat die Stufen gezählt, es sind
genau 131.**)
Zwar waren die Tonfilme oft nicht ganz so flott und, allein schon
aus technischen Gründen, weniger spontan, aber dafür eröffnete
ihnen der Dialog vielfältige Möglichkeiten, ihr groteskes Verhältnis in herzerwärmender Einfalt zu umreißen: Two minds

---

* Für einen Akademiepreis nominiert wurde noch, und zwar im Ja-
  nuar 1936, TIT FOR TAT, der das eherne Prinzip des WIE DU MIR, SO
  ICH DIR ad absurdum führte.
** Als Vorlage für THE MUSIC BOX könnte der *Keystone*-Film HIS MU-
  SICAL CAREER (1914) mit Chaplin und Mack Swain gedient haben.

without a single thought. Eine der diesbezüglich entlarvendsten und gleichzeitig auch makabersten Dialogpassagen wurde allerdings vor Drehbeginn aus dem Skript des Kurzfilms THE LIVE GHOST gestrichen. Während man die beiden am Anfang des Films nur am Pier sitzen und angeln sieht, wurde ihnen ursprünglich sogar Selbstmord zugetraut. Stan hält ein Seil und verknotet einen schweren Stein in der Seilmitte. Das Seilende schlingt er um Ollies Hals (»Nicht so eng. Oder willst du mich umbringen?«). Dann will er den Stein ins Wasser werfen: »Eins – zwei –«, aber Ollie gebietet ihm Einhalt: »Einen Moment. Wie kann ich wissen, ob du nachkommst?« – »Muß ich auch Selbstmord verüben?« – »Natürlich mußt du. Weißt du denn nicht mehr, wie unsere Vereinbarung war? Ich würde in meinem feuchten Grab nicht zur Ruhe kommen, wenn ich wüßte, daß oben einer wie du rumrennt, und ich nicht mehr da wäre, um auf dich aufzupassen!« – Stan schaut ins Wasser: »Könnten wir dann nicht wo hingehen, wo es nicht so tief ist?« – Ollie verkneift sich einen Kommentar und bindet Stan das andere Seilende um den Hals. Als er den Stein werfen will, bremst ihn Stan: »Auf Wiedersehen, Ollie.« – »Auf Wiedersehen, Stan ... Was meinst du mit: Auf Wiedersehen? Wir gehen doch nicht auseinander.« – »Aber wenn wir ertrunken sind, kann ich nicht wissen, wo du hingehst.« – »Heb den Stein auf! Warte. Wir werfen ihn zusammen rein. Und mach die Augen zu – du mußt dir die furchtbare Tat nicht ansehen.« Doch sind die beiden auch noch zu doof, sich selbst umzubringen: Hardy greift den falschen Stein. (Eine ganz ähnliche Selbstmordszene war später in dem Langfilm THE FLYING DEUCES.)

Leider war mit Kurzfilmen bald kein großes Geschäft mehr zu machen, nachdem die Kinobesitzer dazu übergingen, statt mit einem Langfilm sowie einem Beiprogramm aus Cartoon, Wochenschau und Kurzfilm das von der Depression gebeutelte Publikum lieber mit einem Doppelprogramm aus zwei Spielfilmen, A- und B-Film, zu ködern. So stellte Roach die Laurel-und-Hardy-Kurzfilmreihe 1935 endgültig ein und auf längere Filme um. Erste Erfahrungen mit Langfilmen hatten Laurel und Hardy gesammelt, als Roach sie an den *MGM*-Verleih auslieh – zuerst für eine magische Nummer in der HOLLYWOOD REVUE OF 1929, dann, ein paar Monate später, für den (heute bis auf wenige Meter verschollenen) Technicolor-Zweifarbenfilm THE ROGUE

SONG, frei nach der Lehár-Operette ZIGEUNERLIEBE, als *sidekicks* (Laurel als Ali-Bek, Hardy als Murza-Bek) des singenden Banditen von Agrakhan, Yegor (den Lawrence Tibbett, gefeierter Bariton der Metropolitan Opera, spielte). Letzteres eine Idee, die Roach 1933 bewog, eine komische Oper von Daniel F. Auber, FRA DIAVOLO, unter dem anglisierten Verleihtitel THE DEVIL'S BROTHER zu verfilmen: Der Film spielt im Italien des 18. Jahrhunderts, und wir sehen die Herren Stanlio und Ollio als Gehilfen des ebenso gefürchteten wie sangesstarken Fra Diavolo (Dennis King), der seine räuberischen Aktivitäten gern unter dem Deckmantel des Marquis de San Marco ausführt. Filme wie diese mögen es gewesen sein, die Italiens Diktator Benito Mussolini, einen großen Laurel-und-Hardy-Fan, bewogen, Hal Roach 1937 ein Co-Produktionsangebot zu unterbreiten. Gemeinsam mit Duce-Sohn Vittorio sollte Roach für eine Firma namens *RAM* (Roach And Mussolini), Trademark ein Widder (englisch: ram), Opernfilme mit italienischen Akteuren und amerikanischen Technikern realisieren. Glücklicherweise gab es in Hollywood erheblichen Protest gegen dieses Ansinnen, und der Plan fiel durch.

Der erste reguläre Langfilm der Laurel-und-Hardy-Serie war PARDON US. Dabei hatte das nur ein weiterer Zweiakter werden sollen. *MGM* hatte ein Gefängnisdrama mit Wallace Beery produziert, THE BIG HOUSE, und die aufwendige Dekoration stand noch im Atelier. Darin wollte Roach seinen eigenen Gefängnisjux ursprünglich drehen: THE RAP. Aus irgendwelchen Gründen, vermutlich ökonomischen, wurde das Unternehmen dann allerdings nicht bei *Metro* realisiert, und Roach gab dem Ausstatter Frank Durloff den Auftrag, eine neue Dekoration, nach Fotografien von San Quentin und Sing-Sing, daheim in seinem Studio zu errichten. Aber auch die war nicht gerade billig, auf jeden Fall zu teuer für einen Kurzfilm, und so beschloß Roach, den Zweiakter aufzublasen: Stan und Ollie landen als Schwarzbrenner im Knast und verhindern eine vom Strafgefangenen 31752 angezettelte Revolte. Walter Long spielte den bulligen Meuterer; schwarz geschminkt, hatte er in David Wark Griffiths Südstaaten-Drama BIRTH OF A NATION einen Neger verkörpert. THE RAP entstand im Sommer 1930, wurde nach einer ersten Preview in PARDON US umgetitelt, dann gab es Nachaufnahmen – und fremdsprachige Versionen wurden hergestellt. In den Kindertagen des Tonfilms pflegte man in mehreren Sprachen zu filmen. So entstand parallel zur amerikanischen eine französische Version, in der Longs Part von Boris Karloff übernommen wurde (SOUS LES VERROUS), eine italienische (MURAGLIE), eine spanische (DE BOTE EN BOTE) und auch eine deutsche (HINTER SCHLOSS UND RIEGEL). Laurel und Hardy, die natürlich nicht wie alle anderen Darsteller ausgetauscht werden konnten, mußten ihre Dialoge jeweils phonetisch lernen bzw. von unsichtbar angebrachten Schrifttafeln (sogenannten Negern) ablesen. In deutscher Sprache wurden auch ein paar Kurzfilme gedreht: THE LAUREL-HARDY MURDER CASE hieß bei uns DER SPUK UM MITTERNACHT, aus BRATS (in Doppelrollen erscheint das Team als Väter und Söhne) wurde GLÜCKLICHE KINDHEIT.

1932 folgte mit PACK UP YOUR TROUBLES – Laurel und Hardy auf der Suche nach den Großeltern eines von einem gefallenen Kriegskameraden mit dem »seltenen« Namen Smith hinterlassenen kleinen Mädchens – ein weiterer Langfilm und ein Jahr später der vielbelachte SONS OF THE DESERT, der wie alle großen Komödien eine simple Story hat: Die beiden wollen an einem Logen-Konvent in Chicago teilnehmen, erzählen ihren Ehefrauen aber nicht die Wahrheit, sondern täuschen – Ollies Idee – eine Erholungsreise nach Honolulu vor. Am Tag ihrer Rückkehr bringt die Zeitung jedoch die Schreckensnachricht, daß »ihr« Schiff gesunken sei. Die Ehefrauen sind untröstlich und gehen, um sich bis zum Eintreffen weiterer Informationen abzulenken, ins Kino, wo in der Wochenschau auch ein Bericht über das Logen-Treffen läuft. Derweil kommen Stan und Ollie, die von alldem nichts wissen, ein fröhliches Liedchen trällernd, Marvin Hatleys Ohrwurm HONOLULU BABY (ein gelungener Seitenhieb auf den Schnulzensänger Dick Powell), heim – aber schon braut sich über ihren Köpfen das sprichwörtliche Unwetter zusammen.

Mit seiner nächsten abendfüllenden Laurel-und-Hardy-Produktion wollte Hal Roach gleich mehrere Fliegen mit einer Klappe schlagen und eine Vielzahl von Interessen befriedigen – die Fans der Stan-und-Ollie-Comedies ebenso wie die von Walt Disney (es treten auf ein Äffchen, verkleidet als Mickey Mouse, sowie die drei kleinen Schweinchen). Angesichts des Erfolgs von DEVIL'S BROTHER sollten noch zusätzlich die Operettenfans bedient werden. Dafür griff er auf Victor Herberts 1903 uraufgeführtes

Singstück BABES IN TOYLAND zurück, dessen Filmrechte er *RKO* in New York abluchsen konnte, nachdem man sich dort darüber klargeworden war, daß es keine richtige Geschichte hatte. Kurzum: Roach wollte einen Prestigefilm machen, ein Aushängeschild für sein Studio. Vor allem glaubte er zu wissen, wie er sein Duo in dem Projekt unterbringen konnte: »Hardy sollte der Kuchenmann (Pieman) sein und Stan Laurel Simple Simon. Sie wissen schon: Simple Simon traf den Pieman auf dem Weg zum Markt … ›Where's your penny (Wo ist dein Groschen)?‹ will der Pieman wissen. – ›I haven't any (Ich hab keinen)‹, antwortet Simple Simon. Das sollten also Laurel und Hardy spielen. Stan nimmt sich ein Stück Obstkuchen, und Babe verlangt das Geld. Als Stan ihm sagt, daß er keinen Penny habe, befiehlt Babe: ›In Ordnung, dann schiebst du eben meinen Karren, bis du dir den Penny *verdient* hast.‹ So kommen die beiden zusammen. Am Schluß sollte sich der Bösewicht, die Spinne, in einen Menschen verwandeln und Haß unter den Holzsoldaten säen, die aufmarschieren, um Spielzeugland zu zerstören, aber Laurel und Hardy finden heraus, daß sie geleimt sind und das Wasser Leim auflöst, und indem sie die Holzsoldaten mit Wasser begießen, retten sie zu guter Letzt Spielzeugland.« Mächtigen Aufwand wollte Roach in seiner Filmversion treiben: Gleich vier Regisseure sollten das Unternehmen verantworten – einer die Spezialeffekte und Modellanimation überwachen, der zweite die Musikeinlagen, der dritte die dramatischen Szenen und der vierte schließlich die Comedy. Als Choreograph wurde Eddie Prinz verpflichtet. Ray Harris sollte das Drehbuch schreiben. Und Roach verhandelte mit Ramon Novarro (BEN HUR) wegen einer der Hauptrollen. Für die weibliche Hauptrolle war Charlotte Henry ausersehen, *Paramounts* ALICE IN WONDERLAND. Mit von der Partie sollten auch Donald Novis, Rudy Vallee, Charley Chase, Patsy Kelly und Spanky McFarland (von den KLEINEN STROLCHEN) sein. Doch dann kam es zu Differenzen mit Stan Laurel, der nur wenig von Roachs Ideen hielt (wohingegen Roach Stans dramaturgische Fähigkeiten gering einschätzte). Außerdem war Laurel gerade wieder einmal zu beschäftigt mit der Ordnung seiner privaten Probleme: Er hatte sich soeben von seiner Frau Lois Neilson Laurel scheiden lassen, mit der er eine kleine Tochter (Lois jun.) hatte, und heiratete die 29jährige Virginia Ruth Rogers. Die Vorbereitungen für BABES IN TOYLAND wurden im Februar 1934 unterbrochen, und das Projekt wurde erst im Juni wiederaufgenommen. Frank Butler, Roachs Chefdramaturg, vergab den Auftrag, ein neues Drehbuch zu erstellen, an Nick Grinde und Ray McCarey (Leos Bruder): Stan und Babe waren jetzt nicht mehr Pieman und Simple Simon (jedoch figurierten ihre Karikaturen als solche 1938 in dem Disney-Cartoon MOTHER GOOSE GOES HOLLYWOOD), sondern Stannie Dum und Ollie Dee. Charlotte Henry (als Bo-Peep) wurde beibehalten, für Ramon Novarro kam Felix Knight (Tom-Tom) – und den schurkischen Silas Barnaby, der die haarigen schwarzen Männer gegen Spielzeugland mobilisiert, wo ihnen Laurel und Hardys überdimensionale Holzsoldaten den Garaus machen, diesen Bösewicht also verkörperte Henry Kleinbach, ein gebürtiger Berliner, der in ganz jungen Jahren nach Amerika gekommen war und später im Film (DRUMS OF FU MANCHU, JOAN OF ARC, John Fords THE SEARCHERS) als Henry Brandon bekannt wurde. Er starb am 15. Februar 1990 im Alter von 77 Jahren. 1934 stand Kleinbach-Brandon in Los Angeles in dem Stück THE DRUNKARD auf der Bühne: »Ich spielte einen alten Schurken, den Advokaten Cribbs, und es traf sich, daß auch Hal Roach unter den Zuschauern war. Am nächsten Tag saß ich in Roachs Büro. Er konnte einfach nicht glauben, daß ich diesen alten Mann gespielt hatte, wo ich doch erst 21 war. Nachdem ich glücklich bei Roach unter Vertrag war, hatten die Maskenbildner allerdings so ihre Probleme mit mir. Roach verpflichtete drei oder vier Make-up-Künstler und feuerte sie wieder, weil sie nicht in der Lage waren, mich für die Aufnahmekamera adäquat zu altern. Schließlich trieb er einen wunderbaren älteren Burschen namens Jim Collins auf, dem die Silas-Barnaby-Maske glaubwürdig gelang. Wären sie weiter mit dem Make-up nicht klargekommen, hätte ich die Rolle bestimmt aufgeben müssen. Gleich am ersten oder zweiten Drehtag hatten wir eine ziemlich lange Szene, sechs oder acht Manuskriptseiten, mit Laurel und Hardy und mir. Wenn ich mich recht erinnere, kamen auch Florence Roberts, die alte Frau, die in dem großen Schuh lebte, und Charlotte Henry als ihre Tochter darin vor. Barnaby hatte die Hypothek auf den Schuh. Bevor es losging, setzten wir uns erst mal hin und alberten herum. Dann nahmen wir die Szene in Angriff. ›Paß mal auf: Du sagst das und das, stehst dann auf, verhältst dich so und so, und wir reagieren entsprechend‹, wurde

Stan Laurel und Sharon Lynne in ›Way out West‹

mir erklärt. Das ging so ungefähr fünf oder zehn Minuten. Dann meinte jemand, ich glaub, es war Stany: ›Alles klar, wir drehen jetzt.‹ – ›Aber machen wir nicht erst eine Probe?‹ wagte ich einzuwenden. Verwundert und auch ein wenig bestürzt sahen sie mich an – und Stany fragte, ob ich die Szene etwa verderben wolle. Das war das letzte Mal, daß ich ins Fettnäpfchen trat. Sie hielten nichts von Proben, es sei denn, eine Einstellung bedingte eine Aktion, die ein sorgfältiges Timing vor der Kamera erforderte.« Auf diese Weise wollten sie, so Kleinbach, die Magie des ersten Augenblicks einfangen.

Am 14. August, gut eine Woche nach Drehbeginn, zog sich Stan einen Bänderriß im rechten Bein zu; man drehte erst mal ohne ihn weiter, dann wurden die Arbeiten gestoppt. Im Verlauf dieser Zwangspause landete ein betrunkener Kleinbach, der in einer Bar einen Streit vom Zaun gebrochen hatte, für eine Woche im Kittchen. Regieassistent Gordon Douglas war einen

Tag nach Stans Verletzung von dem fast fünf Meter hohen Schuh gefallen und hatte sich das linke Bein gebrochen. Und Babe Hardy nutzte die Unterbrechung, um sich einer Mandeloperation zu unterziehen. Ende September war dann alles wieder glücklich auf den Beinen.

Kleinbach beobachtete, daß sich »Roach und Laurel die ganze Zeit über in den Haaren lagen. Roach kam und machte Laurel Vorschläge für komische Einlagen, dann gingen sie beide in Roachs Büro und schrien sich gegenseitig an. Es war ein Zusammenprall von zwei Egos. Und es war Laurel, der sich am Ende immer durchsetzte.«

Der Schluß des Films, der Angriff der schwarzen Männer, war eh schon grausig genug, vor allem für das junge Publikum, doch hätte es laut Drehbuch noch schlimmer kommen können. Es war vorgesehen, daß Stannie Dum und Ollie Dee den üblen Barnaby in eine Kanone stecken und abschießen – und seine »Einzelteile« sollten dann den Schlußtitel *The End* formen.

Ray McCarey, der einer der Regisseure des Films sein sollte, war gleich am Anfang gefeuert worden. Statt der vorgesehenen vier wurden ohnehin nur zwei Spielleiter beschäftigt: der gutmütige Gus Meinz, der sich bei OUR GANG bewährt hatte, sowie Charley Rogers, ein Laurel-Vertrauter (der in dem Streifen auch eine kleine Rolle hatte), für die Szenen mit Stan und Ollie. Alles in allem erwies sich BABES IN TOYLAND als solider Erfolg und war wesentlich besser als die beiden farbigen Remakes (das eine aus dem *Disney Studio,* das andere hergestellt im *Bavaria Atelier* in Geiselgasteig). Nur Roach war sauer: »Mir war klar, daß mir nach BABES IN TOYLAND die Herstellung von Laurel-und-Hardy-Filmen keine echte Befriedigung mehr verschaffen würde.« Roach und Laurel waren fortan nur noch Geschäftspartner, mehr nicht. Und immer häufiger krachte es zwischen den beiden. Am 16. März 1935 meldete VARIETY:

»Mit der Bemerkung, man habe ihm gekündigt, verließ Stan Laurel gestern Hal Roach und löste mit diesem Schritt das Team Laurel und Hardy auf. Studio und Darsteller sind geteilter Ansicht, wie es zu dem Bruch gekommen war. Roachs offizielle Begründung für die Beendigung des Vertragsverhältnisses ist, daß man sich mit Laurel nicht über Stories habe einigen können. Laurel erklärte, er sei gestern in [Geschäftsführer]

Henry Ginsbergs Büro bestellt worden, wo ihm eröffnet wurde, daß man das Vertragsverhältnis ab diesem Datum als beendet ansehe, obwohl es noch bis zum 7. Mai laufen sollte. Hintergrund der Differenzen zwischen Darsteller und Studio soll die Weigerung Laurels gewesen sein, einen neuen, langfristigen Vertrag mit der Firma zu deren Bedingungen zu unterzeichnen. Es heißt, das Studio wolle die Laurel-und-Hardy-Komödien durch eine neue Serie mit dem Titel THE HARDY FAMILY ersetzen, in der Hardy, Patsy Kelly und Spanky McFarland zu sehen sein sollen.«

Als erster Titel der projektierten HARDY FAMILY wurde THEIR NIGHT OUT annonciert – aber in Wirklichkeit war es wohl eher so, daß Roach mit dieser Meldung Stan an die Kandare nehmen wollte. Tatsächlich wurde dann ja auch ein Kompromiß gefunden und unverzüglich mit den Arbeiten an einem neuen Langfilm begonnen. Als Arbeitstitel wurde zuerst KILTS gehandelt, auch MCLAUREL AND MCHARDY und LAUREL AND HARDY OF INDIA (oder IN INDIA), als neben der schottischen Kulisse noch das Milieu der Kolonialtruppen in Indien einbezogen wurde, sozusagen eine Parodie auf Filme vom Schlage des Gary-Cooper-Stücks LIVES OF A BENGAL LANCER. Das Endprodukt kam am 23. August 1935 als BONNIE SCOTLAND in den Verleih. Danach war ein FBI-Drama (THE HONESTY RACKET) vorgesehen, statt dessen kam eine weitere Filmoper (nach Michael William Balfe), in die das Duo integriert wurde: THE BOHEMIAN GIRL (1936). Laurel allerdings war mehr denn je der Ansicht, daß ihnen die Geschichten direkt auf den Leib geschrieben werden müßten, und hatte damit auch vollkommen recht, was die beiden nächsten Filme, die als »Stan-Laurel-Produktionen« angekündigt wurden (auch wenn Laurel mit dieser Geste nicht mehr Rechte eingeräumt worden waren), anschaulich belegen: OUR RELATIONS (1936) war eine ausgelassene Doppelgänger-Verwechslungskomödie (Laurel und Hardy als biedere Ehemänner und deren Zwillingsbrüder, zwei Matrosen auf Landurlaub), WAY OUT WEST (1937) eine brillante Wildwest-Parodie.
Das Rezept der meisten Western-Satiren, so William K. Everson, bestehe darin, »Komiker wie Jack Benny, Bob Hope, Martin und Lewis und Abbott und Costello ihre üblichen Witze vor einem Western-Hintergrund abspulen zu lassen, ohne sich auf

den Western als Genre wirklich einzulassen. Die Marx Brothers kamen der wahren Satire mit GO WEST näher, aber das Beste in dieser Art gelang doch wohl Laurel & Hardy mit WAY OUT WEST, und das, obwohl sie sich mit einem schmaleren Budget als die Marx Brothers begnügen mußten und sich deshalb keine spektakulären Action-Szenen leisten konnten. Ihre eigenen Figuren sind wunderbare Parodien auf die Standardfigur des einsam umherziehenden Helden, und James Finlayson übertrifft sich selbst in der Rolle des dreifach in der Wolle gefärbten Oberschurken, dem die eigene Lust an der Schurkerei mehr Gewinn einbringt als alle Reichtümer, die er auf seinen krummen Wegen an sich bringen kann. Finlaysons direkte Blicke ins Publikum sind nie so effektvoll eingesetzt worden wie hier. Oft sind sie ein

unmittelbarer Kontrapunkt zu Hardys Appellen ans Publikum; Hardy versucht mit seinen Blicken die Sympathie und das Mitgefühl des Publikums zu gewinnen; Finlaysons starrer Blick ist dagegen aggressiv, ein komischer Einschüchterungsversuch gegenüber den Zuschauern. Manchmal aber, wenn er sich gerade eine besonders perfide Schurkerei ausgedacht hat und mit Freudensprüngen und Händereiben sein eigenes Schurkengenie feiert, ist der Blick ins Publikum auch ein Schielen auf den Applaus, so als sei die besonders finstere Ausgeburt eines kriminellen Gehirns auch des besonders lebhaften Beifalls des Publikums wert.«

Musikalischer Höhepunkt ist ein Duett der beiden Komiker, das noch 1975 als Schallplatte in England in den Hitlisten auftauchte

und an dessen Schluß, nach einem Holzhammerschlag Hardys, Laurel von Baß (dank der Stimme des »Avalon Boy« Chill Wills) in Falsett wechselt (»geborgt« von Partnerin Rosina Lawrence):
In the Blue Ridge Mountains of Virginia,
On the Trail of the Lonesome Pine ...
In Deutschland wurde WAY OUT WEST vor dem Krieg von *MGM* unter dem etwas irreführenden Titel RITTER OHNE FURCHT UND TADEL herausgebracht. Die Inhaltsangabe hatten die findigen deutschen *Metro*-Presseleute in einen Reim gekleidet:

> *»Jeder weiß es – diese beiden*
> *Mag die ganze Welt gut leiden.*
> *Darum kommt von Zeit zu Zeit*
> *Ein netter Film, der Euch gebeut,*
> *Recht von Herzen mal zu lachen*
> *Und im Geiste mitzumachen*
> *All die Streiche, die die lieben*
> *Komiker voll Unsinn üben.*
> *Dieses Mal sind sie von Adel*
> *Ritter ohne Furcht und Tadel,*
> *Sind galant und sehr bestrebt,*
> *Einem Mädel, das da lebt*
> *In dem schaurigen Wild-West,*
> *Zuzustell'n ein Glücks-Attest,*
> *Das von großer Erbschaft kündet,*
> *Die sich irgendwo befindet.*
> *Doch in lästerlichem Spiele*
> *Raubt man ihnen kurz vorm Ziele*
> *Jenes teu're Testament,*
> *Das die Erbschaft zuerkennt.*
> *Unsre beiden tapf'ren Leute*
> *Kämpfen nun um ihre Beute.*
> *Und nach einem heft'gen Ringen*
> *Sieht man sie die Botschaft bringen*
> *Zu besagtem jungen Mädel.*
> *Sagt, ist das nicht wirklich edel?«*

Den Theaterbesitzern wurde geraten, für die Uraufführung Laurel-und-Hardy-Masken zu ordern: »Da der Film für Jugendliche zugelassen ist, wird es sich verlohnen, auf dieses dankbare Publikum in der Reklame Rücksicht zu nehmen. Die Firma Julius

Bläsing, Sonneberg i. Thür., hat Laurel-und-Hardy-Masken hergestellt, die sich als Dauerpropaganda für die beiden beliebten Komiker bestimmt bewähren werden. Setzen Sie sich also direkt mit dem genannten Hause in Verbindung. Selbst eine kleinere Anzahl von Masken hat einen außerordentlichen Werbewert.«

Nach zwei weiteren Filmen für Roach, SWISS MISS und BLOCK-HEADS (beide 1938), stellte sich wieder mal eine Zwangspause ein. Während Roach eine Sache für Hardy und Harry Langdon projektierte, diskutierte Laurel eine nachgerade herrliche Idee mit Mack Sennett: THE PROBLEM CHILD sollte Stan als normal gewachsenen Sohn von Zwergeneltern zeigen – aber leider war der alte Mack nicht mehr in der Lage, eine ausreichende Finanzierung auf die Beine zu stellen.

Privat ließ sich Stan von seinen üblichen Eheproblemen quälen. Freundin Alice Cook weiß ein Lied davon zu singen: »Es gab Zeiten, ich wette, da war ihm zum Heulen zumute. Die Ehen bereiteten ihm viel Verdruß. Ich kannte all seine Ehefrauen und natürlich auch Mae Laurel. Lois, seine erste Angetraute, ist mir als eine ganz nette Person in Erinnerung. Mae dagegen war der reine Terror gewesen – Stan hatte gerade zu filmen begonnen –, und es war ein Segen, daß sie nach Australien abrauschte. Mit Virginia Ruth war ich befreundet, aber meiner Meinung nach packte sie Stan zu hart an ... Stans nächste Frau, die hätten Sie mal sehen müssen! Illiana war einfach unglaublich – dieser Riese von einer Frau neben dem kleinen Stan. Und wie gemein sie zu ihm war! Die ganze Zeit, während der er gut verdiente, hatte er diese drei am Hals, und als der Geldregen dann aufhörte, da begegnete er Ida: Es hätte keine Bessere für Stan geben können, sie war immer für ihn da, pflegte ihn, als er krank und vom Pech verfolgt war. Welch ein Jammer, daß Ida nichts abkriegte von den wunderschönen Häusern und dem Luxus wie all die anderen Ehefrauen. Ida hätte es wirklich verdient – obwohl sie sich nicht eine Minute beklagte!« Mit Virginia Ruth war Stan sogar zweimal verheiratet, Vera Illiana Shuvalova, eine russische Sängerin, lag sozusagen mittendrin. Ida Kitaeva Raphael, die in China als Tochter weißrussischer Eltern zur Welt gekommen war, wurde 1946 seine Frau.

Auch bei Roach war nicht alles beim alten geblieben: Hal interessierte sich nach dem Erfolg von TOPPER (1937), einer intelligent gemachten Geisterkomödie mit Constance Bennett, Cary Grant und Roland Young, von der es zwei Fortsetzungen gab, nur noch für Prestigeproduktionen, so die John-Steinbeck-Verfilmung OF MICE AND MEN (1939), mit Burgess Meredith und Lon Chaney jun., und das Urweltdrama ONE MILLION B. C. (1940), an dessen Realisierung hinter den Kulissen sogar D. W. Griffith mitwirkte. Für die alten Grotesken war da natürlich kein Platz mehr: OUR GANG wurde an *MGM* abgetreten, die Charley-Chase-Serie von Roach Ende Mai 1936 eingestellt. Chase, der eine Zeitlang bei *Columbia* weitermachte, sei ein wunderbarer Kerl gewesen, schwärmt Virginia Karns, die Mother Goose aus BABES IN TOYLAND: »Zu schade, daß er sich zu Tode gesoffen hat. Er war die Art Mensch, die sich Zeit nahm, an andere zu denken. Als einer seiner Freunde starb, bezahlte Charley das Begräbnis und kam auch für alle weiteren Kosten auf. So ein Mensch war er.« Für einen anderen Freund und Kollegen, Billy Gilbert (Professor Theodore von Schwarzenhoffen in THE MUSIC BOX), war er ein »lieber und zugleich trauriger Mann, dem es zu Herzen ging, daß sein Talent nicht voll anerkannt wurde. Er war deswegen nicht böse, er fragte sich nur, warum ihn die Leute nicht in eine Reihe stellten mit Laurel und Hardy, Keaton, Chaplin und Lloyd. Er wußte, daß seine Art der Komödie elitärer war als ihre, aber er meinte, daß es auch für ihn ein Publikum geben müsse. Er war, denke ich, seiner Zeit voraus.« Charley starb ein Jahr nach dem Tod seines Bruders James Gibbons Parrott, der als Regisseur zahlreiche Laurel-und-Hardy-Filme betreut hatte; Parrott, gleichfalls Alkoholiker, war am 10. Mai 1939 aus dem Leben geschieden, er war erst 42 – als offizielle Todesursache wurde ein Herzfehler angegeben. Stan und Babe drehten nur noch zwei Filme für Roach; beide entstanden 1939 und wurden im Verleih der *United Artists* herausgebracht: A CHUMP AT OXFORD, eine Parodie auf Robert Taylors A YANK AT OXFORD, und SAPS AT SEA, dazwischen unter dem Titel THE FLYING DEUCES ein Fremdenlegionärsmelodram, das es so ähnlich schon mal 1931 mit dem Vierakter BEAU HUNKS gegeben hatte; Boris Morros, ein gebürtiger Russe, der in den 50er Jahren als Doppelagent Schlagzeilen machte, produzierte diesen Film (der für Hardy insofern bedeutsam war, als seine künftige, dritte, Frau Lucille bei der Herstellung als Skriptgirl dabei war) in den *General Studios* und ließ den Verleih von *RKO* besorgen.

In Resignation vereint: Stan Laurel und Oliver Hardy in ›Sons of the Desert‹

Da Roach stets darauf geachtet hatte, daß die Verträge von Laurel und Hardy unterschiedliche Laufzeiten hatten, nahm Stan sich vor, geduldig auszuharren, bis sich eine Möglichkeit ergab, auch de jure ein Team zu bilden: »Dank dieser separaten Verträge hatte er (Roach) uns völlig unter Kontrolle, konnte mit jedem allein feilschen. Wären wir damals schon eine legale Einheit gewesen, hätte er es viel schwerer gehabt, den Handel zu seinem persönlichen Vorteil zu gestalten. Damit meine ich nicht, daß Hal uns gegenüber jemals unaufrichtig war oder uns zu bescheißen versuchte. Wir wurden immer gut bezahlt. Aber wir hätten mehr verdienen können und größere Freiheit gehabt, wenn wir schon viel früher auch legal ein Team gewesen wären.« Diese Möglichkeit eröffnete sich den beiden 1940, als sie gemeinsam mit ihrem Rechtsbeistand Ben Shipman die *Laurel and Hardy Feature Productions* gründeten. Wie Chaplin wollte Laurel sein eigener Herr sein, über die Rechte an seinen Filmen verfügen. Leider, trotz aller Bemühungen, gelang es der Company nicht, aus eigener Kraft ein Projekt auf die Beine zu stellen: Laurel galt bei potentiellen Finanziers als zu schwierig. Retterin in der Not war Louella Parsons, die Studiochef Darryl F. Zanuck anrief und für das Team eine Lanze brach bei *Twentieth Century-Fox.*

Für *Fox* drehten sie

- GREAT GUNS (1941)
- A-HAUNTING WE WILL GO (1942)
- JITTERBUGS (1943)
- THE DANCING MASTERS (1943)
- THE BIG NOISE (1944)
- THE BULLFIGHTERS (1945)

Vier dieser Filme wurden von Malcolm St. Clair inszeniert, einem Veteranen, der für Mack Sennett gearbeitet hatte und zusammen mit dem jungen Autor Darryl Zanuck einer der Kreativen hinter RIN-TIN-TIN war.
Hinzu kamen noch zwei Streifen für *Metro-Goldwyn-Mayer:*

- AIR RAID WARDENS (1943)
- NOTHING BUT TROUBLE (1944)

Für Fans von Stan und Ollie waren diese Produktionen durch die Bank große Enttäuschungen, denn es waren keine echten Laurel-und-Hardy-Filme mehr, nur noch Filme mit Laurel und Hardy. Außerdem waren die Herren Dick und Doof allmählich alt geworden – und das Alter, bemerkt William K. Everson, »kann eine schreckliche Heimsuchung für einen Komiker wie Stan Laurel sein, dessen Stärke die Projektion von Unschuld ist. Für Hardy war das Altern kein so fatales Problem; sein Image konnte mit ihm altern. Auch W. C. Fields oder selbst Maurice Chevalier, zu deren Image der wissende Mangel an Unschuld gehört, konnten mit Grazie altern, ohne an ihrer Wirkung Einbuße zu erleiden. Für andere Clowns aber war Jugend etwas Wesentliches – Stan Laurel, Harry Langdon, Buster Keaton. Sobald ihre Kindergesichter von Furchen gezeichnet wurden und ihre Körper Gewicht ansetzten, wandelte sich ihre glaubhafte Unschuld in die Art von Infantilismus, auf die sich alte Männer zurückziehen.« (Und leider beförderten Kameraleute und Maskenbildner den fatalen Alterungsprozeß, indem sie gegen die vormals weißgeschminkten Clownsgesichter votierten und auf realistischer Ausleuchtung bestanden.)

Nach ihren Streifen für *Fox* und *MGM* haben die beiden nur noch einen gemeinsamen Film gemacht*, in Europa: ATOLL K. Ida Laurel erinnert sich: »Den Tag, als wir nach Frankreich reisten, werde ich wohl kaum vergessen und auch nicht das Datum, an welchem wir zurückkamen – 1. April 1950 und 1. April 1951. Das Jahr selbst war leider alles andere als ein Aprilscherz. Ursprünglich sollte dieser verdammte Film nur zwölf Wochen in Produktion sein, es wurden zwölf Monate daraus. Als wir in Paris ankamen – es ging uns prima, wir hofften, gleich loslegen zu können –, eröffnete der Produzent Stan, daß ein Drehbuch noch nicht vorlag. In Paris trafen wir auch den Regisseur, Leo Joannon. In Frankreich dreht sich alles um den Regisseur, wie wir bald feststellen mußten. Aber selbst Joannon war nichts Gescheites eingefallen. Und dieser Mann war es, der das Sagen in der Produktion hatte. Stan war darüber gar nicht glücklich. Er setzte sich mit den Autoren zusammen, doch auch die hatten keine Ideen. Stellen Sie sich das mal vor! Natürlich war Stan sehr beunruhigt. Es blieb uns nichts anderes übrig, als zu warten. Schließlich beschloß Stan, die Ausarbeitung des Drehbuchs selbst in die Hand zu nehmen, zusammen mit zwei Autoren, die aus den Staaten kamen. Einer von ihnen war, wenn ich mich recht erinnere, Monte Collins. Die französischen Autoren lagen morgens bis 10 im Bett, und es gab Tage, da tauchten sie gar nicht auf. Stan war so etwas nicht gewöhnt. Es war alles sehr leger. Endlich konnten die Dreharbeiten anfangen, zuerst in Paris, dann die Außenaufnahmen auf einer Insel, die zwischen Cannes und St. Raphael lag. Der Regisseur, Joannon, trat auf wie Cecil B. DeMille – und das ist jetzt kein Scherz: Gamaschen, Tropenhelm und dazu ein Megaphon. Stan sagte immer: ›Joannon ist komischer als der ganze Film – obwohl das nicht viel bedeutet.‹ Am wenigsten konnte er sich über Joannons Megaphone beruhigen. Joannon hatte nämlich für jede Gelegenheit ein anderes Megaphon. Eine weitere Sache: Joannon filmte mit

---

* Hardy war außerdem in THE FIGHTING KENTUCKIAN (an der Seite von John Wayne) und in Frank Capras RIDING HIGH.

Vorliebe Wasser, einfach Wasser, mehr nicht. ›Ich glaube, er ist in Wasser verliebt‹, meinte Stan. ›Er denkt wohl, weil die Geschichte von einer Insel handelt, muß er jede Menge Wasser aufnehmen. Allerdings muß er jetzt noch die Insel reinbringen.‹ *Drei* Tage hat Joannon laut Stan damit verplempert, einen See zu fotografieren, weil es angeblich der fotogenste See war, den er je gesehen hatte. Mein Gott! Joannon schien keine Ahnung zu haben, wie man einen Film macht. Überhaupt war das ganze Ding unglaublich. Wenn Stan irgendein winziges Requisit brauchte, mußten sie extra jemand nach Paris schicken. Ich meine jetzt wirklich Kleinigkeiten wie zum Beispiel einen Bleistiftspitzer. Für so was mußten sie jemand nach Paris schicken. Mein Gott, es war ja so schlimm! Dann wurde Stan krank. Und der behandelnde Arzt war noch schlimmer als der Regisseur; er wußte überhaupt nicht, was Sache ist. Stan hatte furchtbare Schmerzen, konnte nicht urinieren, er war wirklich ernsthaft krank. Ben Shipman, Stans alter Freund und Anwalt, kam rüber, sah, was für ein Dilettant der Regisseur war, und holte einen anderen von Stans alten Freunden, Alf Goulding (der mit den Jungs A Chump at Oxford gemacht hatte), aus England, damit Stan dem Regisseur begreiflich machen konnte, was die Aufgaben eines Regisseurs sind. Und dann war da noch diese drückende Hitze! Und die ganze Zeit über tat dieser verrückte Regisseur nichts anderes als Seen aufnehmen, Hügel, Seen, alles, nur nicht den armen Stan und Babe, die in der Maske warteten. Es war unvorstellbar! Schließlich stand es so schlimm um Stan, daß er ins Krankenhaus mußte, wo er von einer ganzen Schar von Ärzten untersucht wurde. Aber all die Doktoren konnten nichts finden. Können Sie das verstehen? Stan ging es sehr, sehr schlecht. Dann traf ein berühmter Professor ein und operierte sofort. Die anderen Ärzte hatten Angst zu operieren, als bekannt wurde, daß Stan Diabetes hatte. Bei dem Eingriff, den der Professor vornahm, stellte sich heraus, daß Stan eine Art Beule an der Prostata hatte. Aber obwohl er große Schmerzen hatte, bewahrte er seine Heiterkeit. Bevor sie ihn in den OP brachten, gaben ihm die Schwestern eine Spritze, damit er schlief. Wir warteten eine Weile, bis sie wirkte, dann rollten die Schwestern und ich Stan zum Fahrstuhl. Er regte sich nicht, aber plötzlich bemerkte er in seiner unnachahmlich komischen Art: ›Ätsch, ich bin gar nicht müde, ich kann euch hören!‹ Nach der

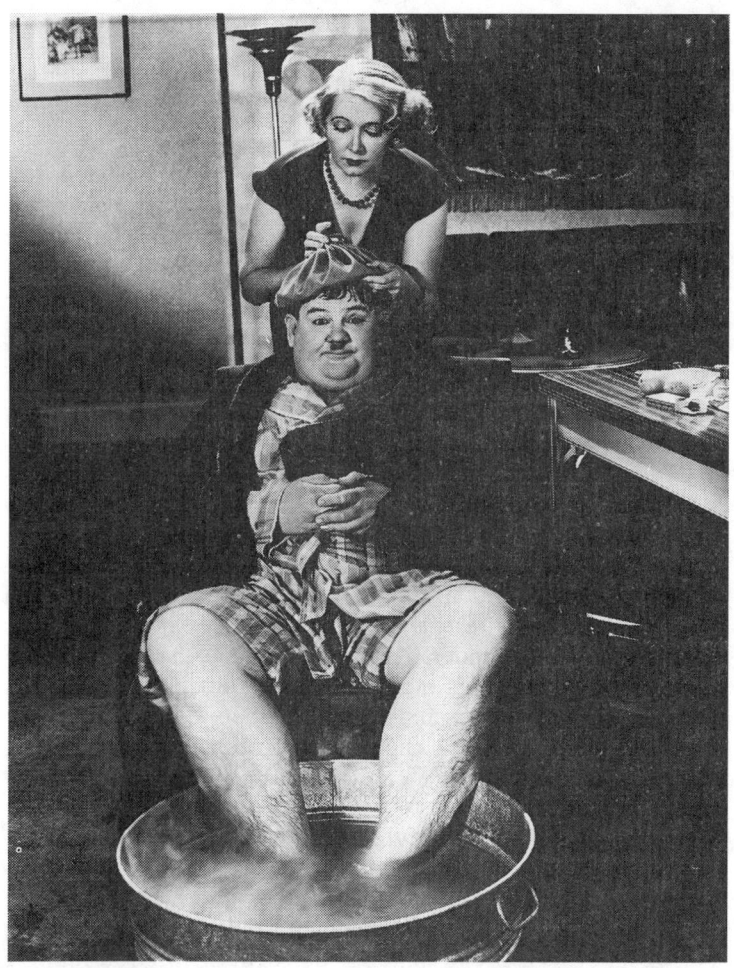

Oliver Hardy und Mae Busch in ›Sons of the Desert‹

Operation ging es zurück auf die verdammte Insel, wo sich bei
ihm der schlechten Verpflegung wegen Dysenterie (Durchfall)
einstellte. Sein Gewicht ging runter von 165 auf 114 Pfund. Also
richteten sie direkt am Drehort eine kleine Krankenstation ein,
damit er in kurzen Intervallen arbeiten konnte – zwanzig Minuten hier, eine halbe Stunde da. Sie können im Film sehen, wie

schlecht er ausschaut. Als wir Frankreich am 1. April 1951 verließen, ging es ihm immer noch nicht besser. Nach und nach half ihm unser Arzt in Kalifornien, sein Gewicht wiederherzustellen, aber der Genesungsprozeß dauerte Monate. Das war ATOLL K ...!«

Während eingefleischte Laurel-und-Hardy-Fans ATOLL K fast durchweg ablehnen, fand der Streifen in den Augen einer Reihe von Filmkritikern mehr Gnade. »Alles, was nach Abzug der Advokatenkosten und Steuern von einer reichen Erbschaft der Dick und Doof übrigbleibt, ist eine kleine Insel im Pazifik und ein Segelboot. Abenteuerlich und voll Gefahren sind Abreise und die Reise selbst, die vorerst nicht auf dem ererbten Eiland endet, sondern auf einem Atoll (eine durch Eruption aus dem Meer geworfene Insel), mit dem ihr Schiffchen aus höchster Seenot aus dem Wasser gehoben wird. Ihre unfreiwillige Robinsonade wird zuerst durch eine an Land gespülte Barsängerin gestört, dann durch ein Vermessungsschiff, dessen wissenschaftliche Besatzung reiche Uranvorkommen auf dem Atoll entdeckt. Jetzt beginnt der Run auf das Inselchen. Dick proklamiert seinen eigenen Staat, den aber bald eine Revolution in seinen Grundfesten erschüttert. Das Wiederversinken der Insel in das Meer rettet den Freunden das Leben. Aber auch die Freude am Besitz ihrer Erbinsel ist nur von kurzer Dauer, denn diese ist durch Erbschaftssteuerschulden bereits dem Staat verfallen. – Es ist das erste Mal, daß sich Dick und Doof auf dem Gebiet der Satire und Parodie versuchen und dadurch ihren unerschöpflichen Gags und ihrem grotesken Klamauk einen tieferen Sinn geben, ohne an Komik einzubüßen. Sorgfältige Regie und Photographie, zum Teil mit neorealistischen Stilmitteln, und gelungene Tricktechnik heben diesen Dick-und-Doof-Film auch formal über ihr sonstiges Niveau«, urteilte zum Beispiel der FILM-DIENST-Rezensent anläßlich der deutschen Uraufführung des Streifens.

Hal Roach war 1942 Colonel des Army Signal Corps geworden und konnte sein Studio während des Krieges solvent halten, da es der Armee als Hauptquartier für die Trainings- und Lehrfilmproduktion diente. Nach dem Krieg war er einer der ersten Hollywoodproduzenten, der, als es noch unschicklich war, mit der Television »fraternisierte«. Sein Sohn, Hal jun., der die Geschäftsleitung vom Alten übernommen hatte, plante nach dem

erfolgreichen Verkauf der Stan-und-Babe-Grotesken ans Fernsehen 1955 eine ambitionierte TV-Reihe aus Einstundenepisoden mit märchenhaftem Music-Hall-Einschlag: THE FABLES OF LAUREL AND HARDY. Doch zehn Tage vor Drehbeginn der ersten Folge (BABES IN THE WOODS) hatte Laurel einen Schlaganfall. Und während Stan sich noch auf dem Weg der Genesung befand, widerfuhr Hardy, der auf Diät war und von 360 auf 210 Pfund abgespeckt hatte, das gleiche Schicksal: Am 14. September 1956 hatte er einen massiven Schlaganfall und mußte für einen Monat ins St. Joseph's Hospital in Burbank. Hinzu kam Aphasie, die ihm das Sprechvermögen nahm. Stan: »Als das Ende nahte, konnte er nicht mehr sprechen. Das letzte Mal, als ich ihn sah, verständigten wir uns pantomimisch. Er guckte mich an – und seine Augen schienen zu sagen: ›What a fine mess *this* is.‹« Wieder daheim, verlor Babe weiter an Gewicht – bald war er unter 150 Pfund. »Mental«, so Lucille Hardy, »ging es ihm scheinbar besser, als wir ihn aus dem Krankenhaus nach Hause brachten, aber ihn bedrückte, daß er so wenig tun konnte. Er saß rum, warf einen flüchtigen Blick in die Zeitung, konnte sich jedoch nicht konzentrieren – und das irritierte ihn. Dann setzten wir ihn in einem Rollstuhl vor den Fernseher. Er war ja immer ein so begeisterter Zuschauer gewesen. Aber jetzt konnte er dem Geschehen auf dem Bildschirm offensichtlich nicht mehr folgen. Manchmal war er darüber so deprimiert, daß man den Eindruck hatte, er sehne den Tod herbei.« Anfang August 1957 erlitt er zwei weitere Schlaganfälle und lag im Koma. Er starb am 7. August um 7.25 Uhr. Stan hatte einen Bruder verloren – obwohl sich die beiden erst im Verlauf ihrer letzten England-Tournee 1954 nähergekommen waren: »Vorher hatten wir nie engen Kontakt gehabt. Wenn wir Filme machten, lief alles wie eine gut geölte Maschine, nur Arbeit und kein Spiel. Nach Drehschluß waren wir nicht zusammen. Ich sah ihn kaum zwischen den Dreharbeiten. Wir waren uns überhaupt nicht ähnlich. Privat liebte er das Golfspiel, während ich den Schneideraum bevorzugte. Ich konnte da praktisch die ganze Nacht verbringen und kümmerte mich um alles. An manchen Tagen war ich bis zu zweiundzwanzig Stunden im Studio. Ollie war an so was nicht interessiert. Aber alles, was ich tat, war für ihn in Ordnung.«
Unter den vielen Besuchern, die in den folgenden Jahren zu Stan pilgerten, um sich Rat zu holen oder einfach nur, um ihren Re-

spekt vor dem Meister zum Ausdruck zu bringen, befanden sich Prominente wie Dick Van Dyke, Peter Sellers, Jerry Lewis, Danny Kaye, Dick Cavett, Dick Martin und auch der große französische Pantomime Marcel Marceau, dessen Darbietungen Stan 1951 in Paris applaudiert hatte. »Als ich dann damals nach Amerika ging«, so Marceau 1988 in einem Interview, »habe ich einige Fernsehshows mit Red Skelton gemacht. Damals habe ich dann auch Stan Laurel wieder getroffen, das war in den Jahren 1961 und 1963. Unsere Freundschaft hat sich noch vertieft, als ich zum ersten Mal nach Los Angeles kam und ihn zu Hause besuchen konnte. Er wohnte nicht weit von Hollywood in Santa Monica, und da hat er wie ein Kleinbürger gelebt, wie ein englischer Kleinbürger, mit seiner Frau, die russisch war. Seine Frau war wunderbar, sie war eine Sängerin und hat Stan sehr geliebt. Wir haben dann bei meinem Besuch Tee getrunken, Kuchen ge-

Kleinkrieg und Versöhnung

gessen – und er war gar nicht bitter, weil er ... also, er war nicht
reich, aber er war auch nicht arm, er hat gelebt wie ein amerikanischer Bürger der Mittelklasse, und er war sehr glücklich darüber, daß er mindestens 200 bis 300 Briefe *pro Tag* bekam,
hauptsächlich von Kindern. Seine Verträge waren blöd gemacht, er hat vom Fernsehen kein Geld bekommen, weil sie
nicht mit dem Fernsehen gerechnet hatten. Ich kannte seinen
Advokaten Shipman, auch er konnte nichts tun. Aber Stan hat
nicht für das Geld gelebt, er hat gelebt für seine Kunst, den
Ruhm – und er wußte, daß er unsterblich sein würde.« Am
23. Februar 1965 um 13.45 Uhr schloß er nach einem Herzinfarkt
für immer die Augen. Dick Van Dyke, den Laurel auf der Leinwand gern als Laurel gesehen hätte, wäre sein Leben, was er

nicht hoffte, verfilmt worden, hielt eine rührende Grabrede:

> »In den letzten Morgenstunden, die er auf Erden verbrachte, kam eine Krankenschwester in Stans Zimmer, um den Patienten zu versorgen. Stan sah auf und sagte: ›Wissen Sie was – ich würde jetzt lieber Skifahren gehen.‹ – ›Fahren Sie denn Ski, Mr. Laurel?‹ fragte die Schwester. – ›Nein‹, sagte er. ›Aber jetzt würde ich lieber Skifahren gehen als sterben.‹
> Stan bemerkte einmal, daß Chaplin und Lloyd all die großen Filme gemacht hätten und er und Babe nur die kleinen billigen. ›Aber wie man mir versichert‹, sagte er, ›sind unsere kleinen billigen Filme über die Jahre von mehr Menschen gesehen worden als all die großen. Sie müssen gemerkt haben, mit wieviel Liebe wir sie gemacht haben.‹
> Einmal, als sie in England auf Tournee waren, waren sie erstaunt über die Menschenmengen, die sich um sie drängten. Sie wußten nicht, wie beliebt sie waren. Um etwas Ruhe zu haben, verkrochen sie sich in Cobh, Irland, und plötzlich begannen die Kirchenglocken von Cobh ihre Erkennungsmelodie – den *Cuckoo Song* – zu läuten. ›Da haben wir beide angefangen zu heulen‹, hat Stan erzählt, ›weil uns von allen so viel Liebe geschenkt wurde.‹«

In den letzten Jahren seines Lebens ist Stan viel Gutes widerfahren, darunter auch nostalgische Zitate:

- 1955, in dem Film THE SEVEN YEAR ITCH, zollte Fan Billy Wilder seinen Tribut, zitierte eine Szene aus dem Stummfilm PUTTING PANTS ON PHILIP (1927) – wie ein Luftstoß aus einem Ventilationsschacht Stans Schottenrock hochbläst – und ließ die Aktion von seinem Star Marilyn Monroe wiederholen.
- 1961 wurde er von der *Academy of Motion Picture Arts and Sciences* mit einem Ehren-Oscar ausgezeichnet.
- John McCabe schrieb ein Buch über MR. LAUREL AND MR. HARDY und vereinigte die Fangemeinde in den SONS OF THE DESERT, die international in *tents* (Zelte), jeweils benannt nach einem Film von Stan und Babe, gegliedert sind.*

Aber Laurel mußte auch erleben, wie am 20. Dezember 1962 die *Hal Roach Studios* auf einer Auktion versteigert wurden. 1960,

---

* Den deutschen TWO TARS-Club erreicht man über »Grand Sheik« Wolfgang Günther, Bismarckstr. 23, D-5650 Solingen 1.

nachdem Hal jun. Verluste in Höhe von sechseinhalb Millionen Dollar zu verzeichnen hatte, war man über Alexander Guterma in die Fänge des organisierten Verbrechens und der Mafia geraten, und als Gutermas *Scranton Corporation* pleite machte, war es auch um das Ateliergrundstück in Culver City geschehen.

In einem Interview hat Stan Laurel einmal besonders die Treue der deutschen Fans hervorgehoben. Einer, der sich hier um Laurel und Hardy verdient gemacht hat, war der 1989 verstorbene Filmkaufmann Erich Pietrek, geschäftsführender Gesellschafter des *Nord-Westdeutschen Film-Verleihs* mit Sitzen in Düsseldorf und Berlin: »Ich bin nach Amerika gefahren und habe bei Hal Roach die Theaterrechte gekauft. Ich habe sogar auch ein paar DIE KLEINEN STROLCHE-Filme mit eingekauft, jedoch dann wieder abgegeben, da die Synchronisation mit Kinderstimmen zu aufwendig/kostspielig war.« 13 Lang- und 26 Kurzfilme mit Laurel und Hardy hat Pietrek, überwiegend als Reprisen, in der Bundesrepublik herausgebracht und beworben: »Ich habe zehn Paar Pappmaché-Köpfe von einem Frankfurter Künstler anfertigen lassen, und als die Filme gerade neu anliefen, habe ich die Köpfe aufs Autodach befestigt und bin damit durch die Stadt gefahren. Die Köpfe konnte man aber auch als ›Masken‹ aufsetzen, und ich habe immer zwei Leute engagiert, die dann mit den Masken vorm Kino auf und ab gelaufen sind.« Zur Premiere des Films JITTERBUGS, die am 2. Dezember 1965 unter dem Titel DICK UND DOOF UND DIE WUNDERPILLE in Bad Godesberg stattfand, sind wir »mit zehn Oldtimern, die mit Plakaten beklebt waren und jeweils mit Stan und Ollie besetzt waren, durch die Stadt gefahren. Die Firma *Haribo* hat sich auch daran beteiligt und Gummibärchen etc. verteilt. Der Film war in ganz Deutschland ein Riesenerfolg! Von einem Theaterbesitzer erhielt ich folgendes Telegramm: ›Wer bezahlt die kaputtgedrückten Scheiben?‹« DICK UND DOOF UND DIE WUNDERPILLE profitierte übrigens nicht schlecht von den Bemühungen des *Atlas Filmverleihs* (unter Hanns Eckelkamp), der im selben Jahr sein *Atlas Filmvergnügen* mit einer sehr populären Wiederaufführung von WAY OUT WEST, unter dem neuen Verleihtitel 2 RITTEN NACH TEXAS, gestartet hatte.* Wie immer hatte sich *Atlas* viel Mühe mit der

---

* 1967 in der damaligen DDR der zweiterfolgreichste Film des Jahres, nach DIE TOLLKÜHNEN MÄNNER IN IHREN FLIEGENDEN KISTEN.

Werbung gemacht: »Am 31.7.65«, heißt es in einem Schreiben des damaligen *Atlas*-Pressemitarbeiters Michael Geimer Gründgens an Robert G. Scheuer vom *Filmblätterverlag,* »startete *Atlas-Film* in Bochum eine Aktion für ihren Laurel und Hardy Film 2 RITTEN NACH TEXAS. Man besorgte sich 2 ›Söhne‹ der ›siamesischen Zwillinge der Komik‹, staffierte sie ihren Vorbildern getreu aus und gab ihnen als ›ständigen Begleiter‹ einen Esel mit, der, wie es sich für einen Esel gehört, sehr störrisch war. Es gab großen Auflauf, für die Kinder war es ein besonderes Vergnügen, sie bekamen Bonbons und durften auf dem Esel reiten. Für die Sendung HIER UND HEUTE drehte das *WDR*-Fernsehen eine Szenenfolge von 3 Minuten. Der Erfolg dieses Films aufgrund einer solchen Aktion beweist wieder einmal mehr, daß es

›Way out West‹ – ›Zwei ritten nach Texas‹

sich lohnt, das Publikum direkt auf der Straße anzusprechen.« Hervorzuheben an dieser und weiteren *Atlas*-Editionen mit den beiden Komikern ist die gelungene Synchronisation von Werner Schwier, der sich der Mitarbeit der bewährten deutschen Sprecher Walter Bluhm (Stan) und Arno Paulsen (Ollie) versichert hat. Bluhm hatte Laurel zum erstenmal 1936 synchronisiert, und seine Stimme paßte so gut, daß alle immer wieder gesagt haben, »daß es so klingt, als ob der Doof nur Deutsch spricht«. (Nach Paulsens Tod übernahm Michael Habeck Babes Stimme; für Bluhm wird es keinen Ersatz geben.) In den 70er Jahren brachte Leo Kirchs *Beta/Taurus Film* die Laurel-und-Hardy-Streifen ins deutsche Fernsehen; zuerst liefen sie nur im Vorabendprogramm (des *ZDF*), dann kamen sie auch ins Hauptprogramm. Die Einführungen schrieb der inzwischen verstorbene Filmhistoriker Joe Hembus: »Im Frühjahr 1975 brachte Gert Mechoff vom *ZDF* mich mit Theo Lingen zusammen, der sich bereit erklärt hatte, als Präsentator einer geplanten Serie von Laurel und Hardy-Filmen in neu synchronisierter, möglichst authentischer Fassung zu fungieren; ich sollte zusammen mit Lingen Einführungstexte erarbeiten. Die Aussicht, mit drei der größten Komiker der Filmgeschichte zu kollaborieren, war natürlich ausgesprochen lustvoll. Und wenn auch Theo Lingen in seiner liebenswürdigen Art später immer wieder versicherte, er habe durch diese Arbeit viel dazugelernt, so kann ich nur sagen, daß keiner bei diesem Unternehmen so viel profitiert hat wie ich ...« (Oder wie Kirch, der seine Laurel-und-Hardy-Programme später an *SAT 1* und *PRO 7* weiterverscherbelte.)

Laurel and Hardy forever:

In Amerika hat man ihre alten Filme inzwischen koloriert, eine Prozedur, die unter Cineasten umstritten ist, aber auf jeden Fall den Rechte-Inhabern hilft, auslaufendes Copyright zu erneuern. Und Larry Harmon, der 1961 die alleinigen Rechte an den Personen Laurel und Hardy erwarb und die Figuren in Zeichenfilmen und Comic Books auswertete, plant laut Two Tars Tent Journal drei weitere Produkte: einen Fernsehfilm, ein Musical und einen neuen Zeichenfilm. »Der Spielfilm soll The Stan Who Would Be King heißen und handelt von Stan und Ollies Söhnen! Larry Harmon beabsichtigt, Stans Sohn zu spielen (er hat vor Jahren schon einmal Stan Laurel in der Fernsehwerbung imitiert!). Jetzt sucht er noch einen geeigneten Schauspieler für die Rolle von Ollies Sohn. Die beiden anderen Projekte hat er angeblich schon vor Laurels Tod mit ihm selbst entwickelt: ein Musical, Mr. Laurel und Mr. Hardy, und einen Zeichentrickfilm mit dem Titel Laurel und Hardy treffen Rapunzel.«

Tolle Jungs im Einsatz: Abbott und Costello

Seine Popularität in den 40er Jahren auf der Leinwand (und in den frühen 50ern auch auf dem Bildschirm) verdankte das Duo Abbott und Costello nicht zuletzt reichlich abstrusen Wortspielen, die das ungleiche Paar schnell als pure *Tonfilm*komiker qualifizierten. Ihre ersten großen Erfolge feierten die beiden schließlich im Radio. Bud Abbott war der gerne seriös auftretende Stichwortgeber, den der rundliche Lou Costello, infantil quäkend, dank seiner Begriffsstutzigkeit oft an den Rand der Verzweiflung brachte.

Ihre bekannteste Nummer, die sie erstmals im Rundfunk in der KATE SMITH HOUR zum besten gaben, ist, wie so manches von ihnen, kaum ins Deutsche übertragbar, sie sei deswegen hier im Original wiedergegeben, in der Hoffnung, daß etliche Leser der englischen Sprache mächtig sind –

Who's on First

BUD: You know, strange as it may seem, they give baseball players peculiar names nowadays. On the St. Louis team Who's on first, What's on second, I Don't Know is on third.

LOU: That's what I want to find out. I want you to tell me the names of the fellows on the St. Louis team.

BUD: I'm telling you. Who's on first, What's on second, I Don't Know is on third.

LOU: You know the fellows' names?

BUD: Yes.

LOU: Well, then, who's playin' first?

BUD: Yes.

LOU: I mean the fellow's name on first base.

BUD: Who.

LOU: The fellow's name on first base for St. Louis.

BUD: Who.

LOU: The guy on first base.

BUD: Who is on first base.

LOU: Well, what are you askin' me for?

BUD: I'm not asking you. I'm telling you. Who is on first.

LOU: I'm askin' you, who is on first?

Mit aller Kraft in verschiedene Richtungen – bezeichnend für Lou Costelle und Bud Abbott, genaugenommen für alle Komiker-Duos.

BUD: That's the man's name.
LOU: That's whose name?
BUD: Yes.
LOU: Well, go ahead and tell me.
BUD: Who?
LOU: The guy on first.
BUD: Who.
LOU: The first baseman.
BUD: Who is on first.
LOU: Have you got a first baseman on first?
BUD: Certainly.
LOU: Well, all I'm tryin' to find out is what's the guy's name on first base.
BUD: Oh, no, no. What is on *second* base.
LOU: I'm not askin' you who's on second.
BUD: Who's on first.
LOU: That's what I'm tryin' to find out.
BUD: Well, don't change the players around.

LOU: I'm not changin' anybody.
BUD: Now take it easy.
LOU: What's the guy's name on first base?
BUD: What's the guy's name on *second* base.
LOU: I'm not askin' you who's on second.
BUD: Who's on first.
LOU: I don't know.
BUD: He's on third. We're not talking about him.
LOU: How could I get on third base?
BUD: You mentioned his name.
LOU: If I mentioned the third baseman's name, who did I say is
      playing third?
BUD: No, Who's playing first.
LOU: Stay offa first, will ya?
BUD: Please, now what is it you'd like to know?
LOU: What is the fellow's name on third base?
BUD: What is the fellow's name on *second* base.
LOU: I'm not askin' ya who's on second.
BUD: Who's on first.
LOU: I don't know.
BUD & LOU (zusammen): Third base!
LOU: You got an outfield?
BUD: Certainly.
LOU: St. Louis got a good outfield?
BUD: Oh, absolutely.
LOU: The left fielder's name.
BUD: Why.
LOU: I don't know. I just thought I'd ask.
BUD: Well, I just thought I'd tell you.
LOU: Then tell me who's playing left field.
BUD: Who's playing first.
LOU: Stay outa the infield?
BUD: Don't mention any names there.
LOU: I wanta know what's the fellow's name in left field.
BUD: What is on second.
LOU: I'm not askin' you who's on second.
BUD: Who is on first.
LOU: I don't know!
BUD & LOU (zusammen): Third base!
BUD: Now take it easy, man.

LOU: And the left fielder's name?

BUD: Why?

LOU: Because.

BUD: Oh, he's center field.

LOU: Wait a minute. You got a pitcher on the team?

BUD: Wouldn't this be a fine team without a pitcher?

LOU: I dunno. Tell me the pitcher's name.

BUD: Tomorrow.

LOU: You don't want to tell me today?

BUD: I'm telling you, man.

LOU: Then go ahead.

BUD: Tomorrow.

LOU: What time?

BUD: What time what?

LOU: What time tomorrow are you gonna tell me who's pitching?

BUD: Now listen, who is not pitching. Who is on –

LOU: I'll break your arm if you say who is on first.

BUD: Then why come up here and ask?

LOU: I want to know what's the pitcher's name!

BUD: What's on second.

LOU: I don't know.

BUD & LOU (zusammen): Third base!

LOU: You gotta catcher?

BUD: Yes.

LOU: The catcher's name.

BUD: Today.

LOU: Today. And Tomorrow's pitching.

BUD: Now you've got it.

LOU: That's all. St. Louis got a couple of days on their team. That's all.

BUD: Well, I can't help that. What do you want me to do?

LOU: Gotta catcher?

BUD: Yes.

LOU: I'm a good catcher, too, you know.

BUD: I know that.

LOU: I would like to play for St. Louis.

BUD: Well, I might arrange that.

LOU: I would like to catch. Now Tomorrow's pitching on the team and I'm catching.

BUD: Yes.

LOU: Tomorrow throws the ball and the guy up bunts the ball.

BUD: Yes.

LOU: So when he bunts the ball, me, bein' a good catcher, I want to throw the guy out at first base. So I pick up the ball and I throw it to who?

BUD: Now that's the first thing you've said right!

LOU: *I don't even know what I'm talkin' about!*

BUD: Well, that's all you have to do.

LOU: I throw it to first base.

BUD: Yes.

LOU: Now who's got it?

BUD: Naturally.

LOU: Naturally.

BUD: Naturally.

LOU: I throw the ball to naturally.

BUD: You throw it to Who.

LOU: Naturally.

BUD: Naturally, well, say it that way.

LOU: That's what I'm saying!

BUD: Now don't get excited, don't get excited.

LOU: I throw the ball to first base.

BUD: Then Who gets it.

LOU: He'd better get it.

BUD: That's it. All right now, don't get excited. Take it easy.

LOU: Now I throw the ball to first base, whoever it is grabs the ball, so the guy runs to second.

BUD: Uh-huh.

LOU: Who picks up the ball and throws it to What. What throws it to I Don't Know. I Don't Know throws it back to Tomorrow. A triple play!

BUD: Yeah, could be.

LOU: Another guy goes up and it's a long fly ball to center. Why? I don't know. And I don't care.

BUD: What was that?

LOU: I said, I don't care.

BUD: Oh, that's our shortstop.

William »Bud« Abbott und Louis Francis Cristillo waren seit 1936 gemeinsam auf der Bühne zu sehen, nachdem Bud bereits mehrere Jahre ein gesuchter *straight man* anderer Komiker gewesen war, deren Nummern die beiden dann teilweise für eigene Zwecke auswerteten. Cristillo-Costello vor allem war derjenige, der unbedingt zum Film wollte. In den 20er Jahren hatte er als junger Bursche sein Glück in Hollywood versucht – bei *MGM,* freilich nicht als Star, sondern als gewöhnlicher Arbeiter (und Gelegenheits-Stuntman). Ein befreundeter Parkwächter ließ ihn damals in Autos übernachten, bis er eine Bleibe in der Filmmetropole gefunden hatte. Jetzt, nach ersten Erfolgen auf der Bühne und dem sensationellen Zuspruch, den ihre Radio-Sketche beim Publikum fanden, waren Hollywood-Angebote unvermeidlich. Zuerst meldete sich *MGM* und bot Abbott und Costello etwas weniger als 20.000 Dollar für kurze Gastauftritte in Musikfilmen. Doch Costello hielt nicht viel davon: »Ich will ein Star werden – und nicht unter ›ferner laufen‹ hinter Judy Garland oder Clark Gable landen.« Statt dessen akzeptierte das Duo eine Offerte von *Universals* Matty Fox: Zwar würden sie auch in ONE NIGHT IN THE TROPICS nicht die Hauptdarsteller sein, aber immerhin, als zwei Detektive, ihre ganz besondere Nische in dem Streifen finden und dafür auch noch mehr kriegen als bei *MGM,* nämlich 35.000 Dollar. Es war drei Tage vor Beginn der Dreharbeiten, als Leonard Spigelgass, der Produzent des Films, von seinem Star Allan Jones wissen wollte, ob er was gegen zwei Komiker habe. Jones hatte nichts einzuwenden: »Aber – wo willst du sie einbauen?« – »Wir könnten für sie eine Szene in einem Kasino reinschreiben«, überlegte Spigelgass. »Das würde den Lauf der Handlung nicht stören und auch nicht mit dir kollidieren.« Jahre später – Allan Jones war gerade in Südamerika – las er über einem Kino eine Leuchtreklame: *Abbott und Costello in One Night in the Tropics.* »Und wo zum Teufel bin ich?« fragte er sich. Von den sieben Nummern, die Comedy-Spezialist Edward Sutherland für diesen Film mit Bud und Lou aufgenommen hatte, waren fünf auf der Leinwand zu sehen. In einer von ihnen ging es um das Rauchen –

Smoking

BUD: Wirst du wohl aufhören, hier drin zu rauchen, Costello.
LOU: Wer raucht hier?
BUD: Du.
LOU: Wie kommst du darauf, daß ich rauche?

BUD: Du hast eine Zigarre im Mund.
LOU: Ich hab auch Schuhe an – und laufe ich?

Geschrieben hatte die Sketche John Grant, ihr bevorzugter Gagman, der ihnen auch die folgenden Jahre treu blieb.
Angesichts der Popularität des Duos rang sich *Universal,* stets am Rande des finanziellen Ruins, dazu durch, dem Team einen eigenen Film zu widmen. Immerhin: Laurel & Hardy hatten Erfolg. Warum nicht auch A & C? Matty Fox erhielt den Auftrag, in diesem Sinne zu verhandeln. In ihrem Buch LOU's ON FIRST hat Chris, Costellos jüngste Tochter, den Verlauf dieses denkwürdigen Gesprächs festgehalten, das Lou als gnadenloser Zokker dominierte –

LOU: Mr. Fox, lassen Sie uns gleich auf den wesentlichen Punkt zu sprechen kommen. Ich hab nämlich hinterher noch ein anderes Meeting in den *Paramount*-Büros. Die haben uns einen ganz hübschen Deal angeboten, und den will ich natürlich nicht platzen lassen. Ich bin sicher, Sie haben dafür Verständnis.
FOX: Was für eine Art Film ist das denn, den die Ihnen anbieten?
LOU: Also – wir dürfen unsere Bücher selbst wählen.
FOX (der Costellos Spiel mit Vergnügen mitspielte):
Echt? Was für eine Art Skript schwebt Ihnen denn vor? Haben Sie sich da schon Gedanken gemacht?
LOU: Ich meine, wir sollten einen Soldatenfilm machen.
FOX: Ist ja hochinteressant. Wie kommen Sie darauf?
LOU: Weil unsere Jungs eingezogen werden und es Krieg gibt. Wollen Sie mal unsere Kommiß-Nummer sehen. Los, Bud, wir zeigen sie ihm ...

Aufgrund des Gebotenen war Fox gleich so beeindruckt, daß er den Erschienenen einen Langzeitvertrag mit *Universal* in Aussicht stellte, einschließlich Mitspracherecht, was die Sujets anging – und um das zu beweisen, segnete er als erstes Projekt die Militärklamotte ab.
Im Rahmen der weiteren Verhandlungen bot *Universal* dann für die Dienste der beiden ein Salär von 50.000 Dollar je Film, bei vier Filmen im Jahr. Eddie Sherman, der Manager des Teams,

war soweit einverstanden, allerdings unter der Voraussetzung, daß seine Klienten darüber hinaus mit zehn Prozent am Einspielergebnis ihrer Filme beteiligt wären. Das war den *Universal*-Verantwortlichen erst mal zuviel. Um seine Verhandlungspartner zu ködern, konterte Sherman mit einem geschickten Gegenangebot: entweder 50.000 plus zehn Prozent – oder 60.000 Dollar pro Film. Da für die *Universal*-Leute, dumm und geizig, 60.000 Dollar mehr waren als 50.000 und man sich erhoffte, daß man mit den zehn Prozent erheblich unter 10.000 Dollar pro Streifen bleiben würde, akzeptierte man schließlich das erste Angebot zuzüglich Beteiligung an den Einspielerlösen. Letztere summierten sich allein im ersten Jahr auf eine Million Dollar! Gleich ihr erster Film unter dem neuen Deal, die Militärklamotte BUCK PRIVATES (1941), war für *Universal*-Verhältnisse so etwas wie ein Megahit und katapultierte das Duo ganz nach oben.

»Alex, ich habe nur ein einziges Ziel im Leben, und wenn du mir hilfst, es zu verwirklichen, tu ich alles, was du sagst, sofern es die Arbeit betrifft«, hatte sich Bud bei ihrer ersten Begegnung Alex Gottlieb anvertraut, den *Universal* zum Produzenten dieses und weiterer A&C-Filme bestimmt hatte. – »Und was wäre das, Lou?« – »Ich will ein Star werden.« – »Und Bud Abbott? Was will Bud?« – »Der will trinken.« – »Das nenne ich eine gute Zusammenstellung, Lou«, lachte Gottlieb. »Wollen mal sehen, was wir da machen können.« – »Ich werd dich jetzt in eine Sache einweihen, Alex. Bud ist Epileptiker, und ich bin gewöhnlich die erste Person, die mitkriegt, wenn er wieder einen Anfall kriegt. Wenn du also mal siehst, wie ich ihn anpacke und ihm übers Maul fahre und ihn vielleicht auch mal in die Magengrube haue, dann tu ich das nur, um ihm zu helfen, okay?« – Alex nickte: »Ich verstehe, Lou, und danke, daß du mir Bescheid gesagt hast.« – »Eine Sache noch, Alex«, Lou, schon in der Tür, drehte sich noch mal um. »Bitte, mach einen Star aus mir.« – »Das ist die leichte Hälfte, Lou«, lachte Alex.

Als Regisseur war Arthur Lubin verpflichtet worden, der es später mit sprechenden Tieren hatte (FRANCIS im Kino und MR. ED im Fernsehen): »Ich war ehrlich. Ich sagte: Es tut mir leid, aber ich bin nicht ganz sicher, ob ich der richtige Regisseur für das Projekt bin. Vom Tanzen versteh ich nämlich überhaupt nichts. – Worauf mich im Produktionsbüro alles ganz verdutzt ansah:

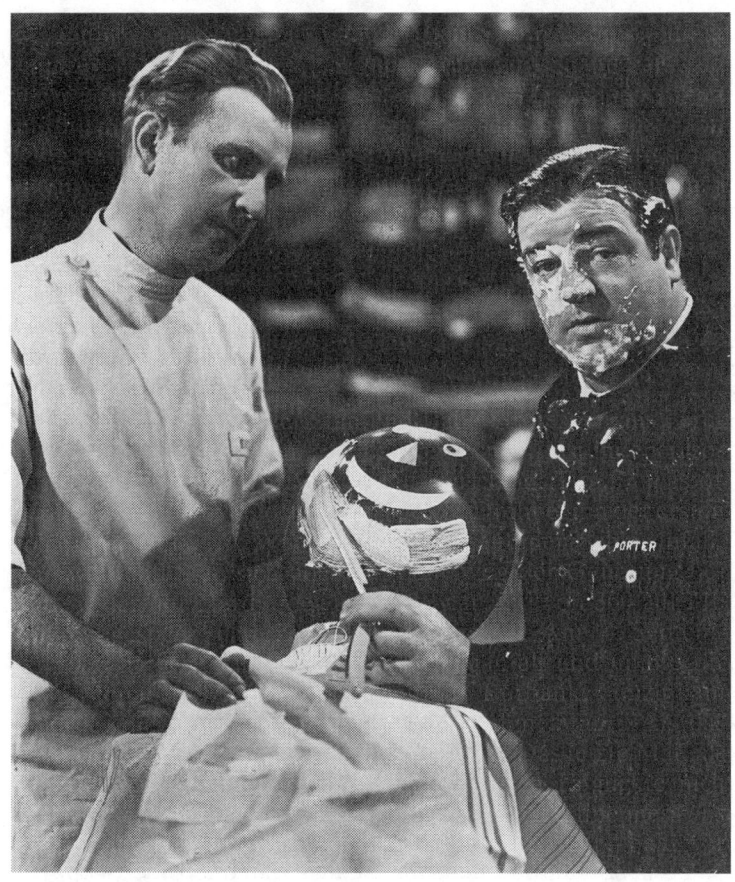

›Abbott and Costello in Hollywood‹

Tanzen? Wie meinen Sie das? – Da ist doch eine Truppe im Fi-
gueroa-Theater, antwortete ich: die Abbott Dancers. Oder
reden Sie von jemand anderem? – Alles lachte. Dann erklärten
sie, wer Abbott und Costello waren.« Lubin paßte sich der Situation jedoch sehr gut an: »Weil Lou eine Szene niemals in derselben Weise wiederholte, nahm ich all ihre Szenen mit zwei oder
drei Kameras simultan auf, um nichts von Lous Reaktionen zu
verpassen. Das stellte sich als ebenso zeit- wie geldsparend heraus, weil sie ihre Nummern stets gut drauf hatten, wenn sie ins

Atelier kamen.« Und weil *Universal* anfangs noch unsicher war, ob A & C einen Film allein tragen könnten, gesellte man noch ein breitmäuliges Gesangstrio hinzu – die populären Andrews-Schwestern.

Der Erfolg von BUCK PRIVATES wie auch der nächsten A & C-Filme des Jahres 1941, IN THE NAVY, HOLD THAT GHOST (VORSICHT GESPENSTER) und KEEP 'EM FLYING, animierte Lou Costello schon bald, sich wie ein richtiger Superstar zu gebärden. Zum Beispiel hatte Deanna Durbin, bis zu dem Zeitpunkt *Universals* größter Kassenmagnet, eine Garderobe auf Rädern – und Lou dachte sich, so was müßte er auch haben, und zwar noch größer als die von Deanna. Man bedeutete ihm, seine Garderobe sei angemessen, doch er ließ sich nicht beirren: »Nicht nur ich will eine rollende Garderobe, die größer ist als die von Miß Durbin – Bud auch! Und merken Sie sich: Wenn Sie erwarten, daß sich Abbott und Costello kooperativ verhalten, dann stehen beide Garderobenwagen am Montag für uns bereit!« Was auch geschah. In jenen fahrbaren Garderoben, mal in der von Bud, mal in der von Lou, frönte das Team in den Drehpausen ausgiebig der Spielleidenschaft. Einer, der darum wußte, war Filmbösewicht George Raft: »Wenn man zum Zeitvertreib pokert, fein, aber die beiden spielten, als ob Geld gar nichts wäre. Ich saß mal mit ihnen im Flugzeug von New York nach der Westküste – da hatten sie Schlafsitze in den Flugzeugen. Das war aber nichts für die beiden, sie blieben die ganze Nacht wach und spielten, für Einsätze bis zweitausend Dollar manchmal. Ich hatte immer das Gefühl, Lou wollte die ganze Welt schlagen. Das war seine Schwäche.«

In besagten Garderoben war es auch, daß die beiden sich stritten. Am Beginn der Partnerschaft hatte Abbott, als der erfahrenere Partner, noch 60 Prozent kassiert und Costello nur 40. Aber bald schon wurde fifty-fifty geteilt. Und endlich war es Lou, der, nachdem Kumpel ihm eingeredet hatten, wieviel besser er doch sei als sein Partner, 60 Prozent einsteckte. Am liebsten hätte er das Duo in Costello und Abbott umbenannt, aber da mochte *Universal* nicht mitspielen. Auch wenn sie privat nicht viel miteinander verkehrten, beobachtete Lou doch jeden Schritt, den Bud tat, und war bemüht, ihn in allem zu übertreffen. Als Abbott einmal prahlte, er verdiene so viel Geld, daß er die ganze Nacht brauche, um es zu zählen, winkte Lou spöttisch ab: Das sei noch gar nichts – er zähle das Geld erst gar nicht, er wiege es gleich!

Universal trieb das Duo derweil wie Maultiere von Film zu Film: RIDE 'EM COWBOY (HELDEN IM SATTEL), PARDON MY SARONG (UNTER KANNIBALEN), WHO DONE IT?, IT AIN'T HAY, HIT THE ICE (ABBOTT UND COSTELLO AUF GLATTEIS), IN SOCIETY. Hollywood sei ein wenig lahm geworden, beliebte Milton Berle einmal zu scherzen: »Abbott und Costello haben heute noch keinen Film gedreht.« Wenn die beiden mal nicht in *Universal City* filmten, konnte man sie bestimmt in den *MGM-* Studios in *Culver City* antreffen, an die sie für drei Filme ausgeliehen worden waren: RIO RITA, LOST IN A HAREM (ABENTEUER IM HAREM), ABBOTT AND COSTELLO IN HOLLYWOOD. Ihre Gage als Team war inzwischen auf 150.000 Dollar geklettert, plus 20 Prozent Beteiligung.

›*Abbott and Costello in Hollywood*‹

Eines Tages überschattete eine Tragödie das glückliche Leben des aufgrund seiner italienischen Abstammung familienorientierten Costello: Butch, das jüngste Kind der Familie, fiel wenige Tage vor seinem ersten Geburtstag in den heimischen Swimmingpool und ertrank. Dann starb Lous Vater (worauf sich die diktatorische Mutter der familiären »Amtsgeschäfte« bemächtigte). All das blieb nicht ohne Folgen – auch für das Gespann Abbott und Costello. Connie Haines, die vier Jahre lang als Sängerin in ihrer Radioshow dabeigewesen war, beobachtete, wie nach Butchs Tod Lous Dialoge mit dem Partner aggressiver wurden. Und ab 1945 hielt der Sarkasmus auch in ihre Filme Einzug: HERE COME THE CO-EDS und NAUGHTY NINETIES sind die ersten Belege. Auch hinter den Kulissen gab es mehr und mehr Spannungen und Animositäten. Es kam schon mal vor, daß Lou während der Dreharbeiten kein (privates) Wort mit Bud wechselte. Das mußte natürlich negative Auswirkungen auf ihre Popularität haben: Prompt waren ihre beiden Filme von 1946, LITTLE GIANT sowie die Gespensterkomödie TIME OF THEIR LIVES, bei weitem nicht so erfolgreich wie ihre früheren Streifen. Zwar änderte sich das wieder ein wenig mit den 47er Produktionen, BUCK PRIVATES COME HOME (ZWEI TRÜBE TASSEN – VOM MILITÄR ENTLASSEN) und THE WISTFUL WIDOW OF WAGON GAP, doch blieb die neue Firmenleitung des unter dem Namen *Universal-International* umstrukturierten Studios skeptisch. Was jetzt her mußte, war eine neue Idee!

Die Idee, die das Team schließlich rettete, hieß THE BRAIN OF FRANKENSTEIN. Robert Arthur, ihr neuer Produzent, war es, der vorschlug, die beiden Domänen der *Universal,* Horror und Klamotte, zusammenzulegen. Er setzte diese gelungene Symbiose dann auch gegen alle Widerstände der Studioleitung, vertreten durch die Herren William Goetz und Leo Spitz, durch. Goetz und Spitz, die ihrer Firma zu mehr Prestige verhelfen wollten, waren nämlich der Ansicht, daß sowohl Abbott und Costello als auch der Horrorfilm ausgereizt seien. Kopfschüttelnd wünschte Goetz dem Herrn Arthur vor Produktionsbeginn »viel Glück und Gottes Segen«. Aber auch Lou Costello war alles andere als begeistert von dem Unternehmen: »Sie glauben doch nicht etwa, daß ich diesen Mist machen werde? Meine fünfjährige Tochter kann was Besseres schreiben als diesen Käse hier.« Der Käse, den Frederic Rinaldo und Robert Lees verfaßt und den John

Grant mit reichlich Gags garniert hatte, handelte von Draculas Versuch, dem Frankenstein-Monster ein kindliches Gehirn einzupflanzen, auf daß das Ungetüm ihm ein gehorsamer Sklave bleibe. Eben jenes naive Gemüt glaubt der Vampir-Graf im Schädel des Transportarbeiters Wilbur Grey (Costello) gefunden zu haben, der in einer gruselfilmwürdigen Gewitternacht, zusammen mit seinem Freund Chick Young (Abbott), zwei merkwürdige Kisten an McDougal's House of Horrors liefern muß. Bela Lugosi, der dank seines theatralischen Gehabes in Komödien wesentlich besser aufgehoben war als in Horrorfilmen, spielte mit Dracula noch einmal die Rolle, die er auf der Bühne und im Film berüchtigt gemacht hatte. Glenn »Pewee« Strange war das tumbe Monster (»Ja – Meister«). Und Lon Chaney jun. verwandelte sich ein letztes Mal in den Wolfsmenschen Larry Talbot, um Draculas Machenschaften zu vereiteln. Ach, was hätten ihm doch Bud und Lou während der Dreharbeiten für Scherereien gemacht! – beklagte sich Regisseur Charles Barton, dessen erster Film mit dem Team THE TIME OF THEIR LIVES war: »Aber ich ließ mich nicht von ihnen kleinkriegen, auch Bob Arthur nicht. Bud und Lou hauten mehrere Male einfach ab und blieben so etwa sechs Tage zu Hause! Unser Budget war nicht hoch, vielleicht eine Million Dollar, nicht viel für damals. Und was uns Geld kostete, war, wenn die Jungs auf ihrem hohen Roß saßen und den Dreharbeiten fernblieben. Ein anderer Trick von ihnen war, sich in eine Ecke des Ateliers zu hocken und drei Tage Karten zu spielen. Drei Tage lang! Und zwar um sehr viel Geld! Mit Lon, Bela oder Glenn hatten wir während der ganzen Zeit keine Probleme. Die Monster waren am nettesten, wie kleine Babys. Die eigentlichen Monster waren Abbott und Costello.« Der Streifen, der am 20. März 1948 abgedreht war und am 28. Juli in New York uraufgeführt wurde, unter dem endgültigen Titel ABBOTT AND COSTELLO MEET FRANKENSTEIN (ABBOTT UND COSTELLO TREFFEN FRANKENSTEIN), wurde ironischerweise einer der erfolgreichsten Horrorfilme der *Universal,* damals sogar der erfolgreichste nach dem Original-FRANKENSTEIN. Und als selbst seine Mutter beifällig nickte (»Das ist der beste Film, den du je gemacht hast«), mußte auch Lou zugeben, daß es ein Hit war. Der Erfolg bewog *Universal,* gleich noch weitere Gruselhelden aus dem Ruhestand zu holen und sie Bud und Lous Pfade kreuzen zu lassen: ABBOTT AND COSTELLO MEET THE KIL-

LER, BORIS KARLOFF; ABBOTT AND COSTELLO MEET THE INVISIBLE MAN (ABBOTT UND COSTELLO AUF SHERLOCK HOLMES' SPUREN); ABBOTT AND COSTELLO MEET DR. JEKYLL AND MR. HYDE (noch einmal Karloff); ABBOTT AND COSTELLO MEET THE MUMMY (ABBOTT UND COSTELLO ALS MUMIENRÄUBER).

ABBOTT AND COSTELLO MEET THE MUMMY (1955) war zugleich ihr letzter Film für *Universal.* Das war die Zeit, als Lou Kollegen und Mitstreitern seiner Produktion einen Wisch zum Unterschreiben unter die Nase hielt, der sie als unbefleckt von kommunistischen Idealen auswies. Costello war nämlich ein strammer Republikaner und überzeugter Anhänger des berüchtigten Demagogen Joseph McCarthy aus Wisconsin, der glaubte, daß die Filmindustrie von Marxisten und anderen Teufeln unterwandert sei. Einer, der sich weigerte, den von Lou formulierten Un-

Abbott und Costello im Angesicht eines nahenden Zuges

›Abbott and Costello meet Frankenstein‹

sinn zu unterzeichnen, war Richard Deacon, der für den er-
krankten H. B. Warner eingesprungen war und den Anführer
einer Kultgemeinde verkörperte, der in einem Untergrundtem-
pel eine Mumie hütet. »Deke« hat die Standfestigkeit zum Glück
nicht geschadet: »Ich wußte, daß Lou an Amerika dachte, und
das war gut so, aber persönlich hielt ich McCarthy für das größte

Übel, das über uns hereingebrochen ist.« Doch ob mit oder ohne Kommunisten, die MUMIENRÄUBER waren absolut hirnrissig – mit Jokes, älter als die Mumie, wie sich ein Kritiker auszudrükken beliebte.

Selbst der 150prozentige Patriotismus konnte nicht verhindern, daß die Steuerfahndung Lou (und Bud) auf den Fersen war. Um das Unglück komplett zu machen, wurde Anne, Lous Frau (der ihr Mann die Unachtsamkeit bei Butchs Tod nie verziehen hat), auch noch zur Gewohnheitstrinkerin. Ophelia MacFashion, die als Haushälterin bei den Costellos arbeitete, erinnerte sich, wie Anne überall Flaschen versteckt hatte: »Ein Teil der Schuld, daß Anne trank, traf, glaube ich, auch Lous Familie. Während die anderen sofort immer alles wußten, was sich in der Welt von Lou Costello abspielte, sei es nun geschäftlich oder privat, war Anne die letzte, die was mitbekam. In mancher Weise wurde sie behandelt wie ein Kind: Sie kriegte zwar alles, was sie wollte – in der ganzen Stadt konnte sie frei einkaufen, Geld spielte keine Rolle –, nur was ihr Herz am meisten begehrte, das gab es nicht für Geld zu kaufen. Sie wollte die Liebe ihres Mannes, wollte, daß er seine Liebe zeigte. Aber Lou wußte nicht, wie man so was machte. Ich weiß, daß er Anne liebte, aber er ließ sich das nicht anmerken. Es war ihm ernst damit, daß sie zufrieden und glücklich war, aber über seinen Schatten springen, das konnte Lou nicht. Anne war klar, daß sie daran nichts ändern konnte, also wurde sie depressiv und trank.«

Auch der Stern des Teams Abbott und Costello war jetzt endgültig im Sinken begriffen. Charles Lamont, der in den 50ern die meisten Filme mit ihnen drehte, glaubt, »daß ihre Zugkraft an der Kinokasse deswegen nachließ, weil ihre Filme konfektioniert waren, einer folgte dem anderen, und neben neuen Filmen gab es ständig Wiederaufführungen ihrer alten Titel«. Hätten Abbott und Costello sich auf einen Film pro Jahr beschränkt, dann wären sie vermutlich noch länger oben geblieben. »Wenn Sie zum Beispiel gern Hummer essen, aber den dreißig Tage pro Monat vorgesetzt bekommen«, gibt Lamont zu bedenken, »dann haben Sie irgendwann die Nase voll davon.« Ihre Fernsehshow (unter der Regie von Jean Yarbrough) war zu Ende, dann gab es einen letzten Kinofilm für den *United Artists*-Verleih: DANCE WITH ME HENRY (TOLLE JUNGS IM EINSATZ) – und schließlich absolvierten sie noch einen öffentlichen Auftritt,

Weihnachten 1956, in Las Vegas, in der Revue MILTOWN REVISITED. Produzent war Sid Kuller:

»Die Abendvorstellung am Premierentag verlief absolut sensationell! Bud und Lou kriegten *standing ovations,* die Kids waren brillant, alles lief wie am Schnürchen. Das Haus war gerammelt voll. Nach der ersten Show ging Bud ins Kasino und fing zu spielen an. Und man weiß ja, wie es einem ergeht, wenn man am Spieltisch sitzt. Sie beginnen dich mit Drinks vollzukippen. Als sich dann der Vorhang zur Mitternachtsvorstellung öffnete – die ausgerechnet von den hohen Tieren von *NBC* besucht war –, da war Bud zu. Voll wie eine Haubitze!«

Der Auftritt wurde ein einziges Desaster. Abbott kannte nicht einmal mehr WHO'S ON FIRST. Schließlich schubste Lou seinen

›Abbott and Costello meet the Invisible Man‹

›Abbott and Costello meet the Keystone Kops‹

Partner von der Bühne: »Jetzt ist Schluß. Was er sich heut abend geleistet hat, werd ich ihm nie verzeihen. Ich hab die Schnauze endgültig voll. Das wird er nicht noch einmal machen.«

Am 14. Juli 1957 wurde bekanntgegeben: Das Team Abbott und Costello gehört der Vergangenheit an. Gewiß, der Bruch war programmiert, der peinliche Auftritt in Las Vegas lediglich der Tropfen, der das Faß zum Überlaufen brachte. Bud sei ein Mensch, der alles auf die leichte Schulter nehme, beklagte sich Lou: »Ich dagegen bin jemand, der sich ständig Sorgen macht. Ich hab mir um Bud zwanzig Jahre lang Sorgen gemacht. Wird er zur Probe kommen? Wird er rechtzeitig am Flughafen sein? Kennt er seinen Text?« Aber der Bruch mag noch tiefere Gründe gehabt haben. Charles Barton: »Lou wollte auf eigenen Beinen stehen und dramatische Rollen spielen.« Tatsächlich erhielt Lou im Fernsehen zweimal die Chance, einen anderen Costello zu präsentieren, und war besonders eindrucksvoll in der Rolle eines Säufers in einer Folge der Western-Serie WAGON TRAIN. Dann gab es noch die Steve-Allen-Fernsehshow und einen allerletzten Kinofilm – ohne Bud: THE THIRTY-FOOT BRIDE

OF CANDY ROCK, nach einer Idee der Trickleute Jack Rabin und Irving Block, mit Dorothy Provine als Lous Riesenbraut. Man merkt, wie unsicher Costello während der Dreharbeiten war, besonders weil seine Partnerin erst nachträglich eingetrickt wurde und daher mit ihm nicht in derselben Aufnahme agieren konnte. Das traurige Resultat hat der Komiker nicht mehr erleben müssen. Er starb am 3. März 1959, 52 Jahre alt, vor der Uraufführung des Films. Anne Costello hing danach nur noch an der Wodkaflasche und folgte ihrem Mann bald ins Grab: Das Leben hatte für sie keinen Sinn mehr. Auch Bud Abbott ging es gegen Ende seines Lebens dreckig. Er lieh seine Stimme noch an eine von *Hanna-Barbera* produzierte A & C-Zeichentrickserie aus (schon Walter Lantz wollte in den 40er Jahren einen abendfüllenden Zeichenfilm mit den Karikaturen der beiden machen: ALI BABA AND THE FORTY THIEVES), und kurz vor seinem Tod ließ der *Nostalgia Book Club* durchblicken, wie sehr sich der alte Mann nach Fanpost sehnte.

Bud Abbott starb am 24. April 1974 im Alter von 78 Jahren. Diagnose: Krebs. Sein Heim in Woodland Hills wurde verkauft, um die Steuerbehörden zu befriedigen …

Irre: Die Marx Brothers

»Die Marx Brothers kamen erst zum Film, als der Tonfilm schon da war. Zur Stummfilmzeit wäre es ihnen wohl nicht gelungen. Im Mittelpunkt des Teams steht nämlich Groucho, und Grouchos Humor ist primär – ich würde nicht sagen völlig – verbal. Natürlich, Harpo ist das glatte Gegenteil. Sie haben einen Dummy aus ihm gemacht, sie wollten nicht, daß er sprach; so arbeitete er ausschließlich pantomimisch. Chico war eine Mischung aus beiden; er war ein wenig phlegmatisch. Er spielte einen Italo-Charakter mit komischem Hütchen und Anzug. Und musikalisch war er, genauso wie Harpo. Er spielte wunderbar Klavier – und Harpo Harfe.« – Soweit ein Kollege, Harold Lloyd, dessen Komik in Groucho Marx' Augen freilich nur wenig Gnade fand. (Auf Woody Allens Bemerkung, er habe Lloyd nie komisch gefunden, antwortete Groucho lakonisch: »Harold Lloyd hat nie was anderes gemacht, als an Häusern hochzukrabbeln.«)
Ein deutscher Fachmann für Filmkomik, Werner Schwier, hat einmal von sich bekannt, er sei gern Marxist:
»Grouchos Markenzeichen waren der aufgemalte, viereckige Schnurrbart, seine ewige Zigarre und sein vornübergebeugter, schlurfender Gang. Er hatte außerdem den größten Anteil bei den Dialogen, wobei er die Sprache bis zur Unerträglichkeit beim Wort nimmt. (›Der Müllfahrer ist da.‹ – ›Sag ihm, wir brauchen heute keinen Müll.‹)
Chico ist der durchtriebenste und respektloseste der drei. Sein Typ wird charakterisiert durch seinen italienisch-jüdisch-amerikanischen Slang. Wenn Groucho intellektuellen Witz ausspielte, so führte Chico die Katastrophen durch derbe und verschlagene Naivität herbei. Eine Spezialität waren seine Piano-Einlagen ... wobei man nur nie genau weiß, ob er nur mit der rechten Hand, mit beiden Händen oder den Ellbogen spielt.
Harpo schließlich hatte den genialen Einfall, seinen Part stumm zu spielen. Zur akustischen Verständigung dienten ihm Pfiffe und seine Autohupe. Seine Liebe galt dem Harfenspiel, das denn auch in keinem Film fehlte.«
Bernard Grun subsumierte sie unter der Überschrift DIE TOLL-HÄUSLER:

Harpo, Chico und Groucho Marx in ›A Day at the Races‹ – ›Das große Rennen‹

»Chico war der schwermütige Clown mit den närrischen Augen und der verschrobenen Denkungsart, der rabiate Wortzertrümmerer und stupende Pianist. Die Technik seines Klavierspiels war einzigartig, unerlernbar und höchst persönlich: er ließ seine Finger glatt und geläufig über die Klaviatur gleiten, bremste am Ende jeder musikalischen Phrase, ließ den Zeigefinger auf die Schlußnote niedersausen, zielte mit ihm wie mit einem Revolver und begann dann auf die Tasten zu schießen.

Harpo behandelte sein Instrument zärtlich, verliebt und mit all der Ehrerbietung, die ihm zukommt. (…) Er entlockte dem Instrument ungeahnte neue Klangkombinationen und erntete die Bewunderung von Meistern der Orchesterbehandlung wie Ravel, Schönberg und Gershwin. (Nachdem er acht Jahre lang die Welt mit seinem Harfenspiel entzückt hatte, beschloß er, bei einem Mitglied des ›Metropolitan-Opera‹-Orchesters Stunden zu nehmen. Der Professor erschien zweimal, ließ sich Harpos Tricks und Kniffe zeigen, versuchte vergeblich, sie nachzuahmen, schüttelte den Kopf und kam nicht mehr wieder.) Im Marxschen Tollhäusler-Kosmos war Harpo der Schwachkopf. In seinem Privatleben der normalste Einwohner von Hollywood und einer der ganz wenigen, die ohne Psychoanalyse, Ehescheidungen, Alkohol und Schlaftabletten auskamen, aber auf der Bühne oder der Filmleinwand – in Angströhre, Pluderhosen, zerschlissenem Regenmantel und rot-blonder Perücke – wurde er zum Maniaken. Er sprach kein Wort, lachte blöde, melkte Handschuhe, trank Tintenfässer leer und verspeiste Telephone, ohne eine Erklärung für sein absonderliches Tun abzugeben.

Groucho, der Schnellredner mit der Zigarre, der Brille und dem Schnauzbart, warf unaufhörlich seine Augen herum, schüchterte jedermann ein und demolierte Phrasen, Platitüden, Schwulst und Bombast. ›Entschuldigen Sie, mein Herr, daß ich Sie Herr nenne‹, sagte er zu einem Fremden, ›aber ich kenne Sie nicht sehr gut!‹ Einen anderen sprach er an: ›Ich vergesse nie ein Gesicht, das ich einmal gesehen habe, aber ich bin gewillt, in Ihrem Fall eine Ausnahme zu machen!‹ Oder er erzählte stolz: ›Als ich nach Amerika kam, hatte ich keinen Groschen in der Tasche – jetzt hab ich ihn – den Groschen!‹ Und in einem Spitals-Sketch fühlte er den Puls eines Patienten und schüttelte den Kopf: ›Entweder der Mann ist tot – oder meine Uhr ist stehengeblieben.‹«

Als die Brothers im Frühjahr 1929 ihren ersten Spielfilm, THE COCOANUTS*, in *Paramounts* Astoria Studio auf Long Island – unter Walter Wanger und Studiochef Monta Bell – drehten, waren sie bereits bekannte Bühnenstars (COCOANUTS, von George S. Kaufman und Morrie Ryskind, war ihr Showhit 1925). Und während sie tagsüber vor den Kameras standen, traten sie abends am Broadway auf: in einer neuen Musikkomödie des Teams Kaufman – Ryskind, betitelt ANIMAL CRACKERS. »Das brachte mich manchmal so durcheinander, daß ich in einer Filmszene bei den COCOANUTS plötzlich Dialog der ANIMAL CRACKERS aufsagte und vice versa«, gestand Groucho später. Auf einigen deutschen Plakaten für THE COCOANUTS wird als Regisseur nur ein Joseph Santley genannt, der als Kinderstar begonnen hatte, doch waren es in Wirklichkeit zwei Regisseure, die verantwortlich zeichneten – neben Santley noch Robert Florey, dessen französische Herkunft Groucho Jahre nach Ab-

---

* Sieht man einmal davon ab, daß Harpo vorher schon mal eine Filmrolle in dem Richard-Dix-Streifen TOO MANY KISSES (1925) hatte, wohingegen Kopien eines Stummfilms mit den Brüdern, HUMOR RISK (1920 oder 21), beim besten Willen nicht aufzutreiben sind.

schluß der Dreharbeiten zu spöttischen Bemerkungen animierte: »Einer der beiden verstand nicht Englisch, der andere nicht Harpo.« Für den Cineasten Florey war dies die Ursache beständiger Irritation. In einem Brief an den Filmhistoriker Herman G. Weinberg stellte er seine Position dar:

»Lieber Herman!
Danke für das Grouchointerview von Joe Adamson.* Ich habe es gerade erhalten und kann nicht verstehen, warum Groucho seit sechsundvierzig Jahren erzählt, daß ich, als die *Paramount* Cocoanuts produzierte, Ausländer gewesen sei, der kein Wort Englisch verstand.
Zuerst einmal war ich schon in den zwanziger Jahren amerikanischer Staatsbürger geworden und kein ›Ausländer‹ mehr. Und vor Cocoanuts hatte ich schon jahrelang in Hollywood gearbeitet. Ich war Gagschreiber für die *Sunshine*-Komödien und Regieassistent bei Al Santell, Louis Gasnier und Bill Beaudine. Ich war sogar erster Regieassistent bei bedeutenden Produktionen für Samuel Goldwyn und Joseph M. Schenck (Filmen mit Stars wie Norma Talmadge, Ronald Colman, Vilma Banky etc.), Positionen, in denen es unerläßlich war, nicht nur Englisch zu verstehen, sondern auch zu sprechen. Zwei Jahre arbeitete ich bei *MGM* mit King Vidor, Robert Z. Leonard, John Stahl, Edmund Goulding, Phil Rosen, Sternberg und anderen. Ich mußte Englisch sprechen, wenn ich Stummfilme für Harry Cohn *(Columbia),* Phil Goldstone *(Tiffany)* und Joe Rock inszenierte oder zweite Filmteams leitete. Ich habe auch fast zwei Jahre mit Mary Pickford und Douglas Fairbanks gearbeitet, und bevor ich die Frères Marx kennenlernte, führte ich im *Paramount Studio* in Astoria innerhalb eines Jahres bei drei Filmen und einem Dutzend Kurzfilmen Regie. Ich war nicht gerade eben aus Paris gekommen, wie Groucho immer behauptet.
Als ich einmal für *Four Star* eine Fernsehshow inszenierte, kam Harpo ins Studio und sagte zu mir: ›Ich habe dich immer wunderbar verstanden, als wir Cocoanuts drehten. Ich weiß nicht, warum Groucho darauf besteht, du hättest nur Französisch gesprochen und Santley wäre dein Dolmetscher gewe-

* Autor des Buches Groucho, Harpo, Chico and Sometimes Zeppo.

sen. Santley spricht doch kein Französisch, wie hätte er dich da dolmetschen können?‹ (…)

In seinen Memoiren [HARPO SPEAKS] schreibt Harpo, daß ich während der Aufnahmen dermaßen über das, was sie machten, gelacht hätte, daß ich alles verpatzte. Groucho sagt, ich hätte über seine Witze nicht nur nicht gelächelt, sondern sie auch nicht verstanden. Die Kreidemarkierungen, die seine Gänge begrenzten, und die Positionen der schwerfälligen Mikrophone waren für Groucho eine Quelle ständiger Reizbarkeit. Er lief über die Kreidemarkierungen hinaus, wobei sein Kopf aus dem Bild verschwand, und ich mußte dann stets die Aufnahme unterbrechen und ihn wieder bitten, im Kamerabereich zu bleiben und direkt in eines der Mikrophone zu sprechen. Das machte ihn jedesmal wütend.

Er verstand nichts von der Filmerei und bestand darauf, sich seinen Schnurrbart mit einem glänzenden schwarzen Lack aufzumalen. Als Monta Bell die ersten Muster sah, versuchte er, Groucho zu erklären, daß es vielleicht besser wäre, wenn er Krepp statt Farbe nähme, denn in der Großaufnahme sehe es ziemlich schlecht aus, wenn sich zwischen Nase und Mund das Licht spiegele, und Groucho fühlte sich fürchterlich auf den Schlips getreten. Er war so wütend, daß er Bell feuern lassen wollte. Bell rief mich an und bat mich, doch möglichst ›etwas wegen des aufgemalten Schnurrbarts zu unternehmen‹. Er fügte hinzu: ›Was mich betrifft, ich gebe auf, und mir ist es egal, ob dieses A…loch in dem Film ein Affenkostüm trägt oder was der Kerl sonst macht …‹«

Die Mutter der Brüder hat die Aufführung des Films übrigens noch erlebt und festgestellt: »Es wurde viel gelacht.« Sie starb im selben Jahr, 64jährig. 45 Jahre später, 1974, als ihn die *Academy* mit einem Sonder-Oscar ehrte, hob Groucho Minnies Leistung besonders hervor: »Meine Mutter war eine fantastische Frau. Sie sammelte uns – sie brachte uns zusammen. Sie machte aus uns einen Strauß Blumen.« Autor Ulrich Hoppe wurde nicht müde zu betonen, daß Minnie, geb. Miene Schönfeld, eine deutsche Jüdin aus dem ostfriesischen Dornum war:

»Die Mutter der Geheimbund-Institution namens Marx Bros. stammt aus Deutschland, aus Ostfriesland. Mit 15 wanderte sie nach Amerika aus. Sie hat aus ihren Söhnen ein Weltereignis gemacht.

Ihr Heimatdorf im Lande des Deutschen Otto hat sie vergessen, weint ihr keine Träne nach, kennt nicht mal ihre gloriosen Sprößlinge.

Die Marx Brothers – Deutschlands Enkel für die Welt!

Ist das nicht komisch?«

1884, in New York, heiratete die damals knapp 20jährige Minnie, Tochter des Bauchredners (und späteren Regenschirmmachers) Levy Schönberg und seiner Frau Fanny Sophie, von der Harpo einst die Harfe erben sollte, den 23jährigen Simon (Sam) Marx, der aus dem Elsaß eingewandert war (und 1933, wenige Jahre nach seiner Frau, die Augen schloß).

Die beiden hatten sechs Söhne. Der erste, Manfred, geboren 1885, starb im Alter von drei Jahren. Somit waren die Original Marx Brothers nur noch fünf –

- Leonard (* 1886) = Chicko oder Chico, weil er immer so gern den Mädchen *(chick)* nachstieg
- Adolph, später Arthur (* 1888) = Harpo, der Harfe wegen
- Julius Henry (* 1890) = Groucho, der Nörgler
- Milton (* 1893) = Gummo, weil er vorwiegend Gummischuhe trug
- Herbert (* 1901) = Zeppo, entweder ein Verweis auf die damals am Himmel kurvenden Zeppeline oder auf Zippo, den Star einer Schimpansen-Nummer*

Dem Vernehmen nach hat ein Alleinunterhalter namens Art Fisher den Brüdern die Spitznamen beim Pokerspiel angedichtet – weil auf den Varietébühnen jener Zeit Knockos, Blockos, Bippos, Bangos und Whangos gerade große Mode waren.

Es waren die musikalischen Talente ihrer Söhne, die Marx-Mama Minnie vor allem gefördert hatte und denen sie in verschiedenen Stationen zum Durchbruch verhalf – mit den Gesangstruppen THREE respektive FOUR NIGHTINGALES und den SIX MASCOTS bis hin zu den MARX BROS. & CO – als welche sie bei-

---

* Ulrich Hoppe dagegen meint: »Als leicht entflammbarer Hitzkopf und Kneipenschläger bekam er (Herbert) seinen feurigen Nickname nach dem berühmten amerikanischen Klappbenzinfeuerzeug ›Zippo‹, made in Bradford, Pasadena.«

spielsweise 1918 in dem *musical tab* (tabloid) THE CINDERELLA
GIRL firmierten, einer Mischung aus Musikkomödie und Music-
Hall-Sketch. (Seit dieser Zeit trat Harpo übrigens stumm auf:
»Ich konnte gegen Groucho und Chico nicht ansprechen; es war
lächerlich und sinnlos, das zu versuchen.«) Bis sich schließlich
der große Erfolg einstellte, als die Gesangs- immer mehr durch
humoristische Nummern ersetzt wurden.

In den fünf Filmen, die sie von 1929 bis 1933 für *Paramount* in
New York und Hollywood drehten, waren sie noch nicht das eingefleischte Trio Infernal – noch war Bruder Zeppo mit von der
Partie, wenn auch eher nur am Rande, als *straight man* – selbst
»sehr unglücklich darüber, was ich bei den Marx Brothers zu tun
hatte, und ich fühlte mich so eingeengt bei ihnen, weil ich nicht
machen konnte, was ich machen wollte. Ich mußte den Stichwortgeber spielen, und das wollte ich nicht. Ich wollte Komiker
sein. Aber es gab schon drei Komiker, und für einen vierten war
kein Platz, besonders für einen jüngeren Bruder nicht, der später
dazukam. So mußte ich mich mit der Rolle als Stichwortgeber
zufriedengeben und eine, ja, Nebenrolle in der Truppe übernehmen, über die ich mich ärgerte. Ich ärgerte mich nicht nur darüber, sondern fühlte mich auch minderwertig. So kam ich
schließlich an den Punkt, wo ich es nicht mehr aushielt.« (Zeppo
sattelte um auf Künstleragentur, genauso wie Bruder Gummo,
der nach eigenen Aussagen Dennis Morgan, Glenn Ford,
Rhonda Fleming und Evelyn Keyes entdeckt hat, und betrieb
danach, weil er ein guter Mechaniker war, eine Maschinenbau-
firma, außerdem betätigte er sich als Erfinder und leitete ein Fi-
schereiunternehmen.)

Für die *Paramount* drehten die Brüder, außer Filmversionen
ihrer Bühnenhits COCOANUTS und ANIMAL CRACKERS (1930),
MONKEY BUSINESS (1931) und HORSE FEATHERS (1932), beide
unter der Regie von Norman McLeod, sowie, mit Leo McCarey
als Regisseur, DUCK SOUP (1933). »Das Überraschendste an diesem Film war, daß ich nicht verrückt wurde« – so McCarey später.

Während dieser Zeit kühlte das Verhältnis der *Paramount*-Ge-
waltigen zu den Marxens merklich ab, und ein neuer Vertrag
kam nicht zustande. Es war Irving Thalberg, *Metro-Goldwyn-
Mayers* Produktionschef, der den verbliebenen drei Brüdern aus
der Patsche half. Selbst Groucho respektierte ihn:

Groucho in ›Duck Soup‹

»Ich erinnere mich noch gut an meine erste Begegnung mit Ir-
ving Thalberg. Wie gewöhnlich hatte Chico die Begegnung bei
einem Bridgespiel eingefädelt. Thalberg sagte: ›Ich würde
gern ein paar Filme mit euch machen. Ich meine wirkliche
Filme.‹
Ich flammte auf: ›Was ist denn mit COCOANUTS, ANIMAL
CRACKERS und DUCK SOUP? Wollen Sie behaupten, sie wären
nicht lustig?‹
›Natürlich sind sie lustig‹, erwiderte er, ›aber es sind keine
Filme. Es kommt darin keine Handlung vor.‹
›Das Publikum lacht, oder etwa nicht?‹ bemerkte Harpo. ›In
DUCK SOUP wird soviel gelacht wie in allen übrigen Groteskfil-
men, die Chaplinfilme eingeschlossen.‹
›Das ist wahr‹, stimmte er zu, ›es ist ein sehr komischer Strei-
fen, aber in einem Film braucht man nicht so viele Lacher. Ich
werde mit euch einen Film machen, der halb so viele Lacher

einbringt, aber er wird eine richtige Story enthalten, und ich wette, er wird doppelt soviel Mammon wie Duck Soup einbringen.‹

Nachdem wir den Vertrag unterzeichnet hatten, fragte er uns, wen wir als Drehbuchautoren wünschten. Natürlich antworteten wir: ›Kaufman und Ryskind.‹ Das war der letzte Rat, den wir ihm gaben.

Ein Glück, daß wir nicht gewettet hatten. Unser erster Film war A Night at the Opera (1935), und er brachte doppelt soviel wie Duck Soup ein.«

Als Thalberg ihn anrief, war Ryskind, der mit Kaufman auch die Animal Crackers geschrieben hatte, sofort klar, um was für eine eminent wichtige Persönlichkeit es sich handelte:

»Er war hier so was wie der junge Wunderknabe (Boy Wonder). Schon mit sechzehn oder so hat er bei *Universal* den Laden geschmissen. Jedenfalls wußte ich, daß Thalberg ein großes Tier war, und natürlich hatte er ein paar berühmte Filme produziert. Aber als wir hierher kamen, sagte ich: ›Wenn's Ihnen nichts ausmacht, arbeite ich im Hotel.‹ Er sagte: ›Sicher, warum nicht.‹

Ich arbeitete also im Hotel, und als ich mit ungefähr zehn Seiten Drehbuch fertig war, dachte ich mir, ich schau mal vorbei, rief ihn an und sagte: ›Ich habe hier was, was Sie vielleicht interessieren könnte.‹ Und als ich angekommen war, setzte er sich hin und las es durch und lächelte nicht mal. Machte nicht mal 'ne aufmunternde Bemerkung. Und ich komme mittlerweile fast um. Dann schaut er mich an und sagt: ›Morrie, das ist mit das Komischste, was ich je gelesen habe.‹«

Groucho – so Ulrich Hoppe –

»spürt allmählich, daß ›Boy Wonder‹ keine Grenzen kennt, wenn er Filme macht. Bei der Verabschiedung des Skripts fordert er den jungen Mann mit dem goldenen Ellenbogen erneut heraus. Das Buch sei perfekt – aber ...

›Was aber?‹ hakt Irving ein.

›Mit Gags ist das im Film immer ein Risiko‹, holt Groucho weit aus. ›Der Gütestempel für unsere beiden ersten Filme Cocoanuts und Animal Crackers kam nicht von ungefähr.

Da war jede Hundertstelsekunde auf der Bühne vorgecheckt.‹ Mr. Boy Wonder ist längst überredet. Er veranlaßt, daß aus dem Filmdrehbuch eine Bühnenversion gefertigt wird – und vier Wochen lang gehen die drei Marx Brothers mit A Night at the Opera auf Tournee. Sie testen ihre Lacher. Es bewahrheitet sich, daß live on stage die Witze geboren werden, nicht in Autorengehirnen oder gar im technisch perfekten Studio. Dann wird gedreht.

Die Opernnacht mit Irving Thalbergs Geschnulze und Gerühre dazwischen wird der Kassenerfolg der Wintersaison 1935!

›Mein Lieblingsfilm‹, wird später selbst der Stinkstiefel zugeben.

Trotz Sirupgejaule von Gotthilf-Fischer-Chören, trotz Liebesweh des pomadegepflegten Beaus und seiner weißbierblonden Schönen und Guten, das sich als roter Faden durch die Gagkapriolen zieht – nein, die Marx Brothers fühlen sich durch dieses Hollywoodrezept weder domptiert und dressiert noch versüßwässert. (Heute muten die Show- und Plot-Einlagen übrigens ebenso komisch an wie das Dazwischengetaumel der Marxens …)«

Und Thalberg fädelte den drei vor seinem allzu frühen Tod noch einen weiteren Film ein, der im Juni 1937 herauskam: A Day at the Races. Nach einem Zwischenspiel bei *RKO,* das Zeppo vermittelt hatte, Room Service (1938), filmte das Team noch drei Komödien für *MGM* – At the Circus (1939), Go West (1940) und The Big Store (1941) –, aber die Filmerei ohne Thalberg war lange nicht mehr so inspirierend. Daß L. B. Mayer, der autokratische Studioboß, und Groucho Marx eine Antipathie gegeneinander hatten, erscheint kaum verwunderlich.

Nach dem Krieg – mit dem Versprechen, sie am Gewinn zu beteiligen – gelang es dem unabhängigen Produzenten David Loew, der mit den drei Brüdern die kurzlebige *Loma Vista Films* gegründet hatte, einen weiteren Marx-Film vom Stapel laufen zu lassen – für Groucho der »Schwanengesang« des Trios. Sie hatten Joseph Fields, einen Ziegfeld-Veteranen, beauftragt, sich eine Parodie auf das Humphrey-Bogart/Ingrid-Bergman-Melodram Casablanca auszudenken. Andere Autoren, unter ihnen Howard Harris, Sydney Zelinka und Roland Kibbee, der im

Rundfunk für Fred Allen, Fanny Brice und Groucho geschrieben hatte, strichen später direkte Querverweise aus dem Drehbuch, Namen etwa wie Humphrey Bogus (oder Lowan Behold), doch der Titel A NIGHT IN CASABLANCA war für *Warner Brothers*, die Hersteller des Original-CASABLANCA, immer noch provozierend genug, um mit rechtlichen Schritten zu drohen. Groucho ließ es sich nicht nehmen, in einem seiner berüchtigten Briefe persönlich zu kontern:

»Sehr geehrte Brüder Warner,
anscheinend gibt es mehr als eine Möglichkeit, eine Stadt zu erobern und sie als Eigentum zu behalten. Zum Beispiel hatte ich bis zu der Zeit, wo wir diesen Film planten, keine Ahnung, daß die Stadt Casablanca ausschließlich den Brüdern Warner gehört. Doch schon ein paar Tage nach unserer Ankündigung erhielten wir Ihr langes und unheilvolles juristisches Schriftstück, in dem Sie uns warnen, den Namen Casablanca zu verwenden.

Anscheinend ist Ihr Ururgroßvater Ferdinand Balboa Warner, als er 1471 eine Abkürzung nach Burbank suchte, über die Küste Afrikas gestolpert und hat sie, seinen Alpenstock erhebend (den er später gegen hundert Anteilscheine der Gemeinde eintauschte), Casablanca getauft. (…)

Sie behaupten, daß Casablanca Ihnen gehört und daß niemand sonst diesen Namen ohne Ihre Einwilligung benutzen darf. Wie verhält es sich denn mit dem Namen ›Warner Brothers‹? Haben Sie auch hierüber das ausschließliche Verfügungsrecht? Sie haben vielleicht das Recht, sich Warner zu nennen, aber was ist mit den ›Brüdern‹? Im Berufsleben waren wir lange vor Ihnen Brüder. Wir waren unter dem Namen Marx Brothers schon bekannt, als Vitaphone noch ein Schimmer im Auge des Erfinders war, und vor uns gab es bereits andere Brüder – die Brüder Schmitt, die Brüder Karamasow, die Dan Brothers sowie das Sprichwort: ›Bruder, kannst du mir was pumpen?‹ (Ursprünglich hieß es ›Brüder, könnt ihr mir was pumpen?‹, doch da es ergiebiger war, jeden einzeln anzupumpen, ließ man den einen Bruder weg, gab das Geld dem anderen und sagte von nun an: ›Bruder, kannst du mir was pumpen?‹)

Nun zu Ihnen, Jack Warner. Wollen Sie behaupten, daß Ihr

Name einmalig sei? O nein, der Name Jack wurde schon lange vor Ihrer Geburt benutzt. Mir fallen im Augenblick zwei Jacks ein: da war einmal Jack aus JACK AND THE BEANSTALK und zum anderen Jack the Ripper, der zu seiner Zeit ein rechtes Früchtchen war. Was Sie betrifft, Harry, so unterzeichnen Sie Ihre Schecks wahrscheinlich in dem festen Glauben, Sie wären der erste Harry aller Zeiten und alle anderen Harrys müßten Betrüger sein. Ich weiß jedoch von zwei Harrys, die es bereits vor Ihnen gab. Es gab einen Harry Lighthouse, der sich als Revolutionär Ruhm erwarb, und einen Harry Appelbaum, der an der Ecke 93. Straße/Lexington Avenue wohnte. Leider wurde Appelbaum nicht sehr bekannt. Das letzte, was ich von ihm hörte, war, daß er bei Weber und Heilbronner Krawatten verkaufte.«

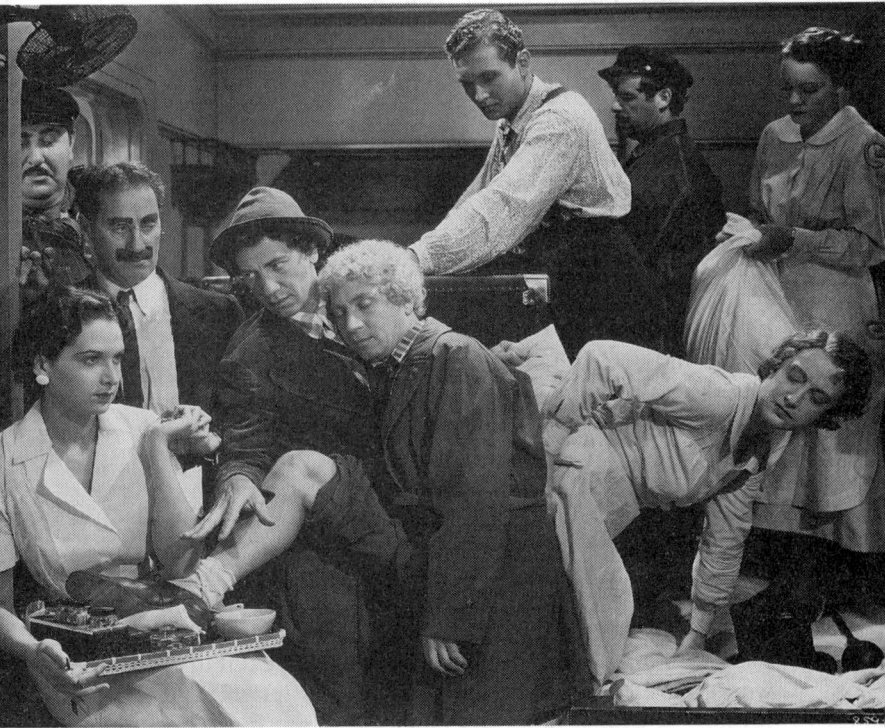

›A Night at the Opera‹

Die *Warner*-Advokaten ließen jedoch nicht locker und wollten wissen, wovon der Marx-Film handelt. Eine willkommene Gelegenheit für Groucho, sie vollends auf die Schippe zu nehmen:

»Liebe Warners,
ich kann Euch eigentlich nicht viel über die Handlung erzählen. Ich spiele einen Doktor der Theologie, der den Eingeborenen predigt und im Nebenberuf den Wilden an der Goldküste von Afrika Büchsenöffner und Seemannsjacken verhökert.

Wenn ich Chico zum erstenmal treffe, arbeitet er in einem Lokal, wo er den Kunden, die ihren Alkoholkonsum nicht mehr fassen können, Schwämme verkauft. Harpo ist ein arabischer Gelegenheitsarbeiter, der in einer griechischen Urne am Rande der Stadt seinen Wohnsitz hat.

Zu Beginn des Films spitzt Porridge, eine frommtuende Eingeborene, Pfeile für die Jagd. Paul Hangover, unser Held, steckt immer zwei Zigaretten gleichzeitig an. Er hat von der Zigarettenknappheit offenbar keine Ahnung.

Es gibt natürlich jede Menge glanzvolle wie auch hitzige Szenen. Color, ein abessinischer Laufbursche, betreibt Riot. Riot ist, falls Ihr noch nie dort gewesen seid, ein kleiner Nachtclub am Rande der Stadt.

Ich könnte Euch natürlich noch viel mehr erzählen, aber ich will Euch nicht die Spannung nehmen. Die Geschichte wurde bereits vom *Hays Office* [der Zensur], dem Haushaltsausschuß und den Frauenvereinen gutgeheißen. Wenn der Zeitpunkt gekommen ist, kann dieser Film der Auftakt zu einem weltweiten Desaster sein.«

In einem weiteren Brief teilte Groucho den »lieben Brüdern« mit,

»daß bei der Story unseres neuen Films A NIGHT IN CASABLANCA seit meinem letzten Schreiben einige Änderungen vorgenommen wurden. In der neuen Fassung spiele ich Bordello, die Mieze von Humphrey Bogart. Harpo und Chico hausieren mit Teppichen. Als sie dieser Tätigkeit überdrüssig werden, treten sie spaßeshalber in ein Kloster ein. Dies ist natürlich ein ganz großer Gag, da es dort seit fünfzehn Jahren kein Kloster mehr gibt.

Gegenüber dem Kloster, in der Nähe eines Piers, liegt ein Hafenhotel, vollgepackt mit pausbäckigen ›Damen‹, von denen die meisten bereits einmal wegen Belästigung hinter Gittern saßen. Im fünften Akt hält Gladstone eine Rede, die das Unterhaus dermaßen in Aufruhr bringt, daß der König postwendend seinen Rücktritt erklärt. Harpo heiratet einen Hoteldetektiv, Chico wird in Zukunft eine Straußenfarm betreiben. Humphrey Bogarts Freundin, Bordello, verbringt ihre letzten Jahre in einem Bacall(Freuden)haus. Wie Ihr seht, ist dies nur ein kurzer Überblick. Das einzige, was uns jetzt noch vor dem sicheren Untergang retten könnte, wäre die Fortsetzung dieser Filmbeschreibung.«

Statt dessen hier die authentische Filmbeschreibung von EINE NACHT IN CASABLANCA (laut FRANKFURTER RUNDSCHAU):

»... das ›Casablanca‹ ist ein Hotel in Casablanca, in dem ein Hotelmanager nach dem andern umkommt, der letzte in der ersten Einstellung des Films. Finstere Typen, die Drahtzieher vorerst geheimnisvoller Vorgänge, holen sich einen neuen Manager ins Hotel, einen, der blöd genug ist für einen so gefährlichen Job, und der ist Groucho Marx. Da kommt er, wie Groucho Marx gehend, mit seiner Zigarre im Mund, durch die Hoteltür in den Film, und dieser beginnt. Die Morde hängen damit zusammen, daß den Nazis ein gewaltiger Schatz aus Goldbarren, Juwelen und Rembrandts in die Hände gefallen ist und im Hotel versteckt wird. Unter falschem Namen und einer Perücke logiert da auch der Obernazi, Herr Strobel. Er hat eine Geliebte, die Groucho aufs Kreuz legen soll, damit Herr Strobel Groucho aufs Kreuz legen kann, der zusammen mit seinen Brüdern sowohl die Geliebte als auch Herrn Strobel aufs Kreuz legen will. So weit ist alles einfach und klar. Dann geschieht noch einiges, und alles nimmt ein gutes Ende. Die beiden Liebenden, die es auch gibt, küssen sich.«

Den Nazi Strobel spielte Sig Ruman (Siegfried Rühmann aus Hamburg), der mit den Marx Brothers bereits A NIGHT AT THE OPERA und A DAY AT THE RACES gemacht und in Ernst Lubitschs TO BE OR NOT TO BE mit SS-Gruppenführer Ehrhardt die Nazikarikatur par excellence geliefert hatte.

In einem halben Dutzend anderer Filme, in sieben genau, figurierte als bewährtester Partner der Brothers freilich die Matrone
Margaret Dumont, die schon auf der Bühne zu den Marxens ge-
stoßen war – nicht jedoch in ihrem endgültig letzten Leinwand-
produkt, das von *United Artists* 1950 herausgebracht wurde:
LOVE HAPPY – produziert von Lester Cowan (und unter der
»Schirmherrschaft« von Mary Pickford) –, nach einem Manuskript (DIAMONDS IN THE PAVEMENT) von Frank Tashlin und Ben
Hecht, das dem Hörensagen nach besser gewesen sein soll als
das, was dabei herauskam. Der Streifen findet nur selten Erwäh-
nung – und wenn, dann wegen einer jungen Dame, die anstelle
der bewährten Matrone vor die Kameras hüpfte: Bei Wiederaufführungen wurde stets groß darauf hingewiesen, daß dies der
Film sei, mit dem Marilyn Monroe entdeckt wurde (Groucho:
»Natürlich habe ich versucht, bei ihr zu landen. Aber es lief
nichts. Ich glaube, die anderen Jungs bissen auch auf Granit.
Chico war natürlich auch hinter ihr her. Aber was soll's. Sex ist
vergänglich: *Wir haben sie entdeckt.*«) – doch in Wirklichkeit war
es schon ihr dritter Film.
Längst hatte Groucho an seiner eigenen Karriere gebastelt, und
als Quizmaster bei Radio und Fernsehen (YOU BET YOUR LIFE)
verdiente er mehr als je zuvor. Zwischendurch absolvierte er ein
paar Filmauftritte als Single – COPACABANA; MR. MUSIC; DOUBLE
DYNAMITE (zusammen mit Frank Sinatra); A GIRL IN EVERY
PORT; SKIDOO (Regie: Otto Preminger) – und hinterließ seine
Spuren auch in Bücherschränken (MEMOIRS OF A MANGY LOVER;
THE GROUCHO LETTERS). Derweil ließen es sich Harpo und Chico
nicht nehmen, just for fun in Nachtclubs aufzutreten, vor allem
in Las Vegas.
Versuche, das Trio zu reaktivieren, gab es verschiedene: Billy
Wilder wollte es, *MGMs* Sol Siegel (der einen Film MINNIE'S
BOYS plante) sowie ein Norman Prescott, der gern eine Cartoon-
serie mit den Figuren realisiert hätte (in einem Verfahren na-
mens Tri-Cinemation). Geglückt ist es, leider, nur Irwin Allen,
Groucho-Freund und späterem Katastrophenfilmer (DIE HÖL-
LENFAHRT DER POSEIDON; FLAMMENDES INFERNO), der in seiner
STORY OF MANKIND (1957) neben Stars wie Heddy Lamarr, Ro-
nald Colman, Vincent Price, Peter Lorre, John Carradine und
Cedric Hardwicke (George Bernard Shaws liebster Star, nach
den Brothers) auch, in getrennten Szenen, die Marxens versam-

›A Night at the Opera‹

melte. Über Harpos Gastauftritt als Sir Isaac Newton lese man die Rubrik THE WORST CASTING OF ALL TIME in dem Buch THE GOLDEN TURKEY AWARDS. Zufällig auf diesen Film angesprochen, verriet ein Außenstehender mit Namen Mel Brooks dem Verfasser, für fünf Dollar sei Produzent Allen bestimmt bereit, eine Kopie des Machwerks zu schicken. Ein allerletztes Mal waren die Brüder in einer TV-Episode von GENERAL ELECTRIC THEATRE zu sehen. Sie trug den Titel THE INCREDIBLE JEWEL ROBBERY (1959): 25 Minuten agieren Harpo und Chico stumm – dann tritt überraschend Groucho mit der Bemerkung auf: »Ohne unseren Anwalt sagen wir kein Wort!«

Chico, der Spieler und Frauenheld, starb als erster: 1961, Harpo 1964, Gummo und Groucho 1977, Zeppo 1979.

Bibliographie

James Agee: Comedy's Greatest Era, London 1958
Kevin Brownlow: The Parade's Gone By, London/New York 1968
Gene Fernett: American Film Studios: An Historical Encyclopedia, Jeffer-
son (North Carolina)/London 1988
Ulrich Gregor/Enno Patalas: Geschichte des Films, Gütersloh 1962
Bernard Grun: Aller Spaß dieser Welt, München/Wien 1966
Kurt-Uwe Nastvogel/Gerhard Schatzdorfer: Der komische Film, 2 Bände,
Schondorf am Ammersee 1982

Prolog

Frankreichs Nummer eins: Max Linder

Béla Balázs: Der Film – Werden und Wesen einer neuen Kunst, Wien 1949
Heinrich Fraenkel: Unsterblicher Film. Die große Chronik von der Laterna
magica bis zum Tonfilm, München 1956
Walter Fritz: Kino in Österreich 1896–1930. Der Stummfilm, Wien 1981

Lustige Vagabunden: Pat und Patachon

Robert Eddy: Fyrtaarnet og Bivognen, Kopenhagen 1928
Hauke Lange-Fuchs: Pat und Patachon. Eine Dokumentation unter Mitwir-
kung von Marguerite Engberg und mit einem Beitrag von Kaj Wickbom,
Schondorf am Ammersee 1979
Gösta Rodin: Den Svenska Filmens glada 30-Tal, Stockholm 1976
Carl Schenstrøm: Fyrtaarnet fortaeller, Kopenhagen 1943

Die Geburt des amerikanischen Slapstick

Amerikas erster Comedy-Filmstar: John Bunny

Kalton C. Lahue/Sam Gill: Clown Princes and Court Jesters, Cranbury (New
Jersey)/London 1970

Der Tramp und die Cops: Charles Spencer Chaplin und Keystone

Fred J. Balshofer/Arthur C. Miller: One Reel a Week, Berkeley/Los Ange-
les 1967
Charles Chaplin: Die Geschichte meines Lebens, Frankfurt am Main 1964
Charles Chaplin jun. (mit N. und M. Rau): My Father, Charlie Chaplin, New
York 1960

Jerry Epstein: Mein Freund Charlie – Erinnerungen an Charlie Chaplin, München 1989

Wolfgang Gersch: Chaplin in Berlin. Illustrierte Miniatur nach Berliner Zeitungen von 1931, Berlin (DDR) 1988

Mel Gussow: (Darryl F.) Zanuck: Don't Say Yes Until I Finish Talking, London 1971

Michael Hanisch: Über ihn lach(t)en Millionen: Charlie Chaplin, Berlin (DDR) 1974

Klaus Kreimeier (Hg.): Zeitgenosse Chaplin. Mit Originalbeiträgen von Wolfram Schütte und Gerhard Zwerenz, Berlin 1978

Kalton C. Lahue/Terry Brewer: Cops and Custards: The Legend of Keystone Films, Norman (Oklahoma) 1967

Kalton C. Lahue: Mack Sennett's Keystone: The Man, the Myth and the Comedies, Cranbury (New Jersey)/London 1971

John McCabe: Charlie Chaplin, London 1978

Robert Payne: Der große Charlie. Eine Biographie des Clowns, Frankfurt am Main 1979

Mack Sennett (im Gespräch mit Cameron Shipp): King of Comedy, Garden City (New York) 1954

Brian Taves: Robert Florey, The French Expressionist, Metuchen (New Jersey)/London 1987

Wolfram Tichy: Charlie Chaplin, Reinbek bei Hamburg 1974

Fatty: Roscoe Arbuckle

David A. Yallop: The Day the Laughter Stopped. The True Story of Fatty Arbuckle, London/Sydney/Auckland/Toronto 1976

Stone Face: Buster Keaton

Rudi Blesh: Keaton, London 1967

Tom Dardis: Keaton. The Man Who Wouldn't Lie Down, New York 1979

Lotte H. Eisner: Ich hatte einst ein schönes Vaterland. Memoiren. Geschrieben von Martje Grohmann, Heidelberg 1984

Buster Keaton (unter Mitarbeit von Charles Samuels): Schallendes Gelächter, München 1986

Wolfram Tichy: Buster Keaton, Reinbek bei Hamburg 1983

Jüngling mit Hornbrille: Harold Lloyd

William Cahn: Harold Lloyd's World of Comedy, New York 1964

Harold Lloyd: Mein letztes Buch. Deutsche Bearbeitung von Heinrich Fraenkel und Hans Lefebre, Wien o. J.

Adam Reilly: Harold Lloyd. Seine Filme – sein Leben, München 1980

Wolfram Tichy: Harold Lloyd, Luzern/Frankfurt am Main 1979

Baby Face: Harry Langdon

Frank Capra: The Name Above the Title. An Autobiography, London/New York 1971

Joyce Rheuban: Harry Langdon. The Comedian as Metteur-en-Scène, East Brunswick (New Jersey)/London/Mississauga (Ontario) 1983

William Schelly: Harry Langdon, Metuchen (New Jersey)/London 1983

Wolfram Tichy: Harry Langdon. In: Ders.: Lotte Reiniger; David Wark Griffith; Harry Langdon, Frankfurt am Main 1972

Single, Duo, Trio Infernal

Galle und Geifer: W. C. Fields

Richard J. Anobile (Hg.): Drat! being the encapsulated view of life by W. C. Fields in his own words. Einführung: Ed McMahon, New York 1969

W. C. Fields by Himself. His Intended Biography. Kommentar: Ronald J. Fields, London/New York 1974

W. C. Fields: Fields for President. Kommentar und Bildauswahl: Michael M. Taylor, London 1972

Richard Schickel: D. W. Griffith, London 1984

Robert Lewis Taylor: W. C. Fields: His Follies & Fortunes, New York 1949

Nicholas Yanni: W. C. Fields, New York 1974

Dick und Doof: Laurel und Hardy

William K. Everson: Laurel und Hardy und ihre Filme. Herausgegeben von Joe Hembus, München 1980

Fred Lawrence Guiles: Stan, London 1980

Laurel & Hardy. Text: John McCabe. Zusammenstellung: Al Kilgore. Filmographie: Richard W. Bann, New York 1976

John McCabe: The Comedy World of Stan Laurel, New York 1974

John McCabe: Mr. Laurel and Mr. Hardy. Vorwort: Dick Van Dyke, New York 1968

Randy Skretvedt: Laurel and Hardy. The Magic Behind the Movies. Vorwort: Steve Allen, Beverly Hills 1987

Tolle Jungs im Einsatz: Abbott und Costello

Chris Costello (mit Raymond Strait): Lou's on First. A Biography, New York 1981

Philip J. Riley (Hg.): Abbott and Costello Meet Frankenstein. Vorwort: Bud
   Abbott jun., Vickie Abbott Wheeler, Chris Costello und Paddy Costello
   Humphreys. Einführung: John Landis. Production Background: Gregory
   Wm. Mank. Archivmaterial: Bob Furmanek. Universal filmscripts series.
   Classic comedies: Volume 1, Absecon (New Jersey) 1990
Bob Thomas: Bud & Lou. The Abbott & Costello Story, Philadelphia/New
   York 1977

Irre: Die Marx Brothers

Joe Adamson: Groucho, Harpo, Chico and Sometimes Zeppo. A History of
   the Marx Brothers and a Satire on the Rest of the World, New York 1973
Charlotte Chandler: Groucho. Der Chef der Marx-Brothers, München 1987
Die Groucho-Letters. Briefe von und an Groucho Marx. Ausgewählt und
   verdeutscht von Alain Wilcock, Frankfurt am Main 1984
Ulrich Hoppe: Die Marx Brothers. Ihre Filme – ihr Leben, München 1985
Groucho Marx: Schule des Lächelns, Frankfurt am Main 1981
Harpo Marx (mit Rowland Barber): Harpo Speaks!, London 1961
Paul D. Zimmerman/Burt Goldblatt: The Marx Brothers at the Movies, New
   York 1968

Register